本书受教育部人文社会科学研究项目"移动互联网时代下的数字阅读研究"（项目编号：16YJC860021）、湖北省社科基金项目"互联网+下的数字阅读现状及推广研究"（项目编号：2016167）和湖北大学湖北文化与传播实践调研团队共同资助。

媒介环境学视域下的
数字阅读研究

吴瑶

——— 著

中国社会科学出版社

图书在版编目（CIP）数据

媒介环境学视域下的数字阅读研究/吴瑶著 . —北京：
中国社会科学出版社，2019.2
　ISBN 978 - 7 - 5203 - 4011 - 3

　Ⅰ.①媒…　Ⅱ.①吴…　Ⅲ.①电子图书—阅读—
调查研究　Ⅳ.①G255.75

中国版本图书馆 CIP 数据核字（2019）第 021987 号

出 版 人	赵剑英
责任编辑	郭晓鸿
特约编辑	陈璐旸
责任校对	李　剑
责任印制	戴　宽

出　　版	中国社会科学出版社
社　　址	北京鼓楼西大街甲 158 号
邮　　编	100720
网　　址	http://www.csspw.cn
发 行 部	010 - 84083685
门 市 部	010 - 84029450
经　　销	新华书店及其他书店

印　　刷	北京明恒达印务有限公司
装　　订	廊坊市广阳区广增装订厂
版　　次	2019 年 2 月第 1 版
印　　次	2019 年 2 月第 1 次印刷

开　　本	710×1000　1/16
印　　张	17.5
插　　页	2
字　　数	225 千字
定　　价	69.00 元

目　　录

导　言

　　"阅读能使人常思常新。读书不仅事关个人修为，国民的整体阅读水准，也会持久影响到整个社会的道德水平。"[①] 阅读，这一人类特有的文化行为，对人类文明历史的发展具有不可磨灭的影响。自诞生之日起，阅读就以各种形式的符号传承着人类的历史文化，让知识得到接力，使文化薪火相传。每一代文明，都因为阅读，而能够在前一代文明的基础上，突破个体生命长短的限制，得到继承和发扬。

　　从龟甲竹片上的凿磨雕刻，到石壁、泥板上的描摹临拓，再到油墨在纸张上的浓墨重彩，每一次传播媒介的发展都带来了人类历史的巨大进步，可以说，人类文明的发展史实质是一部阅读媒介的进化史。

　　阅读的价值，是将人类思想文明的结晶印记于符码之中，历经时空的侵蚀，不断地传承与发展。"据专家测量，一个人才的知识建构，从直接经验中获得的不足20%，而通过阅读得到的间接经验在80%以上。阅读在获取和扩展人类知识上的作用，是阅读价值的根本所在"[②]。然而，近年来，古老的阅读似乎走入了困境，世界范围内弥漫着"阅读危

[①]　马俊卿：《李克强复信三联书店：不打烊书店应成城市精神地标》，http：//news. xinhuanet. com/photo/2014－04/23/c_ 126422506. htm。

[②]　曾祥芹、韩雪屏：《阅读学原理》，大象出版社1992年版，第299页。

机"的恐慌。

"阅读危机"这一概念首次出现于 2004 年美国国家艺术捐赠基金会 NEA（National Endowment for the Arts）发布的一份题为《阅读处于危机中》（*Reading at Risk*，2004）的调查报告中。该机构调查了近两万个样本的阅读数据，与 1982 年及 1992 年的相关数据进行比对，得出结论：美国人书籍及文学作品的阅读量正在逐年下降，这种下降趋势在青少年中尤为明显。[1] 其他国家如英国、加拿大、日本和新加坡等也在同时期做了类似的阅读调查，其结果也是不尽如人意，阅读率呈普遍下降趋势。[2] 这些调查结果引发了一场全球性的"阅读危机论"。在中国，根据第十一次全国国民阅读调查结果显示，中国国民人均年阅读纸质图书 4.77 本，虽然相较于前两年已有所增长，但是这一数据仍然不理想，"比韩国的 11 本、法国的 20 本、日本的 40 本、犹太人的 64 本少得多"[3]。

阅读如此重要，而国民阅读的情况却令人担忧。针对此情况，政府有关部门已开始加强提倡"全民阅读"。2013 年全国两会期间，115 位政协委员联名签署并提交的《关于制定实施国家全民阅读战略的提案》，明确提出了"由全国人大制定《全民阅读法》、国务院制定《全民阅读条例》"的建议。2015 年 3 月 1 日，全国首部关于全民阅读的地方政府规章——《湖北省全民阅读促进办法》正式实施。2015 年 3 月 5 日，第十二届全国人民代表大会上，国务院总理李克强向大会做政府工作报告时指出，"要让人民群众享有更多文化发展成果，倡导全民阅读，建设书香社会"[4]。这

---

[1] National Endowment for the Arts, *Reading at Risk: A Survey of Literary Reading in America*, 2004.

[2] 参见黄丹俞《阅读的未来：西方阅读新理念》，《图书与情报》2010 年第 2 期。

[3] 新华网：《国民人均年阅读纸质图书 4.77 本》，http://news.xinhuanet.com/newmedia/2014-04/22/c_126419635.htm。

[4] 中国新闻出版网：《政府工作报告提出倡导全民阅读、建设书香社会》，http://www.chinaxwcb.com/2015-03/06/content_312608.htm。

是继 2014 年政府工作报告中提出"倡导全民阅读"后，第二次将"全民阅读"写入政府工作报告，并在报告中首次提出建设"书香社会"。

阅读的重要性已得到公认，社会机构、政府部门也在努力营造阅读氛围。但究竟如何使阅读进入寻常百姓家，使之普及化、流行化，这是一项需要长期推进的工作。

与此同时，在美国，数字阅读的读者在显著增多，数字阅读已然成为阅读的重要组成部分之一。2014 年美国皮尤研究中心的最新调查显示，在 18 岁以上的受访者中，有 28% 的人表示在过去一年中曾阅读过电子书，与 2012 年相比上升 5%。其中有 4% 的读者表示自己只阅读电子书。[①] 2008 年美国国家艺术捐赠基金会在时隔 4 年后又进行了一次全国性的阅读调查，将数字阅读也囊括进阅读之中，问卷不对阅读的载体做任何限制，其有关"书本阅读"的问题上，也不区分印刷或在线文本，任何形式的"书"都算数。[②]

随着新媒体的快速发展，线上与线下结合的新阅读正在形成。网络阅读、手机阅读等数字阅读方式逐渐深入人心，阅读行为不再受时空限制，变得更为便捷。在推动全民阅读的过程中，我们应利用新媒体的优势，关注和顺应这样一种新的阅读现象。数字阅读或许能成为阅读普及化、流行化的重要助推器。

回顾以往，人们获取知识的重要渠道是纸质读物。而在不知不觉间，报纸、杂志、书本似乎离我们越来越远，手机、电脑、网络正融入我们日常生活之中。新的传播媒介提供了更多样的信息传播方式，在此过程中，

---

① Gary Price. Pew Internet Releases New Report："E - Reading Rises as Device Ownership Jumps"，http：//www. infodocket. com/2014/01/16/pew - internet - releases - new - report - e - reading - rises - as - device - ownership - jumps/.

② National Endowment for the Arts，*Reading on the Rise：A New Chapter in American Literacy*，2009.

阅读也在被悄然改变。随着人们生活节奏的加快,阅读时间越来越碎片化,阅读内容也逐渐多元化、微型化、娱乐化。尤其是随着手机、Pad 等移动式和便携式媒体的出现,阅读进入了一个截然不同的时代:纸质书本被电脑、手机、数字阅读器等取代;四大名著、史书传记被穿越小说、玄幻武侠所取代;图书馆、书房内的静坐默读也变成了公车站、地铁口的随走随读。

正如铁路所带来的变革并非只是它所运送的旅客或商品,而是一种世界观、一种新的社会结合状态,建立在数字技术基础上的数字阅读所改变的并不仅仅是阅读的内容和方式,而是切入我们的生活,潜移默化地改变了我们自身。

数字阅读正改变着长久以来由传统阅读所形成的信息认知方式与认知习惯。一方面,数字阅读提供了更多的符号呈现,知识、信息可以以任何形式,从人类个体的头脑中"外化"并"编码"成符号,然后"物化"为载体形式,跨越时空,通过"阅读"过程传递到读者的大脑,使得阅读无时不有、无处不在;另一方面,人们在数字阅读中往往热衷于接收动态影像与画面符号,而忽视静止、抽象的文字符号,倾向于接收浅层、碎片式信息,最终难以形成完整、系统的前后语境并发展出深层思考框架。

数字阅读正改变着传统阅读中意义共享的途径,进而改变着文化身份认同。一方面,数字阅读打破了以传统出版与纸质阅读为基础的信息垄断,意义的共享和传承不再以书本为界限而拘泥于点对点的传受双方,各种既有的意义共同体不断被分解和区隔,传统阅读意义共享所形成的认同被解构;另一方面,数字阅读提供了更为广泛的、共通的意义空间,读者在更多的意义空间中以阅读兴趣、内容为中心,以信息的共通、共享为连接点,聚集成"圈子"式的文化部落体,从而建构新的文化身份认同。

数字阅读正改变着传统阅读中传受双方的角色设定,进而改变着阅读中的权威等级关系。一方面，在数字出版与数字阅读的辅助下，人人是读者的同时，人人也可以当作者。创作与书本不再是少数精英所独有的，网络博主、媒体作家都能与读者在虚拟的空间世界零距离接触，读者在感受书写乐趣的同时，也不再对文字、书本盲目崇拜与迷信。另一方面，新阅读文化的繁荣，使人们都沉于写作并在分享的海量信息之中无所适从，令人常常会感到经典阅读凋零的危机，阅读在丧失了文字的神秘感与权威性时，在利益的驱动下，越来越倾向于一种浅层的、娱乐性的消费主义文化。

　　这种建立于数字技术基础上，有消费主义文化特性烙印的阅读让人不禁心生忧思：阅读的重要性毋庸置疑，但在数字时代，重返人人捧着纸质书本细细品味的愿景已不切实际。那么，数字阅读是否是阅读在当下发展的必然趋势？数字阅读的合理性到底如何体现？它将给传统阅读带来哪些变革，究竟是化解阅读危机的新机遇，还是加剧阅读消亡的最后一根稻草？究竟是娱乐文化在阅读领域的成功占领，还是古老的阅读在新媒介环境下的发展与出路？这些问题都值得认真思考，而媒介环境学的视角给我们提供了一个很好的观察点与探究路径。

第一章　数字阅读的现实图景及其引发的争论

古往今来，谁都无法否认阅读的重要性。对于抚摸着龟甲竹片上刀雕笔纹的古代史吏来说，阅读是探索历史与自然的解密之钥；对于凿壁偷光、囊萤映雪的莘莘学子来说，阅读是通往人生成功的必由之路；对于身处偏远深山却心怀志向，期望以知识改变命运的孩童来说，阅读是"投射幽暗深井里的一缕光"①；对于大多数人来说，阅读是与生活息息相关、不可或缺的信息之语。

随着阅读媒介技术的不断发展，阅读已然以各种新形势、新样态渗入我们的日常生活之中，目光流转于书本之上、屏幕之间，伴随着指尖的点击，阅读已无处不在，无时不有。

第一节　数字阅读的时代背景

自古以来，阅读往往与文字、纸张相伴相生。历史文明发展的进程证明，文字与纸张流通顺畅，书籍的普及与知识、信息传播便捷，文明发展

---

① ［新西兰］史蒂文·罗杰·费希尔：《阅读的历史》，李瑞林译，商务印书馆 2009 年版，第 3 页。

与经济繁荣便会紧随其后。从古埃及的莎草纸书本，到中国的活字与纸张的完美结合，书籍被从特权阶层中解放出来，从而惠及大众。《大众报》《便士报》的普及又进一步将文字阅读从高高的神坛上拉下，文字阅读不再是精英阶层的专享。时至今日，阅读已进一步打破了文字与书本载体对其限制，图像、视频、语言等各种符号元素与文字比肩均被纳入阅读对象之列。而传统纸张阅读所承载的私人物有、个体式默读转变成屏幕前电子信息的无障碍流通、共享与转发。随着新媒体时代的到来，阅读正在发生革命性的巨变。

一　媒介基础：新媒体的迅速崛起

随着信息技术突飞猛进的发展，大众传播媒介的变革也一日千里。书籍、报纸的纸墨之香还在指尖萦绕之时，网络媒体、移动数字媒体等新媒体概念与种类也已如井喷。美国传播学者保罗·莱文森在《新新媒介》一书中将现有媒介大体分为三大类：旧媒介（old media）、新媒介（new media）和新新媒介（new new media）。

在保罗·莱文森的分类中，旧媒介是指互联网诞生之前的一切媒介，"它们是空间和时间定为不变的媒介，比如书籍、报刊、广播、电视、电话、电影等"，旧媒介处处凸显了自上而下的控制、专业媒体机构的生产。新媒介是指自 20 世纪 90 年代中期起互联网上的第一代媒介，其媒介内容一旦上传到互联网上，人们可以自由使用、欣赏，而不是按照媒介确定的时间表去使用，电子邮件、网上书店、报刊的电子网络版、网络电子公告与聊天室等均被划分为新媒介之列。而在莱文森的媒介分类中，新新媒介是指互联网上的第二代媒介，始自 20 世纪末，兴盛于21 世纪，其网络的消费使用者即为其内容生产者，内容生产大多为非专业人士进行。个人用户能够自由选择适合自己个性需求的内容、信息并自由表达和传播。在媒介内容的制作与传播中，没有自上而下的控制与把关。①

对照莱文森对媒介的分类，阅读媒介在现今处于三类媒介共存共生的阶段。

在旧媒体领域，传统出版印刷行业应对市场需求，走出了专业阅读、精英阅读与大众化阅读分层发展的应对之路，畅销书的盛行与经典文本的兴盛不衰并行不悖。

在新媒体领域，20世纪末，在历经千年的纸质书籍之后，伴随着网络技术的发展，阅读媒介也在第一代互联网的冲击与革新中迎来新媒体时代的电子阅读。1987年10月，Michael Joyce使用Story space软件编写的世界上第一本超文本格式的电子书《下午》（*Afternoon*）出版，并在ACM会议上通过5寸的软盘发行。1998年10月Nuvo Media推出第一款手持电子阅读器——火箭（The Rocket）阅读器。从此之后，人们不仅可以在计算机上阅读，还可以将内容通过计算机下载到便携的阅读器中。2007年11月，全球最大网络书城亚马逊（Amazon）推出电子书阅读器Kindle。时至今日，Kindle阅读器与平板电脑的多功能、彩色显示屏等诸多电子产品的发展潮流大相径庭，在6英寸的黑白屏幕间坚守最纯粹的阅读。电子阅读被誉为数字阅读的初始阶段，其阅读媒介主要依托个人计算机与电子阅读器，阅读内容多被统称为电子书。2011年中国电子书产业峰会上，百道新出版研究院首席顾问程三国认为，电子书市场可划分为三种基本类型：电子书1.0是传统纸质图书的数字化，典型代表是亚马逊模式；电子书2.0是指在网络发行的原生电子书，其典型代表是盛大文学；电子书3.0是包括互动与游戏在内的增强型电子书，主要以

---

① 参见［美］保罗·莱文森《新新媒介》，何道宽译，复旦大学出版社2011年版，第3—4页。

苹果公司为终端平台的阅读应用。① 在美国技术与标准学会召开的全国电子图书研讨会上，有专家预言：到 2018 年，90% 的印刷图书将推出电子版本。②

而在新新媒介领域，随着个人通信技术与社交媒体应用的结合，数字阅读的阵营之中又开辟出了与传统纸质阅读、新生电子阅读截然不同的一块领域——社交型阅读。社交网络的兴起改变了人们获取内容的渠道，在社交网络中推荐阅读，在阅读中促进社交。通过社交网络，或是来自熟人朋友圈，或是来自网络论坛的意见领袖，普通读者用户就能获取真人的个性化推荐阅读。除此之外，社交型阅读具有"笔记"功能，用户可将阅读某篇文章或某本书籍时的所感所思付诸文字并上传分享到社交媒体上，在加深阅读深度的同时，也从而赋予用户"书写"内容、成为生产者的权力。这种群体共读共享、共同生产内容的模式，与传统阅读的自吟自诵有着天壤之别，这进一步加强了以新媒介和新新媒介联合发展的数字阅读的普及与应用，将一度渐行渐远的"阅读"又给拉回到普通民众的生活之中。微信阅读、拇指阅读、ZAKER、豆瓣阅读等一大批社交型阅读应用也迅速崛起并粗具规模。仅仅数年，国内首个做移动无线阅读的 91 无线熊猫看书，已经有超过 2 亿的注册用户，每天点击量超过 10 亿次。对近千名大学生进行的阅读调查结果显示，近九成（89%）大学生表示每天都有阅读、浏览信息的习惯，但阅览内容并不是传统书籍，更多的是微信、微博、人人网等社交媒体上朋友分享的文章或好友状态。③

---

① 参见网易科技讯《百道新出版研究院程三国：电子书的三个世界》，http://tech.163.com/11/0109/19/6PVSOFJ300094JDJ.html。

② 参见田园《电子书：想说爱你不容易——出版界数字出版观察之一》，《图书馆报》2014 年 5 月 16 日第 4 版。

③ 参见李杨《社交媒体成主要阅读方式，最爱青春励志正能量》，《新快报》2014 年 10 月 20 日第 5 版。

二 社会需求：信息爆炸与注意力经济

在信息匮乏的年代，信息作为稀缺资源被严密控制其传播范围与传播流向。在封建社会，统治阶级将信息牢牢把控于手中，统一民众思想，使其"知其然不知其所以然"，信息在此时是特权的象征；在工业革命时期，信息是社会经济的增长点与财富的聚集点，投资者不惜重金购买独家新闻，为其投资盈利占领先机，信息在此时是金钱的象征；而在历史的步伐迈入 20 世纪 90 年代后，信息量以几何倍数增长，互联网的出现进一步加快了信息传播的速度与容量。

2011 年 4 月 7 日，在"存储网络世界"（Storage Networking World）年会上，美国加利福尼亚大学的研究人员给了我们一个数字：世界范围内服务器年处理 9.570×10^{21} 字节，也就是 9.57 泽字节。如果将地球的数据年处理量转换成书本格式，那么这些书本摞起来的厚度则高达 90 亿千米，这高度是地球与海王星距离的 20 倍。研究团队还指出，到 2024 年，如果将全世界服务器处理的年数据量转换成书本，叠起来的厚度可以直达距离太阳系最近的恒星半人马座阿尔法星，其距离长达 4.37 光年，是 2008 年总量的 4500 多倍。[①]

网络上涵盖万千、无所不包、即时即刻的海量信息使得信息不再是少数特权阶层所能把控与占有的稀缺资源，信息已成为大众触手可及、廉价快捷的便利品。海量的信息将人们围困，从信息匮乏到信息爆炸再到信息泛滥，瞬时的剧变让人们不知所措。在这个世界，信息不再是稀缺物，很难再成为垄断资源。比如，有了导航软件，高速公路出口的"带路党"已濒临消失；有了搜索引擎，百科全书的销量一落千丈；有了网络新闻应

---

① 参见果壳网《全球信息大爆炸》，http://www.guokr.com/article/20331/。

用，守着电视时刻表坐等新闻节目的时代一去不返。手机中不断弹出的新闻推送，网站实时更新的个性化信息推荐，在这个信息极大丰富的时代的，人们竭尽全力抓住身边每时每刻的新近信息，在看到精彩内容后"先转再看""果断保存"，更多的时候却是在信息海洋中快速"冲浪"以至于保存后基本上不会再看。在信息泛滥与海量信息的围困中，人们成为"信息饥渴症"患者。

信息总量的极大增长让信息从稀缺资源转变为富余资源。1997年，美国学者迈克尔·戈德海伯（Michael H. Goldhaber）发表了一篇题为《注意力购买者》的文章。他指出，互联网时代，信息非但不是稀缺资源，相反是过剩的。而相对于过剩的信息，只有一种资源是稀缺的，那就是人们的注意力。著名的诺贝尔奖获得者赫伯特·西蒙在对当今经济发展趋势进行预测时指出："随着信息的发展，有价值的不是信息，而是注意力。"①

随着网络承载量的不断增强，人类有限的精力和时间与无所不包、瞬息万变的信息流之间的矛盾日益显著，如若像传统媒体时期那样成为无所不知的万能全才也变得越发不现实，一杯茶，一张报纸，坐知天下的时代一去不返。当每天面对不断刷屏的新闻信息、堆积如山的电子邮件、纷繁复杂的行业资讯，单靠人力已无法承担从海量信息中检索、收集、分类与排序的任务，而真正与己有关、含金量高的信息最终只能是被淹没在信息的汪洋之中。在数字媒体时代，我们需要将有限的注意力资源集中于有价值、含金量高的信息之中，需要能将我们从信息泛滥的困境中解救出来的信息过滤装置。依托于计算机网络搜索技术与日益先进的"大数据"技术，将信息分门别类，并按

---

① 百度百科："注意力经济"，http://baike.baidu.com/view/128883.htm。

照个性化的需求定制为定点推送信息，将人工检索、查找的成本降至最低。

传统的纸质书籍在新媒体技术的魔术棒下将被拂去沉积的灰尘，图书馆中古老的经典文本，在经过上传、分类、标签后，使被钉死于纸本之上的文字重获新生。由 Michael Hart 于 1971 年启动的古腾堡工程（Project Gutenberg，PG）是最早的数字图书馆工程，它倡导由志愿者参与，致力于文本著作的电子化、归档以及发布，确保公有领域的书籍自由流通、格式开放，并可在各种计算机上阅读。2000 年 10 月，Charles Franks 启动"Shared Proof – reading"，志愿者可以通过扫描仪，将书本变成图片，存储到电脑中，然后将图片中的文字转为文本，经过校对后发布到网络上。这种由志愿者提供电子图书样本、管理者审查入库的工作模式为后来许多纯电子图书馆所采用。古腾堡计划作为一项完全公益的项目，其所收藏的电子书可供互联网用户自由下载与使用，人们可以按照自己的意愿改变电子书的字体、颜色，也可以自由剪辑、粘贴，而且可以支持全文搜索，赋予读者最大的自由。Hart 曾这样描绘古腾堡计划中"电子书自由如空气"的未来："大多数人没有意识到，电子书有一个特点。它是人类有史以来，制造出来的第一样像空气一样取之不尽，用之不竭的产品。"截至 2012 年 4 月，"古腾堡计划"网站收藏的电子书超过 4 万本，是世界上规模最大的数字图书馆。这些书籍主要是西方文化传统中的文学作品，除英文作品外，还有相当数量的德国、法国、意大利、西班牙、荷兰、芬兰以及中国的作品。目前，在世界五大洲的大学、研究机构和社会机构等都建立了古腾堡工程的镜像站点。[①]

---

① 参见陈一斌《"古腾堡计划"："我等着全世界意识到我把它撞翻了"》，http：//www. book-dao. com/article/41948/。

书籍孤本在数字阅读技术的辅助下重获新生,传统新闻媒体也在大数据的支持下将个人信息需求与海量信息过滤有机结合。"新闻信息在内容服务上更具量身定制的特征,成为真正意义上的所谓'信息管家、时事顾问和意见领袖',并以此为基点延伸出更多的内容服务和内容以外的服务。"① 通过对用户在各种平台、各种行为中产生的数据进行整体连接并进行挖掘与分析,新闻媒体为受众打造个性化、专属式的新闻报道。对于受众而言,个性化新闻服务摒弃了没有用的信息和噪声,使受众看到的新闻仅仅是自己想看的。2009 年 3 月,美国一家以网络信息搜索技术为核心的公司——Kosmix 推出个性化新闻服务 Meehive。Meehive 新闻服务除了具有"我的新闻整合平台"的新闻定制功能之外,还将新闻读者的账户和他们的 Twitter 账户连接在一起。新闻读者在其 Twitter 上发布的信息,点击、分享和推荐的内容以及关注的其他 Twitter 用户所发布的内容等,都将被 Meehive 记录并提取关键词,作为了解新闻读者喜好的标签。除了阅读过的新闻内容本身之外,读者在互联网其他地方留下的"踪迹",比如发表的评论、购买的书籍、收看的在线视频等,都能够体现其个性化的信息需求。根据关键词提取的标签信息,Meehive 向新闻读者的个性化新闻平台推荐他们感兴趣的内容,提供个性化新闻服务。对于普通用户来讲,这种由"我找"到"它推送"的转变,一改往日大海捞针式的无助与困惑,是困境中的"信息饥渴症"患者的一剂良药。

三 阅读新形态:数字阅读的诞生

有人认为,现阶段对于数字阅读过于吹捧,甚至有神化拔高之嫌,认

① 喻国明:《当前中国传媒业发展面临的四个转变——关于现阶段中国传媒业发展基本面分析的若干结论》,《新闻与写作》2013 年第 4 期。

为数字阅读仅仅是将读者的目光从纸质文本转移到电子屏幕的细微之变，况且数字阅读设备价格昂贵、电池续航能力有限、数字化阅读中记录与查找的不便利、电子文本格式不兼容等诸多弊端均造成了阅读体验反而逊于传统纸质阅读。

历史如此相似。正如电视机在问世之初是笨重的显像管与阴极射线的组合，而今它则已是超薄、等离子、液晶显示等诸多先进技术的融合。其实，数字化阅读的诸多不利仅仅表明电子书这种媒介还处于婴儿期，处于蝴蝶孵化之前的幼虫期，种种劣势仅仅是当前阶段数字化阅读媒介的表象特征，其本质属性并未完全开发与显现。随着电子媒介技术的发展，数字化阅读媒介外形与流通系统等表层属性将进一步完善与发展以契合其本质属性，数字化阅读终将破茧成蝶。

此外，数字化阅读中呈现的记录与查找不便利等问题，归根结底是内容数字化管理流程不够完善的阶段性弊端。目前传统出版社的内容开发基本还停留在内容电子化阶段，仅仅只是借助某类软件工具将文字、声音、图片、影像等资源按照统一的标准进行电子化转档。而真正的数字化阅读内容需要将转档后的电子化内容碎片化与分类标引，对内容进行重新创建、采集、加工、分类，使各种数据间建立关联，再进一步将内容聚合与分类，通过知识体系、结构、主题、关键词和相关性对已分类标引的内容进行组合，经过这一系列工作后形成的数字化内容，才能成为新的数字化阅读产品。我们甚至可以说，内容电子化仅仅是数字化阅读的第一步，而其后的电子化内容碎片化、标签式分类与聚合以及关联性内容的链接才是数字化阅读本质属性的体现。

随着新新媒介技术的发展，阅读已从传统平面纸质阅读发展到电子阅读、网络阅读、手机阅读、社交型阅读等多种阅读方式。但无论是电子阅读、网络阅读还是社交型阅读，其阅读类型、内容倾向、互动功能虽各有侧重，但将其归结于一起具有一个相交点，即其阅读媒介的本质变革。在本文中，数字阅读成为新新媒介之下的新型阅读的泛称，即以数字媒介为阅读载体，数字阅读即使用电脑、网络、MP3、MP4、手机、平板电脑、电子阅读器等进行阅读，阅读内容以文字为主，辅以图片、音视频和动画等。[①] 在此概念之下，特别强调此阅读并非泛化的阅听，即阅读仍是以文字符号为主的偏向性信息传播。此外，数字阅读的发展存在阶段性，成熟型的数字阅读信息组织方式应是标记语言：标记的丰富和联想性、内容和形式的分离、文档分析基础上的结构模式对数字出版的生产流程产生了决定性的影响，使其具有强大的链接、搜索和个性化定制功能。[②] 对应此概念，早期 eBook 1.0 时期的纯纸质文本的电子版只是一种简单的由纸质文本向电子文本的转化，不具备链接、检索与个性化定制功能，只能被看作数字阅读的未成熟阶段。

第二节　数字阅读的现实图景

《全国国民阅读调查报告》是中国出版科学研究所组织编写的，是为全面了解我国国民阅读倾向发展趋势和文化消费现状而进行的一项连续性、大规模的基础性国家工程，旨在全面了解我国国民阅读与购买的兴趣、偏好、方式、需求行为等基本状况和变动情况。自 1999 年 8 月中国出

---

① 参见王佑镁《数字阅读的概念纷争与统整：一个分类学框架及其研究线索》，《远程教育杂志》2014 年第 1 期。

② 参见张大伟《数字出版即全媒体出版论——对"数字出版"概念生成语境的一种分析》，《新闻大学》2010 年第 1 期。

版科学研究所第一次国民阅读调查开始，2015 年 4 月已发布了第十二次国民阅读调查报告。

2015 年第十二次调查结果显示，数字阅读方式（网络在线阅读、手机阅读、电子阅读器阅读、光盘阅读、Pad 阅读等）的接触率为 58.1%，较 2013 年的 50.1% 上升了 8.0 个百分点。其中，有 49.4% 的成年国民进行过网络在线阅读，51.8% 的成年国民进行过手机阅读，2.0% 的成年国民用光盘阅读，9.9% 的成年国民使用 Pad（平板电脑）进行数字阅读。对电子书报刊的阅读情况进行调查后发现，2014 年我国成年国民电子书阅读率为 22.3%，较 2013 年的 19.2% 上升了 3.1 个百分点，人均阅读电子书 3.22 本，较 2013 年的 2.48 本增加了 0.74 本；电子报的阅读率为 10.0%，较 2013 年的 8.5% 上升了 1.5 个百分点；电子期刊的阅读率为 8.0%，较 2013 年的 5.0% 上升了 3.0 个百分点。微信阅读被首次纳入调查。结果显示，我国成年人手机阅读群体的微信阅读使用频率为每天两次，人均每天微信阅读时长超过 40 分钟。[①]

2010 年至 2014 年的国民阅读调查报告显示，在我国，成年人数字阅读接触率逐年增长，在 2013 年已有超过半数的国民在使用数字阅读，而在 2015 年 4 月发布的第十二次国民阅读调查报告中显示，截至 2014 年年底，成年人数字阅读接触率已增长至 58.1%。数字阅读已成为我国国民阅读的重要组成部分。（如图 1-1 所示）

《全国国民阅读调查报告》在全国范围内的大样本抽样调查中为我国国民阅读的基本情况提供了一个概括性的全貌。但《全国国民阅读调查报告》在研究目的与调查倾向上，更侧重的是传统纸质媒体阅读，从而为出版发行行业提供发展前景预测与数据支持，对数字阅读部分

---

① 参见中国出版网《第十二次全国国民阅读调查数据在京发布》，http：//cips. chinapublish. com. cn/yjsdt/201504/t20150420_ 165698. html。

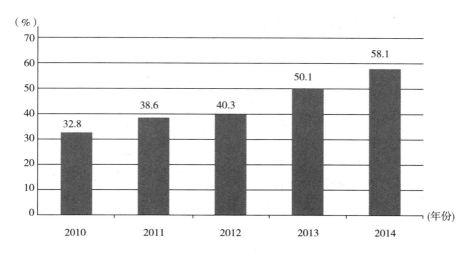

图1-1　2010—2014年成年人数字阅读接触率统计

并未单独提出。并且《全国国民阅读调查报告》在调查中，更是将数字阅读与网络媒介使用混淆而论，将网络媒介使用中的阅读行为与非阅读行为等同而论，将娱乐、视频、通信等网络媒介使用行为同等对待。这一缺憾也成为本研究中着重调查数字阅读行为所必然关注的问题。

　　本研究的问卷调查内容结合《全国国民阅读调查报告》，并着重针对数字阅读部分设计了三大部分调查内容，包括：数字阅读主体的人口统计学信息、数字阅读行为研究、数字阅读影响研究。

　　关于数字阅读主体的基本人口统计学信息的调查，主要包括：数字阅读者的性别、年龄、职业类型、文化水平四项基本指标。

　　关于数字阅读行为的调查包括：数字阅读者的阅读内容偏向、数字阅读者的阅读目的偏向、数字阅读者的阅读媒介偏向、数字阅读者的阅读环境偏向、数字阅读者的阅读时长、数字阅读者的主动性阅读行为六大方面。此部分为呈现数字阅读的现实图景提供了基本信息支撑，也弥补了《全国国民阅读调查报告》中将数字阅读与网络媒介使用混淆而论的缺陷，特别强调网络媒介使用中的阅读行为与非阅读行为的划分，将娱乐、视频、通信等网络媒介使用行为排除于数字阅读行为之外。

关于数字阅读的影响研究，具体包括现今学界、业界对数字阅读争论最为突出的三个方面：数字阅读对认知的影响、数字阅读对身份认同的影响以及数字阅读对权威的影响。此部分希望通过定性与定量研究相结合的方式，指明在数字阅读中，阅读者的认知究竟发生了怎样的变化，或是在认知的哪些层面增强，而又在哪些层面被削弱。认知的变革又会引起哪些连锁性的变革。数字阅读者在虚拟社区中的参与与探讨，对由传统纸质阅读所形塑的身份认同又会产生怎样的影响。此种变化又会给阅读者的身份认同带来怎样的影响。在新媒体的冲击下，数字阅读中传统文本权威、精英权威、文化权威又会有哪些新的颠覆性的重塑。

在本研究的调查中，结合《全国国民阅读调查报告》研究成果，以15—60岁人群为数字阅读调查研究的总样本，采取按年龄分层抽样的方法，对530位被调查者进行问卷调查。

调查问卷主要采用了排序、多选与单选题三类题型。关于数字阅读的媒介使用、数字阅读的目的与需求、数字阅读的内容偏好这三个方面的问题采用排序题型；对数字阅读的环境选择的调查采用不定项多选题型；对数字阅读的每日阅读时长以及数字阅读的消费情况，调查采用单选题型，选项被选择的百分比率越高，表示其接受的概率也越大。

本调查采用调查员发放纸质问卷、电子问卷与问卷星①相结合的方式进行。电子问卷发放中，以一个 IP 地址为一份调查结果相匹配认定，年龄

① 问卷星是一个专业的集在线问卷调查、测评、投票平台，专注于为用户提供功能强大、人性化的在线设计问卷、采集数据、自定义报表、调查结果分析系列服务。与传统调查方式和其他调查网站或调查系统相比，问卷星具有快捷、易用、低成本的明显优势，已经被大量企业和个人广泛使用。

结构按照 15—20 岁、20—30 岁、30—40 岁、40—50 岁、50—60 岁分层，调查员调查时被要求按年龄分层发放问卷。

截至 2015 年 9 月 30 日，共发放问卷 530 份，回收问卷 488 份，回收率为 92.08%。其中，有效问卷 480 份，有效率为 98.4%。所有有效问卷数据录入社会科学统计软件包（SPSS 20.0）进行分析。

一　数字阅读主体分布：青年、高文化水平的读者偏多

（一）青年人群为数字阅读的主力军，中老年读者逐渐增多

整理相关数据（数据来自中国出版网发布的 2010—2014 年我国国民阅读调查报告①），可总结得出表 1 - 1。

表 1 - 1　　　　2010—2014 年国民数字阅读调查主体年龄及占比

指标 年度		2010(%)	2011(%)	2012(%)	2013(%)	2014(%)
一级指标	二级指标					
阅读主体 （年龄）	18—29 岁	63.3	54.9	49.3	45.1	40.3
	30—39 岁	27.7	30.3	27.5	29.1	27.3
	40—49 岁	6.8	10.7	16.9	18.4	20.8
	50 岁及以上	2.3	4.0	6.3	7.4	8.6

从数字阅读的主体年龄分布发展来看，2010—2014 年，我国的数字阅读主体年龄分布集中在 18—49 岁人群。此年龄段人群数字阅读的比例在 2010 年高达 97.8%。而随着 50 岁以上人群对数字阅读逐渐接触与接受，

① 中国新闻出版研究院：《全国国民阅读调查》，http://www.chuban.cc/ztjj/yddc/。

18—49 岁人群数字阅读比例略有回落，但在 2014 年此年龄段人群仍占总阅读人群的 88.4%。其中，2010—2014 年，18—29 岁人群是数字阅读的重度使用人群。40—49 岁数字阅读人群在 5 年间所占比例显著提升，从 6.8%增长至 20.8%。因此，在将 5 年间各年龄段人群总量视为平衡发展的前提下，可以得出结论：我国国民数字阅读人群中，青年人群为数字阅读的主力军，40—49 岁人群对数字阅读的接受度显著提升，50 岁及以上年龄段读者逐渐接受数字阅读形式。

（二）在 15—60 岁人群中，年龄越小，越会优先选择数字媒介阅读

在本研究调查的 480 位被调查者中，男性被调查者共 208 位，女性被调查者共 272 位；年龄范围为 16 岁至 53 岁（M = 31.87，SD = 8.7）。年龄分段可见表 1 - 2，调查抽样基本符合《全国国民阅读调查报告》中数字阅读调查年龄阶段分布。

表 1 - 2   **本调查中数字阅读的年龄分布**

年龄分布	15—19 岁	20—29 岁	30—39 岁	40—49 岁	50 岁及以上
人　数	11	191	180	81	17
百分比（%）	2.3	39.8	37.5	16.9	3.5

在本研究中共 6 个阅读媒介被要求按照使用频率排序。在计算被调查者数字阅读媒介的优先选择之中，按照 6 种媒介中 4 种数字阅读媒介的排列序位计算总分值，数字阅读媒介越被优先选择，其被赋予的分值越高。6 种排列位置依次赋分，排名越靠前，所赋分值越高。在阅读媒介选择的 6 个选项中，排名第一 = 6 分，排名第二 = 5 分，排名第三 = 4 分，排名第四 = 3 分，排名第五 = 2 分，排名第六 = 1 分。而对于个人数字媒介选择使用的分值计算，是将数据中被划分为数字阅读媒介的手机、电脑、平板、

电子阅读器按照所列位置得出排位总分值。

表1－3　　　　　　年龄与数字媒介选择排序得分之间相关性分析

		数字阅读媒介选择得分	年　龄
数字阅读媒介选择得分	Pearson 相关性	1	－0.246＊＊
	显著性（双侧）		0.000
	N	480	480
年　龄	Pearson 相关性	－0.246＊＊	1
	显著性（双侧）	0.000	
	N	480	480

＊＊在 0.01 水平（双侧）上显著相关

将数字阅读年龄设为自变量，数字阅读媒介排位总分值设为因变量，进行相关性分析（见表1－3），根据所得数据可以看出：在数字阅读媒介选择层面，年龄是其显著影响因素，其相关系数为－0.246，p＜0.01。在被调查者年龄范围内（15—60 岁人群），年龄越小，优先数字阅读媒介选择的得分越高，越会优先选择数字媒介进行阅读。

（三）从阅读者的文化程度来看：文化程度越高，越会优先选择数字
　　　阅读媒介

在以往的相关研究中，阅读者文化程度与数字媒介选择与使用之间被认为存在相关性。在 2010 年第八次全国国民阅读调查中，手机阅读群体被认为有几大特点：超过半数是农民，多数集中在 26 周岁以下；六成用户为高中及以下学历；[①] 而从此次调查情况（见表1－4）可知，手机阅读媒介

---

① 参见中国出版网《"第八次全国国民阅读调查"成果发布》，http://www.chuban.cc/yw/201104/t20110421_ 87112. html。

的优先选择得分与读者文化程度之间存在正相关（p＜0.05），即文化程度越高的人越接受手机阅读。

表1-4　　　手机阅读媒介选择排序得分与文化程度的卡方检验

	值	df	渐进 Sig.（双侧）
Pearson 卡方	26.491a	15	0.033
似然比	25.024	15	0.050
线性和线性组合	0.045	1	0.832
有效案例中的 N	480		

此外，见表1-5，在将数字阅读媒介的排位总得分与阅读主体的文化程度（高中及高中以下＝1，大专＝2，本科＝3，研究生＝4）进行相关性分析，可得出阅读主体的文化程度与数字阅读媒介排位选择之间存在正相关（p＜0.01），即在15—60岁人群之间，阅读主体的文化程度越高，优先选择数字阅读媒介的得分也越高。

表1-5　　　数字阅读媒介选择得分与文化程度的卡方检验

因变量:数字阅读媒介选择得分 LSD

（I）文化程度	（J）文化程度	均值差（I-J）	标准误差	显著性	95％置信区间 下限	上限
高中及以下	大专	-1.20784*	0.33257	0.000	-1.8613	-0.5544
	本科	-1.13054*	0.26250	0.000	-1.6464	-0.6147
	研究生	-1.03995*	0.32249	0.001	-1.6736	-0.4063
大专	高中及以下	1.20784*	0.33257	0.000	0.5544	1.8613
	本科	0.07730	0.28033	0.783	-0.4735	0.6281
	研究生	0.16789	0.33716	0.619	-0.4946	0.8304

续　表

因变量:数字阅读媒介选择得分 LSD

(I) 文化程度	(J) 文化程度	均值差(I−J)	标准误差	显著性	95%置信区间	
					下　限	上　限
本　科	高中及以下	1.13054 *	0.26250	0.000	0.6147	1.6464
	大　专	−0.07730	0.28033	0.783	−0.6281	0.4735
	研究生	0.09059	0.26830	0.736	−0.4366	0.6178
研究生	高中及以下	1.03995 *	0.32249	0.001	0.4063	1.6736
	大　专	−0.16789	0.33716	0.619	−0.8304	0.4946
	本　科	−0.09059	0.26830	0.736	−0.6178	0.4366

* 均值差的显著性水平为 0.05

综合分析结论差异的原因主要有两点,它们造成了由手机阅读集中于低学历人群转变为文化程度越高越会选择数字媒介阅读。

第一,从 2010 年至今,数字阅读媒介技术有了翻天覆地的变化,其文件格式的适用性、阅读内容的多样性、阅读媒介与内容间的兼容性、人性化设计等方面得到了显著提升,从仅仅只是少数信息、浅层资讯内容的短信息手机阅读扩展为多渠道、多内容、多格式的数字阅读,数字阅读的范围更广,能满足读者的多方位需求。

第二,随着数字阅读的发展,文化程度较高的读者也逐渐摒弃"传统纸质阅读才算是阅读"的偏见,开始接受数字阅读并广泛使用,并且文化程度越高,其对媒介技术的接受更加迅速,因而存在文化程度越高,数字阅读媒介优先选择得分越高的相关。

（四）数字阅读媒介选择与职业类型有关、与性别无关

将数字阅读主体的职业进行分类（企业领导或管理人员 =1、公检法/军人/武警 =2、学生 =3、专业技术人员/教师/医生 =4、机关/事业单位干部 =5、私营或个体劳动者 =6、无业及失业人员 =7、工人/商业服务业人员 =8），从表 1－7 所列数据中可看出：是否优先选择数字媒介阅读与阅读主体的职业之间有显著相关关系（p<0.01）。

表 1－6　　　　　职业与数字阅读媒介选择得分的单因素方差分析

因变量：数字阅读媒介选择得分 LSD

	平方和	df	均、方	F	显著性
组、间	143.634	8	17.954	4.150	0.000
组、内	2037.514	471	4.326	—	—
总、数	2181.148	479	—	—	—

表 1－7　　　　　职业与数字阅读媒介选择得分均值检验

因变量:数字阅读媒介选择得分 LSD

(I) 职业	(J) 职业	均值差(I－J)	标准误差	显著性	95%置信区间	
					下　限	上　限
企业领导或管理人员	公检法/军人/武警	0.77143	0.77734	0.322	-0.7561	2.2989
	学生	-0.32381	0.41845	0.439	-1.1461	0.4984
	专业技术人员/教师/医生	0.33961	0.41564	0.414	-0.4771	1.1563

续　表

因变量:数字阅读媒介选择得分 LSD

（I）职业	（J）职业	均值差（I−J）	标准误差	显著性	95%置信区间	
					下　限	上　限
企业领导或管理人员	机关/事业单位干部	0.39643	0.46230	0.392	−0.5120	1.3049
	私营或个体劳动者	0.94330 *	0.43725	0.031	0.0841	1.8025
	无业及失业人员	0.66429	0.52735	0.208	−0.3720	1.7005
	工人/商业服务业人员	1.10476 *	0.51749	0.033	0.0879	2.1216
	一般职员	−0.50517	0.41185	0.221	−1.3145	0.3041
公检法/军人/武警	企业领导或管理人员	−0.77143	0.77734	0.322	−2.2989	0.7561
	学生	−1.09524	0.72949	0.134	−2.5287	0.3382
	专业技术人员/教师/医生	−0.43182	0.72789	0.553	−1.8621	0.9985
	机关/事业单位干部	−0.37500	0.75550	0.620	−1.8596	1.1096
	私营或个体劳动者	0.17188	0.74044	0.817	−1.2831	1.6268

因变量:数字阅读媒介选择得分 LSD

（I）职业	（J）职业	均值差（I－J）	标准误差	显著性	95%置信区间	
					下 限	上 限
公检法/军人/武警	无业及失业人员	-0.10714	0.79697	0.893	-1.6732	1.4589
	工人/商业服务业人员	0.33333	0.79048	0.673	-1.2200	1.8866
	一般职员	-1.27660	0.72573	0.079	-2.7027	0.1495
学生	企业领导或管理人员	0.32381	0.41845	0.439	-0.4984	1.1461
	公检法/军人/武警	1.09524	0.72949	0.134	-0.3382	2.5287
	专业技术人员/教师/医生	0.66342*	0.31727	0.037	0.0400	1.2869
	机关/事业单位干部	0.72024	0.37633	0.056	-0.0193	1.4597
	私营或个体劳动者	1.26711*	0.34510	0.000	0.5890	1.9452
	无业及失业人员	0.98810*	0.45387	0.030	0.0962	1.8800
	工人/商业服务业人员	1.42857*	0.44238	0.001	0.5593	2.2978
	一般职员	-0.18136	0.31228	0.562	-0.7950	0.4323

续 表

因变量:数字阅读媒介选择得分 LSD

（I）职业	（J）职业	均值差（I－J）	标准误差	显著性	95％置信区间	
					下 限	上 限
专业技术人员/教师/医生	企业领导或管理人员	－0.33961	0.41564	0.414	－1.1563	0.4771
	公检法/军人/武警	0.43182	0.72789	0.553	－0.9985	1.8621
	学生	－0.66342*	0.31727	0.037	－1.2869	－0.0400
	机关/事业单位干部	0.05682	0.37320	0.879	－0.6765	0.7902
	私营或个体劳动者	0.60369	0.34169	0.078	－0.0677	1.2751
	无业及失业人员	0.32468	0.45128	0.472	－0.5621	1.2115
	工人/商业服务业人员	0.76515	0.43972	0.082	－0.0989	1.6292
	一般职员	－0.84478*	0.30851	0.006	－1.4510	－0.2385
机关/事业单位干部	企业领导或管理人员	－0.39643	0.46230	0.392	－1.3049	0.5120
	公检法/军人/武警	0.37500	0.75550	0.620	－1.1096	1.8596

续　表

因变量:数字阅读媒介选择得分 LSD

（I）职业	（J）职业	均值差（I－J）	标准误差	显著性	95％置信区间	
					下　限	上　限
机关/事业单位干部	学生	－0.72024	0.37633	0.056	－1.4597	0.0193
	专业技术人员/教师/医生	－0.05682	0.37320	0.879	－0.7902	0.6765
	私营或个体劳动者	0.54688	0.39714	0.169	－0.2335	1.3273
	无业及失业人员	0.26786	0.49459	0.588	－0.7040	1.2397
	工人/商业服务业人员	0.70833	0.48407	0.144	－0.2429	1.6595
	一般职员	－0.90160*	0.36898	0.015	－1.6266	－0.1766
私营或个体劳动者	企业领导或管理人员	－0.94330*	0.43725	0.031	－1.8025	－0.0841
	公检法/军人/武警	－0.17188	0.74044	0.817	－1.6268	1.2831
	学生	－1.26711*	0.34510	0.000	－1.9452	－0.5890
	专业技术人员/教师/医生	－0.60369	0.34169	0.078	－1.2751	0.0677
	机关/事业单位干部	－0.54688	0.39714	0.169	－1.3273	0.2335

续　表

因变量:数字阅读媒介选择得分 LSD

（I）职业	（J）职业	均值差（I−J）	标准误差	显著性	95％置信区间	
					下　限	上　限
私营或个体劳动者	无业及失业人员	−0.27902	0.47126	0.554	−1.2051	0.6470
	工人/商业服务业人员	0.16146	0.46021	0.726	−0.7429	1.0658
	一般职员	−1.44847*	0.33707	0.000	−2.1108	−0.7861
无业及失业人员	企业领导或管理人员	−0.66429	0.52735	0.208	−1.7005	0.3720
	公检法/军人/武警	0.10714	0.79697	0.893	−1.4589	1.6732
	学生	−0.98810*	0.45387	0.030	−1.8800	−0.0962
	专业技术人员/教师/医生	−0.32468	0.45128	0.472	−1.2115	0.5621
	机关/事业单位干部	−0.26786	0.49459	0.588	−1.2397	0.7040
	私营或个体劳动者	0.27902	0.47126	0.554	−0.6470	1.2051
	工人/商业服务业人员	0.44048	0.54653	0.421	−0.6335	1.5144
	一般职员	−1.16945*	0.44779	0.009	−2.0494	−0.2895

续 表

因变量:数字阅读媒介选择得分 LSD

（I）职业	（J）职业	均值差（I－J）	标准误差	显著性	95％置信区间	
					下　限	上　限
工人/商业服务业人员	企业领导或管理人员	－1.10476*	0.51749	0.033	－2.1216	－0.0879
	公检法/军人/武警	－0.33333	0.79048	0.673	－1.8866	1.2200
	学生	－1.42857*	0.44238	0.001	－2.2978	－0.5593
	专业技术人员/教师/医生	－0.76515	0.43972	0.082	－1.6292	0.0989
	机关/事业单位干部	－0.70833	0.48407	0.144	－1.6595	0.2429
	私营或个体劳动者	－0.16146	0.46021	0.726	－1.0658	0.7429
	无业及失业人员	－0.44048	0.54653	0.421	－1.5144	0.6335
	一般职员	－1.60993*	0.43614	0.000	－2.4670	－0.7529
一般职员	企业领导或管理人员	0.50517	0.41185	0.221	－0.3041	1.3145
	公检法/军人/武警	1.27660	0.72573	0.079	－0.1495	2.7027

续　表

因变量:数字阅读媒介选择得分 LSD

（I）职业	（J）职业	均值差（I－J）	标准误差	显著性	95％置信区间	
					下　限	上　限
一般职员	学生	0.18136	0.31228	0.562	－0.4323	0.7950
	专业技术人员/教师/医生	0.84478*	0.30851	0.006	0.2385	1.4510
	机关/事业单位干部	0.90160*	0.36898	0.015	0.1766	1.6266
	私营或个体劳动者	1.44847*	0.33707	0.000	0.7861	2.1108
	无业及失业人员	1.16945*	0.44779	0.009	0.2895	2.0494
	工人/商业服务业人员	1.60993*	0.43614	0.000	0.7529	2.4670

＊均值差的显著性水平为 0.05

在本调查中，将被调查者的性别（男性＝1，女性＝2）与被调查者数字阅读的媒介选择排位得分之间进行相关性分析，从表1－8所得数据中可以看出：是否优先选择数字媒介阅读与性别之间无显著相关关系。

表1－8　　　　　性别与数字阅读媒介选择得分的卡方检验

	值	df	渐进 Sig.（双侧）
Pearson 卡方	7.641[a]	8	0.469

	值	df	渐进 Sig.（双侧）
似然比	8.324	8	0.403
线性和线性组合	0.068	1	0.795
有效案例中的 N	480	—	

二　数字阅读内容与需求：资讯信息需求为主，娱乐消遣需求居末

整理相关数据（数据来自中国出版网发布的近五年我国国民阅读调查报告①），从数字阅读内容与目的倾向层面来看，阅读新闻是数字阅读者的主要阅读目的，并且阅读新闻作为第一阅读目的的选择比在五年内不断增长。此外，通过数字阅读的方式阅读数字书籍、电子报刊也被读者越来越重视与接受。

（一）咨询信息需求为数字阅读的首要需求，思想需求并未被忽视

在国民数字阅读内容与目的的调查设计中，存在问题交叉与选项交叉的不足。因此，在本研究中，将阅读目的需求与阅读内容两个指标区分开来。为了解读者在数字阅读中的主要目的与需求，设计了五个需求（审美需求、思想需求、资讯信息需求、专业知识需求、消遣需求）选项并要求被调查者将此五选项按最主要目的到非主要目的依次排序，统计结果见表1–9。

---

① 中国新闻出版研究院：《全国国民阅读调查》，http：//www.chuban.cc/ztjj/yddc/。

表 1 - 9 数字阅读需求排序比例

排 名	资讯信息需求 (%)	专业知识需求 (%)	思想需求 (%)	消遣需求 (%)	审美需求 (%)
1	37.7	21.3	17.9	20.2	2.9
2	34.6	21.3	17.1	17.7	9.4
3	11.9	29.0	25.8	17.9	15.4
4	12.7	13.8	27.9	16.3	29.4
5	3.1	14.8	11.3	27.7	42.7

数字阅读需求选项平均综合得分是问卷填写者对选项的排序情况计算得出的，它反映了选项的综合排名情况。排名第一＝5分，排名第二＝4分，排名第三＝3分，排名第四＝2分，排名第五＝1分。得分越高表示综合排序越靠前。计算数字阅读需求选项平均得分的方法为：数字阅读需求选项平均得分＝（Σ 频数 × 分值）/本题填写人次，权值由选项被排列的位置决定。

$$\overline{X} = \frac{\sum n \times A}{N}$$

表 1 - 10 数字阅读需求选项得分排序

综合排序	阅读需求选项	选项平均得分小计（分）
1	资讯信息需求	3.910
2	专业知识需求	3.204
3	思想需求	3.025
4	消遣需求	2.858
5	审美需求	1.997

在表1-9中可以看出:被调查者中有37.7%的人将资讯信息需求置于其数字阅读的需求与目的的首要位置,34.6%的被调查者将其置于第二需求之位,11.9%的被调查者将其置于第三需求之位,即超过七成的被调查者认为资讯信息需求被排在其进行数字阅读目的的前三位。在表1-10中,资讯信息需求的排名得分为3.910,远高于第二位专业知识需求。

值得注意的是,思想需求的被选择排序高于消遣需求。有17.9%的被调查者将思想需求置于数字阅读的首要目的,17.1%的被调查者将其置于第二需求之位,25.8%的被调查者将其置于第三需求之位,即超过一半的被调查者认为思想需求被排在其进行数字阅读目的的前三位。从表1-10中可以更清晰地看出,思想需求的排名分值为3.025,高于消遣需求的排名得分2.858。这说明,数字阅读主体在数字阅读中并非仅仅是为了消遣娱乐性阅读,其资讯信息需求、专业知识需求、思想需求是促使其进行数字阅读的三大主要驱动力。

(二)社会新闻内容为数字阅读的主要阅读内容,娱乐、消遣性内容居末位

为了解读者在数字阅读中的主要阅读内容,设计了八个选项(新闻信息、行业信息、生活常识、时尚消费、文学历史军事艺术、职业发展、流行文化、情感),并要求被调查者将此八个选项按最主要阅读内容到非主要内容依次排序。

表1-11　　　　　　　　　　数字阅读内容排序比例

排名	新闻信息(%)	生活常识(%)	行业信息(%)	职业发展(%)	文学历史军事艺术(%)	流行文化(%)	时尚消费(%)	情感(%)
1	41.5	11.9	17.3	6.0	10.2	5.8	5.4	1.9
2	15.8	20.0	17.1	11.0	15.4	6.9	9.6	3.9

排名	新闻信息（%）	生活常识（%）	行业信息（%）	职业发展（%）	文学历史军事艺术（%）	流行文化（%）	时尚消费（%）	情感（%）
3	12.9	26.7	13.5	11.9	10.0	11.5	13.3	9.6
4	9.0	16.9	10.0	15.6	10.4	18.8	12.1	7.5
5	5.0	15.4	11.5	19.0	10.6	12.7	16.3	10.2
6	6.0	9.4	11.3	17.2	10.4	14.2	13.3	18.3
7	7.1	7.7	11.9	11.0	12.1	22.3	12.3	15.0
8	2.7	2.1	7.5	8.1	20.6	7.9	17.7	33.5

　　数字阅读内容选项平均综合得分是问卷填写者通过对选项的排序情况计算得出的，它反映了选项的综合排名情况。排名第一＝8分，排名第二＝7分，排名第三＝6分，排名第四＝5分，排名第五＝4分，排名第六＝3分，排名第七＝2分，排名第八＝1分。得分越高表示综合排序越靠前。计算数字阅读需求选项平均得分的方法为：数字阅读需求选项平均得分＝$(\sum$频数×分值$)$/本题填写人次，权值由选项被排列的位置决定。

表1－12　　　　　　　数字阅读内容选项得分排序

综合排序	阅读内容选项	选项平均得分小计（分）
1	新闻信息	6.198
2	生活常识	5.267
3	行业信息	4.925
4	职业发展	4.329

综合排序	阅读内容选项	选项平均得分小计（分）
5	文学历史军事艺术	4.202
6	流行文化	4.031
7	时尚消费	3.981
8	情　感	2.970

　　从表 1 – 11 中可以看出，数字阅读的主要内容为新闻信息，有 41.5% 的被调查者将其列为数字阅读的首要内容，有 15.8% 的被调查者将其列为数字阅读的次要内容，有 12.9% 的被调查者将其列为数字阅读的第三位内容，即超过六成的读者将新闻信息置于阅读内容的前三位。由表 1 – 12 可得知，其选项平均得分为 6.198，远高于排在第二位的"生活常识"，这也进一步验证了数字阅读中的资讯信息为首要阅读目的。

　　从表 1 – 12 的数据中进一步看出，流行文化、时尚消费、情感这三类消遣性内容并非占据数字阅读内容的首位，它们分别以 4.031、3.981、2.970 分位列数字阅读内容排位的后三名之中，这也进一步验证了数字阅读远非简单的娱乐、消遣性阅读。

三　媒介的选择与使用：手机媒体为主，多种数字媒介相辅的混合式阅读

（一）手机超越报纸、图书成为首选阅读媒介

　　随着手机媒介阅读的便利，越来越多的人采用这种便携的阅读方式。整理相关数据（数据来自中国出版网发布的近五年我国国民阅读

调查报告①），得出表 1－13。从数字阅读媒介首选率来看，更多的国民选择手机阅读为首选数字阅读媒介，2010 年有 10.2% 的被调查者选择手机为首选数字阅读媒介，2014 年有 23.5% 的被调查者选择手机为首选数字阅读媒介，增长幅度高达 13.3%。而网络在线阅读的首选率由 2010 年的 34.4% 下降为 2014 年的 14.3%。手机阅读的无空间限制与网络在线阅读的固定空间在线形成了鲜明对比。

表 1－13　　　　　　2010—2014 年国民数字阅读的媒介首选率

指标 \ 年度		2010	2011	2012	2013	2014
一级指标	二级指标					
阅读媒介首选率（%）	网络在线阅读	34.4	11.8	13.2	15.0	14.3
	手机阅读	10.2	9.4	9.0	15.6	23.5
	电子阅读器阅读	2.8	2.5	2.2	2.4	3.4
	网络下载打印阅读	1.7	1.0	1.3	1.0	1.6

在本研究中，为了对比阅读主体在选择数字阅读媒介与传统阅读媒介的差异时，将阅读媒介分为六大选项，其中传统阅读媒介包括图书、报纸，数字阅读媒介包括手机、电脑、平板、电子阅读器。本研究中，要求被调查对象按照常用阅读媒介选择到非常用阅读媒介选择依次排序，试图在分析数字阅读媒介选择的同时也验证其是否已超越传统阅读媒介选择比例。数字阅读媒介越被优先选择，其被赋予的分值越高。六种排列位置依次赋分，排名越靠前，所赋分值越高。在阅读媒介选择的六个选项中，排名第一 =6 分，排名第二 =5 分，排名第三 =4 分，排名第四 =3 分，排名

---

① 中国新闻出版研究院：《全国国民阅读调查》，http：//www.chuban.cc/ztjj/yddc/。

第五 = 2 分, 排名第六 = 1 分。

表 1 - 14   阅读媒介选择排序比例

排名	图书(%)	报纸(%)	手机(%)	电脑(%)	平板(%)	阅读器(%)
1	10.2	6.5	66.9	12.9	1.5	2.0
2	14.0	11.7	21.2	40.8	9.3	3.3
3	25.4	15.0	7.3	26.5	17.9	7.2
4	24.0	24.0	3.5	15.8	18.3	13.5
5	15.0	23.1	0.8	2.3	40.4	19.1
6	11.5	19.8	0.2	1.7	12.5	54.6

表 1 - 15   数字阅读媒介选项得分排序

综合排序	阅读媒介选项	选项平均得分小计(分)
1	手 机	5.491
2	电 脑	4.412
3	图 书	3.460
4	报 纸	2.950
5	平 板	2.756
6	电子阅读器	1.919

依据表 1 - 14、表 1 - 15 可以看出, 66.9% 的被调查对象将手机作为阅读首选媒介, 其媒介选择平均得分为 5.491 分; 12.9% 的被调查对象将电脑作为阅读首选媒介, 其媒介选项平均得分为 4.412 分; 10.2% 的被调查对象

将图书作为首选阅读媒介，其媒介选项平均得分为 6.5% 的被调查对象将报纸作为首选阅读媒介。从数据中可以看出，手机、电脑的阅读媒介首选率高于图书和报纸，阅读主体已经接纳数字阅读媒介，对数字阅读媒介的青睐超过传统纸质阅读媒介。但受众对平板电脑和阅读器的首选率并未超越传统纸质媒体，特别是电子阅读器作为专业电子阅读工具，其可发掘的空间巨大。

（二）多种数字阅读媒介混合使用：超过半数的读者进行过手机阅读，近半数的读者进行过网络在线阅读

从数字阅读媒介接触率层面来看，除了首选数字阅读媒介方式外，越来越多的数字阅读媒介已经混合进入普通民众的生活之中，作为日常阅读的媒介形式。其中，随着网络技术的普及，个人电脑作为便利、易得的阅读媒介已被 49.4% 的国民采用。手机媒体的兴起更赢得超过半数的国民的青睐。

此外，电子阅读器、平板电脑作为新兴数字阅读方式也逐渐被普通民众采纳。在调查中，有 9.9% 的人曾用平板电脑阅读，5.3% 的人曾用电子阅读器阅读。而在对 2014 年的国民阅读调查中，特别针对微信使用情况进行考察，结果发现有 34.4% 的成年国民在 2014 年进行过微信阅读，在手机阅读接触者中，超过六成的人（66.4%）进行过微信阅读。

表 1-16　　　　2010—2014 年国民数字阅读的媒介接触率

指标　　　　　　　　年度		2010	2011	2012	2013	2014
一级指标	二级指标					
数字阅读媒介接触率（%）	网络在线阅读	18.1	29.9	32.6	44.4	49.4
	手机阅读	23.0	27.6	31.2	41.9	51.8

续　表

指标　　　　年度		2010	2011	2012	2013	2014
一级指标	二级指标					
数字阅读媒介接触率（%）	电子阅读器阅读	3.9	5.4	4.6	5.8	5.3
	光盘阅读	1.8	2.4	1.6	0.9	2.0
	平板电脑阅读	2.6	3.9	2.6	2.2	9.9

（三）在选择数字阅读媒介层面，不同媒介选择排序所受影响的因素各不相同

将个体被调查者阅读媒介选择排列序位转化为分值（排名第一 = 6 分，排名第二 = 5 分，排名第三 = 4 分，排名第四 = 3 分，排名第五 = 2 分，排名第六 = 1 分）后，与被调查者的年龄、性别、职业、文化程度进行多元回归分析。

（1）选择手机阅读排序得分与读者的性别、年龄因素之间存在相关

我们采用多元线性回归（见表 1 - 17），发现在选择手机作为阅读媒介的排序得分上，阅读主体无显著的职业差异和文化程度差异（p > 0.05），但在性别（p < 0.05）与手机选择排序得分之间存在正相关，即女性更加偏好手机阅读；在年龄（p < 0.01）与手机选择排序得分之间存在负相关，即年轻用户更偏好手机阅读。

表 1 - 17　　　　读者个人情况与手机排序得分的回归分析

模　型		非标准化系数		标准系数	T	Sig.
		B	标准误差	试用版		
1	（常量）	6.050	0.288	—	20.974	0.000

续 表

模 型		非标准化系数		标准系数	T	Sig.
		B	标准误差	试用版		
1	性 别	0.160	0.079	0.092	2.015	0.044
	年 龄	−0.018	0.005	−0.184	−3.738	0.000
	职 业	−0.003	0.016	−0.009	−0.199	0.842
	文化程度	−0.080	0.045	−0.090	−1.769	0.077

a. 因变量：手机

（2）选择电脑阅读排序得分与读者的性别、文化程度两因素之间存在相关

在表 1 - 18 中，我们发现在选择电脑作为阅读媒介的排序得分上，阅读主体无显著的年龄差异和职业程度差异（$p > 0.05$），但性别（$p < 0.001$）与选择电脑阅读排序得分之间存在负相关，即男性更加偏好电脑阅读；文化程度（$p < 0.05$）与选择电脑阅读排序得分之间存在正相关，即文化程度越高的用户越偏好电脑阅读。

表 1 - 18　　　　读者个人情况与电脑排序得分的回归分析

模 型		非标准化系数		标准系数	t	Sig.
		B	标准误差	试用版		
1	（常量）	4.702	0.356	—	13.191	0.000
	性 别	−0.413	0.098	−0.190	−4.205	0.000
	年 龄	−0.003	0.006	−0.028	−0.563	0.574

续　表

模　型		非标准化系数		标准系数	t	Sig.
		B	标准误差	试用版		
1	职　业	0.018	0.020	0.042	0.889	0.374
	文化程度	0.138	0.056	0.124	2.464	0.014

a. 因变量:电脑

（3）选择平板电脑阅读的排序得分与读者的年龄、职业因素之间存在相关

在表 1-19 中，我们发现在选择平板电脑作为阅读媒介的排序得分上，阅读主体无显著的性别差异和文化程度差异（p > 0.05），但年龄（p < 0.05）与平板选择排序得分之间存在负相关，即年轻用户更加偏好平板电脑阅读；职业（p < 0.05）与平板选择排序得分之间存在正相关，即个体职业更偏好于平板电脑阅读。

表 1-19　　　　读者个人情况与平板电脑排序得分的回归分析

模　型		非标准化系数		标准系数	t	Sig.
		B	标准误差	试用版		
1	（常量）	2.507	0.412	—	6.083	0.000
	性　别	0.111	0.113	0.044	0.978	0.328
	年　龄	-0.015	0.007	-0.110	-2.234	0.026
	职　业	0.083	0.023	0.166	3.514	0.000
	文化程度	0.048	0.065	0.038	0.741	0.459

a. 因变量:平板电脑

（4）选择电子阅读器阅读的排序得分与年龄因素之间存在相关

在表 1 - 20 中，我们发现在选择电子阅读器作为阅读媒介的排序得分上，阅读主体无显著的性别、职业和文化程度差异（$p > 0.05$），但年龄（$p < 0.05$）与电子阅读器排序得分之间存在负相关，即年轻用户更加偏好用电子阅读器阅读。

表 1 - 20　　　　读者个人情况与电子阅读器排序得分的回归分析

模　　型		非标准化系数		标准系数	t	Sig.
		B	标准误差	试用版		
1	（常量）	2.433	0.422	—	5.769	0.000
	性　　别	0.040	0.116	0.016	0.345	0.730
	年　　龄	-0.018	0.007	-0.122	-2.479	0.014
	职　　业	-0.044	0.024	-0.086	-1.825	0.069
	文化程度	0.082	0.066	0.062	1.232	0.219

a. 因变量:电子阅读器

（四）读者平均每日数字阅读时长增长明显

（1）我国国民数字阅读人均每日总时长连续五年增长

整理近五年我国国民阅读调查报告，得出表 1 - 21。从数字阅读的人均每日时长来看，2010 年至 2014 年，我国国民上网总时长有显著增长，从 2010 年的日人均上网 42.73 分钟增至 2014 年的 54.87 分钟。但在调查报告中并未将上网中娱乐、影视、人际交流、阅读等功能做出详细划分，所以上网总时长并不能完全体现网络阅读时长的变化趋势。此外，随着智能手机的广泛应用，手机阅读时长增长明显，从 2010 年的日人均阅读

10.32 分钟增至 2014 年的 33.82 分钟。

表 1 – 21　　　　　2010—2014 年国民数字阅读人均每日时长

指　　标		2010	2011	2012	2013	2014
一级指标	二级指标					
数字阅读人均每日时长（分）	上网总时长	42.73	47.53	46.77	50.78	54.87
	手机阅读时长	10.32	13.53	16.52	21.70	33.82
	电子阅读器阅读时长	1.75	3.11	2.94	2.26	3.79

（2）超过半数的被调查者每日平均数字阅读时长超过 40 分钟

在本研究中，被调查对象按照估算选择日人均阅读时长，有数字阅读日时长 0—20 分、20—40 分钟、40—60 分钟、一小时以上、不清楚共五个选项，结果见表 1 – 22。

表 1 – 22　　　　　　　数字阅读每日平均时长

		频　率	百分比（%）	有效百分比（%）	累积百分比（%）
有　效	0—20 分	53	11.0	11.0	11.0
	20—40 分	141	29.4	29.4	40.4
	40—60 分	107	22.3	22.3	62.7
	一小时以上	171	35.6	35.6	98.3
	不清楚	8	1.7	1.7	100.0
	合　计	480	100.0	100.0	—

从表中可以看出，有35.6%的被调查者每日数字阅读超过一小时，有57.9%的被调查者每日数字阅读超过40分钟。

（3）数字阅读日均时长与年龄、文化程度相关

将读者个人情况与数字阅读日均时长进行回归分析，我们发现，数字阅读日均时长与读者的性别、职业两因素之间无显著相关（$p > 0.05$）；数字阅读日均时长与年龄之间成负相关（$p < 0.05$），即越年轻的读者数字阅读日均时长越长；此外，数字阅读日均时长与文化程度呈显著正相关（$p < 0.01$），即文化程度越高的人数字阅读的日均时长越长。

表 1 - 23　　　　　读者个人情况与数字阅读时长的回归分析

模　型		非标准化系数		标准系数	t	Sig.
		B	标准误差	试用版		
1	（常量）	2.919	0.347	—	8.413	0.000
	性　别	-0.155	0.096	-0.072	-1.625	0.105
	年　龄	-0.012	0.006	-0.099	-2.076	0.038
	职　业	-0.016	0.020	-0.038	-0.829	0.408
	文化程度	0.253	0.055	0.228	4.629	0.000

a. 因变量：阅读时长

四　主动性阅读行为：主动搜索、主动书写、主动分享

曾有学者指出，在数字阅读中存在主动阅读与被动阅读之分。一方面，数字阅读基于其检索方便快捷、信息汇聚量大等特点，为数字阅读者提供了主动搜索、主动分享并转发、主动书写等多种阅读方式，赋予

读者更强的掌控力与主动权；另一方面，也有学者提出数字阅读存在被动阅读的现象。比如微信朋友圈中的公众号阅读。"朋友圈阅读局限很大，因为他们本来就是和你差不多的人，那里有你感兴趣，也会认同的东西，长此以往，你的世界会越来越窄，甚至出现断裂，无法沟通。在大量接受被动信息的过程中，你还会失去思考的能力和接受不同意见的胸怀。"[1]

在数字阅读中，读者究竟主动性如何？其是否自主参与了搜索与选择、主动分享并转发、主动书写等新型阅读？

（一）数字阅读中，读者的主动性较强

在本研究中，设计了八道五级量表题（主动搜索选择阅读三题、主动分享转发三题、主动书写二题）以测量读者数字阅读行为的主动性。在五级量表赋分中，非常同意 = 5 分，同意 = 4 分，无意见 = 3 分，不同意 = 2 分，非常不同意 = 1 分。越是具有主动阅读的倾向，其所赋分值越高，根据五级量表计算每个调查者阅读主动性的平均得分，平均得分越高，其阅读的主动性越强。

表 1 - 24　　　　　　　　阅读主动性平均分

	N	极小值	极大值	均　值	标准差	方　差
主动阅读分值	480	2.13	4.88	3.2703	0.46929	0.220
有效的 N（列表状态）	480	—	—	—	—	—

依据表 1 - 24 可以看出，480 名被调查者其主动性平均得分为 3.27，极大值为 4.88。总体而言，被调查者阅读的主动性较高。

---

[1]　张楠、梁文道：《朋友圈阅读的局限很大》，《扬子晚报》2015 年 9 月 6 日第 6 版。

（二）数字阅读中，被调查者能够进行主动搜索与选择、主动书写、
　　　主动分享与转发

可将主动阅读的搜索与选择（group1）、书写（group2）、分享与转发
（group3）分为三组。在对 480 名数字阅读者的问卷调查中，有超过七成的读
者表示在数字阅读中能快速搜索到有用信息（如图 1 - 2 所示），有超过 87%
的读者表示已习惯通过数字阅读来查找问题、解决问题（如图 1 - 3 所示）。

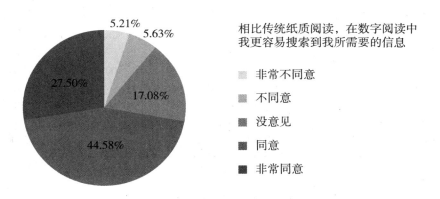

图 1 - 2　数字阅读中的主动搜索功能使用

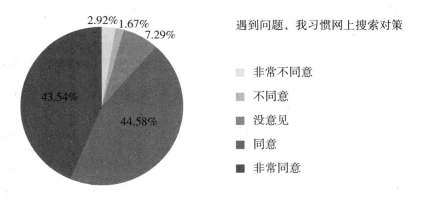

图 1 - 3　对数字阅读中主动搜索的态度

对三组的得分进行方差分析，由表 1 - 25、表 1 - 26 可看出：在搜索
与选择层面，被调查者的得分最高，其均值为 3.6333，且显著高于书写与

分享转发组均值（p＜0.05）；在主动书写层面，被调查者的得分其次，均值为 3.1125，且显著高于分享转发组均值（p＜0.05）；在主动分享与转发层面，被调查者的得分为三组最低 2.9635，但仍高于均值（p＜0.05）。

表 1-25 主动阅读的方差分析

| | N | 均　值 | 标准差 | 标准误差 | 均值的 95% 置信区间 | | 极小值 | 极大值 |
					下　限	上　限		
搜索	480	3.6333	0.55108	0.02515	3.5839	3.6828	2.33	5.00
书写	480	3.1125	0.70839	0.03233	3.0490	3.1760	1.00	5.00
分享	480	2.9635	0.94870	0.04330	2.8785	3.0486	1.00	5.00
总数	1440	3.2365	0.80637	0.02125	3.1948	3.2781	1.00	5.00

表 1-26 主动阅读三组间的方差分析

| (I) group | (J) group | 均值差（I-J） | 标准误差 | 显著性 | 95% 置信区间 | |
					下　限	上　限
1	2	0.52083*	0.04867	0.000	0.4254	0.6163
	3	0.66979*	0.04867	0.000	0.5743	0.7653
2	1	-0.52083*	0.04867	0.000	-0.6163	-0.4254
	3	0.14896*	0.04867	0.002	0.0535	0.2444
3	1	-0.66979*	0.04867	0.000	-0.7653	-0.5743
	2	-0.14896*	0.04867	0.002	-0.2444	-0.0535

* 均值差的显著性水平为 0.05

五　数字阅读环境的多义性：公共空间与私人空间的相互嵌入

数字阅读一改往日阅读只能在纸张书本之间摸索，只能在书房内、书桌前静思，变得可以随走随读，无空间、时间限制。咖啡厅、办公室随处可见屏幕前沉溺于文字间的片刻小憩，图书馆、教室随处可见专业数据库、电子图书中的搜索徜徉，甚至公交站、地铁内也随处可见低头族在方寸屏幕间快速地浏览。数字阅读已无处不在，无时不有。

本研究向 480 名被调查者询问其主要数字阅读环境。在被调查者的阅读场景多项选择中，有 75% 的人选择了住宿处，46.5% 的人选择了在上班、上课间隙，有 52.9% 的人选择了在乘车途中，有 52.5% 的人选择在家庭书房内，还有 25.8% 的人选择在图书馆内进行数字阅读。

总体而言，数字阅读的环境多样，融合与隔离的界限在数字阅读媒介的介入下越发模糊与不可分割，数字阅读媒介将传统意义上的公共空间与私人空间的概念彻底打碎，糅合为一体。传统意义上的"公共空间"概念多指向城市及社会研究角度，即将公共空间视为不同社会生活发生共存的平台。卡尔在《城市空间——公共空间》一书中指出，公共空间是"人们进行功能性或仪式性活动的共同场所，无论是在日常生活或周期性的节日中，它使人们联合成社会"。在公共空间内，"公共生活的质量以及它所服务的公共目的是最重要的"[①]。而传统意义上的私人空间有三个特性：首先，私人空间是一个近乎被保护的，阻挡外来视线的封闭性空间，一个除了本人以及获得本人允许的人之外的其他人不得随意出入的空间。其次，私人空间应该能够为个人的信息，或者为与自身相关的所有隐私提供保

---

① 陈竹：《什么是真正的公共空间——西方城市公共空间理论与空间公共性的判定》，《国际城市规划》2009 年第 24 期。

护。个人有权利决定要将自己的信息在何时何地，向何人，以何种方式去公布。最后，在私人空间里，个人只和与自己有着极其亲密的关系或者有着深厚感情基础的人互动。[①]

　　无论是在传统意义上的公共空间，如上班、上课处，乘车途中、图书馆内，还是传统意义上的私人领域，如家庭书房内、住宿处，读者都能依靠数字阅读媒介迅速将自己与身处的外在世界隔离，形成一个由自己控制的封闭空间，而此新开辟出来的封闭空间其为公共性还是私人性则由个体本身部分定义。站台上，喧嚣的街道旁，一旦个人将手机打开进行阅读，公共空间便被迅速划分出了一个属于个人的一块私人天地。一方面，他既可在电子书本所营造的个人世界畅游、思考，获取信息与知识，这实质与传统纸质书本的随身阅读并无本质差异；与此同时，他也在向身处真实公共空间的周围人无声宣称自己的封闭性与非交流性；另一方面，他亦可在网络技术所营造的虚拟空间内，参与电子公共论坛、微博、微信公众号等的阅读及讨论。而此时，他脱离了身边所处的真实世界的公共空间，在数字阅读媒介所营造的新空间内，又套入了网络虚拟公共空间。而此网络虚拟空间与个体所处的真实公共空间之间并无直接联系，甚至对于个体而言不产生相关性。

　　总体而言，随着数字阅读环境的非特定性，数字阅读改变了传统纸质阅读对于公共空间与私人空间之间划分的界限，"公"与"私"之间不再从阅读之时起就确定无误且泾渭分明，数字阅读媒介将"公"与"私"的划分权力转交给个体本身，环境与空间的融合与隔离在数字阅读的介入下同时发生，并行不悖。

---

　　① 参见孙源南、权相禧《社交网络公共空间与私人空间认知的实证研究》，《青年记者》2013年第12期。

六　小结

根据以上调查研究的相关数据，可对我国数字阅读的现状进行大体的描述。

第一，从数字阅读主体的年龄分层来看，在 2010 年至 2014 年，数字阅读的主力军为青年人群，18—29 岁人群数字阅读的比例最高，40—49 岁人群对数字阅读的接受度显著提升，50 岁及以上的读者接受数字阅读形式的比例逐年升高。在 15—50 岁被调查者中，年龄越小的读者，越会优先选择数字媒介进行阅读。而从读者文化程度层面来看，文化程度越高的读者，越会优先选择数字阅读。

第二，从数字阅读的目的来看，读者对咨询信息的需求为数字阅读的首要需求。同时，值得关注的是，读者在数字阅读中并未忽视思想需求，思想需求的选择排序超越消遣需求与审美需求，居阅读五大需求的第三位。从阅读的内容选择来看，读者进行数字阅读时更倾向于选择实用性信息，以社会新闻内容为代表的信息成为数字阅读内容的首选，行业信息、职业发展、历史文学等较长篇幅的深度阅读居八大阅读内容类别排序中的第三、四、五位，而伴随着信息的实用性逐渐减弱，深度性阅读的降低，软性的、娱乐内容的流行文化、时尚消费、情感信息则居数字阅读内容的末三位。此结果进一步验证了数字阅读远非简单的娱乐、消遣性阅读，而是以实用信息阅读为主，长篇幅、深度性的内容为辅的多层次阅读。

第三，从读者对阅读媒介的选择层面来看，手机媒体已超越报纸、图书等传统阅读媒介，成为数字时代的首选阅读媒介，而后是以电脑、平板、电子阅读器等多种数字阅读媒介与报纸、图书平分天下的混合式阅读。此外，从 2010 年起，我国国民数字阅读人均每日总时长连续五年增长，超过半数的被调查者平均每日数字阅读时长超过 40 分钟，越年轻的、文化程度越高的读者数字阅读日均时长越长。

第四，从读者的阅读行为层面来看，相较于传统纸质阅读，读者在数字阅读时更易产生主动搜索、主动书写、主动分享等主动性阅读行为，且读者主动搜索的阅读行为明显多于主动书写行为，而主动书写行为又明显多于分享与转发行为。

第五，从阅读的环境层面来看，数字阅读一改独立静思的封闭式阅读环境，而成为随走随读的开放式阅读。调查显示，除了在住宿处独处阅读外，近半数的被调查者会在上下班、上下课的间隙进行阅读，而超过半数的读者甚至会在乘车、等车的途中进行阅读。数字阅读改变了传统纸质阅读对于公共空间与私人之间划分的界限，"公"与"私"之间不再从阅读之时起就确定无误、泾渭分明，数字阅读媒介将"公"与"私"的划分权力转交给个体本身，环境与空间的融合与隔离在数字阅读的介入下同时发生，并行不悖。

第三节　数字阅读引发的争论

在数字阅读愈发盛行的同时，也有不同的声音开始质疑数字阅读这一新型信息获取方式。质疑关注的焦点主要集中于三个方面：数字阅读中认知的碎片化与娱乐化倾向、数字阅读引发的身份认同危机以及数字阅读对权威的颠覆与解构。

一 数字阅读中的认知：碎片化还是多样化

数字阅读提供了更多的符号呈现，知识、信息可以以任何形式，从人类个体的头脑中"外化"并"编码"成符号，然后"物化"为载体形式，跨越时空，通过"阅读"过程传递到读者的大脑，使得阅读无时不有、无处不在。

人们在数字阅读中往往热衷于接收动态影像与画面符号，而忽视静止、抽象的文字符号，倾向于接收浅层、碎片式信息，最终难以形成完整、系统的前后语境并发展出深层思考框架。在此认知倾向下人就会日益类似于美国剧作家理查德·福尔曼（Richard Foreman）精确形容的那样："泛而薄的'面饼人'（pancake people）。"① 数字阅读所产生的后期思考、理解、信息吸收等能力和机制与传统纸质阅读截然不同。虽然有大量纸质书籍电子版、纯电子书的阅读，但对读者而言，数字阅读更多被运用于信息的获取，而非知识的习得。基于数字阅读媒介的特性，数字阅读会使认知有碎片化、浅层化的发展倾向。

基于电子屏幕的数字阅读，更擅长于传统纸质文字符号所无法呈现的图像、视频、音频等电子信息符号，这也是其传播优势的凸显。但随之而来的是其传播符号承载的信息具有偏向性的变革。

从内容而言，数字阅读偏向于实用性、刺激性信息，而非深刻、抽象的推理。传统静态文字符号以其抽象性、线性化优势，将大千世界万事万物化为笔尖下横竖间。无论是有形有态之物，还是虚无缥缈的意识之思，都能被所述所思之人付诸笔端。千百年的文字传播的发展，使得无论中西，虽其对文字的操控方式、写作手法不尽相同，但都能以具象到抽象，

① 练小川：《数字时代的阅读》，《出版科学》2009年第2期。

在归纳、演绎、推理中将人类智慧的精华传承其后。纸质文字阅读更具优势的是传承抽象、推理性、引人深思的巨著。数字阅读与之相反。视频、图像在其电子符号的闪烁间，不留余暇供读者反复思索，而是随着鼠标的划过、时间的流逝，快速地在读者的眼前扫过，不加丝毫停留。因此，在数字阅读的获取中，更多的是刺激性强、实用性强的信息内容，而非娓娓道来、循循善诱的道理之识。

从形式而言，数字阅读偏向于碎片化、非连续性叙述，而非有背景、有来由、有发展的完整逻辑叙述。静态文字符号的固定性既是其劣势，也是其优势所在。固定者，非轻易变动也。文字符号一旦付诸纸张之上，非著者、编者再版修改则其不可变动，因此著者何其用心，编者何其费神，生怕有所遗漏使之流传于世、贻笑大方。谨慎之心在文字覆盖于纸张之上时便毫不松懈。除此之外，纸质文字阅读以其编排方式决定了阅读的顺序。世人读书，拿起书本大多从目录而始，虽不决然是逐字逐句、逐行逐页，但也不可完全跳跃著者、编者的编排而随意起始。文字、段落、章节间均有其章法、逻辑，是其叙述的连贯性、文法间攻守合理，不留破绽与矛盾。而在数字阅读中，阅读的顺序或者说主导权被瓦解，章节间从前至后的编排被非线性连接给打乱，并且为了更加适合数字阅读的这种非线性，章节编排间被截然分割，延续性被人为分割。前词、伏笔在数字阅读的跳跃性编排下无用武之地，读者随心所欲，可在任意章节、页面间自由穿越。因此，完整的阅读形式给强行破碎，成为零碎的片段，碎片化的片段间独立存在，只有当时当刻叙述之事。

缺少了深刻思想的累积，变革了前有因、后有果的逻辑，在快速浏览短小精悍、实用性、刺激性信息后，这样的阅读究竟能给人的认知产生怎样的影响呢？沃尔夫在《普鲁斯特与乌贼》中解释阅读纸质图书可以形成一个"阅读大脑"，而阅读大脑反过来又促进人类的智力。在数字时代，我们的"阅读大脑"正在变为一个"数字大脑",信息就在鼠标和手指尖上,不需读者付出一丝一毫的努力和独立思考,也不用读者超越作者的文字。①

当然,如若一味对数字阅读的认知影响进行价值判断,或全盘肯定其对认知主动性、积极性的挖掘,或截然否定,认为其浅层化、碎片化导致思维结构的变革,终究都是太过于片面。毕竟,从人类整个信息传播的发展历史长河中,文字媒体并不是自人类诞生之日起便朝夕相伴,与人类文化的发展同步而行的。这也就是说,没有人能断言文字史之前没有文明、没有知识存在,即知识的存在方式是不被文字的形式所囚禁的。洞穴的涂鸦中有对耕种、狩猎知识的传承;民谣民歌中有人生、哲理的感悟。此等皆为知识,同为信息。如若以数字阅读缺少了文字偏向而否认其价值则过于片面。因此,数字阅读究竟对人的认知产生何种影响,或者说其对人认知的各个层面分别产生了何种影响,是值得从数字阅读媒介本身这一问题原点开始审思的。

二 数字阅读中的身份认同:迷失还是确认

对数字阅读争论的第二个方面集中于数字阅读所产生的信息共享方式,从而导致了由传统纸质书本阅读形塑身份认同的途径发生了变革。

身份认同关涉主体的自我持存,是主体确认自身、自身位置、自身与他人、自身与群体、自身与客体世界之间关系,从而定位自我的一个发展过程。吉登斯认为:"自我认同并不是个体所拥有的特质,或一种特质的组合。它是个人依据其个人经历所形成的,作为反思性理解的自我。认同

---

① 参见〔美〕玛丽安娜·沃尔夫《普鲁斯特与乌贼——阅读如何改变我们的思维》,王惟芬译,中国人民大学出版社2012年版。

设定了超越时空的连续性，自我认同就是这种作为醒得早的反思解释的连续性。"① 如何定位自己，了解自己也即我们所常谈的身份认同，既有对自我个体的认同，比如对自我身体的认同、自我人格的认同等，也包括群体认同，即通过自我的归属群体来确认自我的价值观、行为与归属，民族认同、文化认同、国家认同等皆为此类。

想要认清自己的相貌，最简单的方式莫过于去照镜子；想要认知自我，也需要用各方面的镜子去观照自我，并根据世间的种种标准对自己归类划分。而其间，观照自我，并获取信息对自我进行归类的过程中，信息的共享传承是必然因素。没有他者信息的提供，没有世间标准衡量的参照，对自我的认知就只能是幻想中的孤芳自赏、自说自话。

传统阅读中，文字与纸张承载了信息的传承与共享。文字付诸纸张之后，大千世界著书立言者屈指可数，而其言论经得起时间的洗涤、世人的大浪淘沙者更寥寥无几。书本内、文字间传承而来的信息、知识是由前人所传承而来的思想结晶。阅读书本的同时，获得世人认可的价值标准、意义共享，并以此为镜审视自我。在此过程之中，意义的共享和传承以书本为界，限于点对点的书者与读者双方。读者与其他读者个体之间没有其他渠道去沟通交流、分享所思所得，因此大都默认书本为统一标准。虽有敢为质疑之声，但缺乏与他人互动、探讨的渠道，而往往也无法根据他人的反馈知晓自身是否置于真理一方。身份认同的标准与核心较为统一，被书本文字所主宰，以地域、文字为界而成。各种既有的意义共同体不断被分解和区隔，传统阅读意义共享所形成的认同被解构。

而数字阅读提供了更为广泛的、共通的意义空间，读者在更多的意义空间中以阅读兴趣、内容为中心，以信息的共通、共享为连接点，聚集成

---

① 姚上海、罗高峰：《结构化理论视角下的自我认同研究》，《学术论坛》2011 年第 3 期。

"圈子"式的文化部落体，从而建构新的文化身份认同。书本内、地域间的意义共享的区隔被打破，身份认知后产生认同的标准逐渐多元化，更多的人在数字阅读之时能通过媒介探讨不同的观点，产生不同的认知角度，获取不同的认同标准，这为身份认同的多元化提供了重要途径。虚拟世界内，容纳得了现实生活中被划分为"少数人"、不合主流之人所遵从的信念与价值观。在数字阅读的虚拟空间之中，读者随读随思，甚至能将自己的即时思考写下来，发表出去，供更多的人看到并引发讨论。一元标准、主流价值在数字阅读的"圈子"式信息分享下被肢解，数字阅读让更多的读者允许更多层面的自我的存在与观照。因为网络上的"虚拟化身"，数字阅读可以让读者在阅读与讨论的同时，在虚拟符号的掩饰下投入交流情境之中，展露那些被现实生活压抑的自我面相。而这些层面在此前多是被故意屏蔽、忽视的。[1] 自我的多层面观照与认知，有助于更多元化的自我身份认同。

另一方面，网络世界的虚拟性将"我是谁"的问题往往与"我想成为谁"的问题混为一谈。连续的、统一的自我概念在这一过程中遭遇深层破坏，引发个体身份的焦虑。数字阅读中的虚拟身份，往往使读者在网络世界、真实世界间的多重角色、多重身份之中来回穿越，屏幕下的"我"是一个无质感的存在，失去物质世界、无历史、无时空的锚定，成为一个共时分裂的、去中心化的复数形式自我。此外，网络的距离感与非实践性，使得"我们是谁"的问题也更加模糊。以兴趣偏好为基础的虚拟社群瓦解了国家、种族、阶级、家庭、宗教等现实群属身份结构的基本维度，隐匿性的身份特权削弱了群属身份的权利义务关系，更多地表现为一种阻止全方位投入的自反性距离。

---

[1]　参见刘丹凌《新传播革命与主体焦虑研究》，《新闻与传播研究》2015 年第 6 期。

因此，数字阅读对身份认同并不是一个单向线性的直接因果联系，其在改变传统身份认同的条件与途径之时，给予了身份认同更加复杂的观照。对于身份认同而言，数字阅读究竟意味着什么？文化研究有阐释的途径，实证研究有验证之道，而归溯于数字阅读媒介本身去探讨，或许能获得不同的启发。

三 数字阅读下的权威：颠覆还是重塑

权威的形成在文化领域大多与信息垄断相关。秦州《媒介环境学家对"专门化（专家）"问题的警觉性认知》中指出，由文字技术的出现导致知识分割及专门化意识的产生，印刷术强化了专门化意识，专家是知识专门化的人格载体，其主要功能是对专业领域内的知识与膨胀的信息进行筛选。在此文中所提及的专家，即为知识专门化、专业化后的权威人物。

在阅读领域，权威大体可分为两种。一种为意识形态意义上的权威，即文本权威。著者将思想、意识著于纸张之上，由于文字与纸张的不可变动，纸张便给读者一种神圣、不容置疑的等级感，因其形式所成的权威感贯穿于文本之中，以及文本所承载的内容之中。此大体为文本权威。另一种为作者权威。即为作者，在所思所著之前，必然多方获取相关信息，其在所著内容的相关信息获取量上多是惊人的，因此也可认为其具有信息资源优势。而在此前，由于信息的传播渠道非常有限，信息是极为稀缺的资源，在此情况下，信息的富余者更多占有在此领域的话语权，其专业信息在他人无法平等获取的情况下，呈现出不对等的状态，作者的权威地位因此而来。

在数字出版与数字阅读的辅助下，人人是读者的同时，人人也可以当作者。一方面，文字与书本不再是少数精英的特权享有，网络博主、媒体作家都能与读者在虚拟的空间世界零距离接触，读者在感受到书写乐趣的同时，也不再对文字、书本盲目崇拜与迷信；另一方面，新阅读文化的繁荣，人们都沉浸于写作、分享的海量信息之中无所适从，常常会感到经典阅读的凋零，阅读在丧失了文字的神秘感与权威性时，在利益的驱动下，越来越倾向于一种浅层的、娱乐性的消费主义文化。

在数字阅读之下，经典阅读中存活的文本权威该何去何从？是在其信息传播渠道垄断被打破之后被拉下神坛，为博世人眼球而娱乐化甚至低俗化，还是在数字阅读的多方意义共享与传播之下被更全方位解读与阐释？数字阅读之下，传统纸质书本所树立的作者权威该何去何从？当作者与读者的角色不可分割，读者也能在数字阅读的同时，借助网络平台写作并出版成为作者，作者的话语权是否也同时被瓜分？而人人都在发言的时候，又有谁真正能发出声音为世人所听到呢？

第二章 媒介环境学——数字阅读的媒介研究路径

从莎草纸、布帛的手写描绘，到木板、石刻的临摹印拓，到从古登堡铅字印刷机中翻腾而出的第一本印刷版《圣经》，再到如今跃然于电子屏幕，在手指尖、鼠标键盘前翻转的数字文本，阅读已历经千年，从庙堂之高的精英特权，成为寻常百姓家的基本生活与文化方式。如今，随着网络技术、移动媒体技术的普及使用，普通民众的生活已与数字阅读密不可分。

伴随着数字阅读的普及，诸多对数字阅读的争论也不绝于耳，或是质疑其削弱了传统阅读之下业已形成的认知能力；或是反思依附于网络技术之下的数字阅读具有强大的互联性，使以传统出版与纸质阅读为基础的信息垄断被打破，各种既有的意义共同体不断被分解和区隔，传统阅读意义共享所形成的认同被解构；或是批判其解构甚至颠覆了纸质阅读中稳定的文本权威和作者权威。

以上种种争论在目前并无定论。阅读作为一种复杂的人类行为，既包含社会基本信息获取，是社会人生存与发展的必然要求；也包含文化思想的传承，是人类文明延续的必然之举。若只从阅读主体的扩大还是缩小、阅读内容、风格的变革或是阅读需求的变迁等单一层面，均无法完整呈现数字阅读的深远影响与深刻变革意义。而从本质上看，触发数字阅读引发的认知、身份认同以及权威变革的导火索并非阅读所承载的内容，而是其阅读媒介技术本身，推而广之，甚至可以将此问题深入，延续长久以来的技术哲学话语命题：人与媒介技术之间相辅相成的互动关系。因此，要全面探寻数字阅读行为及其影响本质，必然要溯源数字阅读媒介及其技术特性，必须从媒介研究领域入手，从以媒介技术为命题原点的媒介环境学派相关理论入手，从媒介技术与人的关系入手。

第一节　媒介环境学的基本理念

作为传播学五大研究领域之一的媒介研究总体遵循两大路径：一是将媒介视为中性的信息传播渠道，针对媒介承载的内容展开，通过分析不同类型媒介信息承载的特性及媒介传播的直接效果，为传播过程的发始端——传播者优化传播效果提供建设性的意见；二是针对媒介本身特性展开，基于媒介的物质结构及符号形态，不再将媒介视为一个价值零负荷的传播介质，而是认识到其具有内在逻辑和自主力量。此分支路径的研究着重关注传播媒介的偏向性，既包括媒介的符号形态偏向、物理载体的感知偏向，也包括由以上传播媒介的偏向促成的社会偏向、心理偏向、文化偏向等。简单而言，此类媒介研究是以技术本身为焦点，研究媒介的产生和发展、各种媒介技术的特性与作用、媒介技术及其发展史同人类社会变迁和文明发展史的关系等。[①]

---

① 参见张咏华《媒介分析：传播技术神话的解读》，复旦大学出版社 2000 年版，第 1—5 页。

媒介环境学派把"媒介本身"作为变化之源和理论原点，成为媒介研究领域一大不容忽视的学术派系。从 20 世纪初，社会学的芝加哥学派孕育了学派早期的理论思想与独特理论视角，刘易斯·芒福德、雅克·艾吕尔、哈罗德·英尼斯以及马歇尔·麦克卢汉以其学术思想的共通性与对学派基础思想的贡献性被誉为媒介环境学的四大奠基人；① 其后约书亚·梅罗维茨、尼尔·波兹曼以及保罗·莱文森等著名学者关于电子媒体、网络媒体的研究角度与方法与主流实证研究截然不同，独树一帜的见解震惊传播学界，媒介环境学的理念逐渐引起各方关注；新千年之际，以媒介环境学为代表的"技术主义范式"与以美国实证研究为代表的"经验主义范式"和以法兰克福学派为代表的批判主义范式，被总结合称为传播学的三大研究范式，② 媒介环境学自此正式登堂入室，跻身传播学核心。③ 经验学派着眼于传播内容，分析在其他条件都恒常的情况下不同的传播内容会引起何种反应；批判学派着眼于传播流程间各方权力的权衡与博弈，研究政治、经济等各种权力因素如何操控传播来达到他们的目的；技术主义范式的媒介环境学派着眼于传播媒介，反对"泛论媒介"，强调区别看待和研究各种具体媒介特性与其所形成的媒介环境对人产生的影响。

一 媒介环境学的立论原点：媒介本身

根据美国媒介环境学协会的官方定义，媒介环境学（Media Ecology）是"对媒介环境（mediaenvironments）的研究，其主要观点是：技术和技

---

① 参见［美］林文刚《媒介环境学：思想严格与多元视野》，何道宽译，北京大学出版社 2007 年版，第 297 页。

② 参见胡翼青《传播学：学科危机与范式革命》，首都师范大学出版社 2004 年版，第 225—278 页。

③ 参见何道宽《媒介环境学：从边缘到庙堂》，《新闻与传播研究》2015 年第 3 期。

艺、信息模式和传播编码在人类事务中扮演着主导角色"①。在信息传播过程中,技术/媒介的形式决定了内容。在具有隐匿性的技术/媒介形式之下,传播媒介影响了人们的感知、理解、感觉和价值观,人们与媒介的互动促进或阻碍我们生存的机会。②

归结而言,媒介环境学研究指向分为两个层面:一是其立论基础——具体媒介本身,一改传统媒介研究中泛论媒介的做法,将各种具体媒介区分对待,逐一甄别其特性;二是在具体媒介本身研究的基础上,关注传播媒介、传播技术、传播方式、传播过程和人的感觉、思维、价值、行为之间的互动。③ 媒介环境学者认为媒介不仅仅是一种物质状态,而且每种传播媒介都会形成一种独特的环境,而此种环境会对人的感知、思维、行为产生规定性形塑。

媒介环境学把媒介看成我们生活的两大环境之一(另外一个是自然环境),故而有所谓:媒介即环境的说法。麦克卢汉喜欢用"电光"这一最单纯的媒介来解释何谓媒介即信息或媒介造就环境:电灯的意义不在于你能看见电灯,而在于电灯让你能看见的它所映照的事物。借助电光的照射,由其甄选、反映而成一个世界,而电光本身只是作为背景隐而不显。而这个被电光照亮的世界与原本的昏暗的世界相比,并不只是一个清晰度20%到80%之类的程度上的区别,而是发生了某种范式变迁。例如,从偏重听觉—触觉的世界,转变为一个视觉主导的世界。④ 每一种媒介都会因其物质形态和符号方式产生不同的感知偏向,而每一次媒介的变革,都会改变由早先媒介所业已形塑的传统的感知偏向,形成新的符号环境。在此

---

① Media Ecology Association(http://www. media – ecology. org/media_ ecology/index. html).

② Neil Postman, *What is Media Ecology*?(http://www. media – ecology. org/media_ ecology/index. html).

③ Christine Nystrom, *An Overview of Media Ecology*(http://www. media – ecology. org/media_ ecology/index. html).

④ 参见秦格龙编《麦克卢汉精粹》,何道宽译,南京大学出版社 2001 年版,第 58 页。

基础上，人的经验世界的叠加、知识范畴的累积和价值判定的标准都将随之变迁，从而促成人类社会环境、心理、行为的改变。

林文刚将媒介环境学的相关研究总结归纳出三个互相联系的理论命题。①

其一，媒介固有的物质结构和符号形式发挥着规定性的作用，决定了什么样的信息被编码和传输，如何被编码和传输，又如何被解码。这个重要的理论命题的主张是：界定信息性质的是媒介的结构。

其二，每一种媒介独特的物质特征和符号特征都带有一套偏向。由于不同的媒介具有不同的符号形态、物质形态以及参与获得性，因此媒介与生俱来地带有感知偏向、时空偏向、内容偏向、政治偏向、社会偏向等。

其三，传播媒介的偏向进一步促成各种心理的、感觉的、社会的、政治的、文化的结果。传播是人类社会互动的过程，而文化则是这一互动的产物。从这个视角来看，媒介的变迁促进了传播在本质和过程上的变化，而后因传播的变化又促进了文化上的变化。

此三个理论命题环环相扣，揭示了媒介环境学研究的根源。三层命题简单归纳，即媒介的物质结构和符号形态具有规定性作用，而其物质结构和符号形式本身带有偏向性，因此这种媒介的偏向性进一步促成了社会行为、文化方面的偏向。

此外，在中国传播学界存在"媒介生态学"和"媒介环境学"之争，两者译名相似，造成极大混淆，也就产生了将西方媒介环境学的观点误读为"媒介是条鱼"之说。"媒介是条鱼"的实质是将研究焦点置于传播媒介所存活、发展的外部环境之中，这种外部环境的有机结合形成的"水"对"媒介"——"鱼"产生各方面的作用与影响。把媒介比喻为鱼，研究

---

① 参见［美］林文刚编《媒介环境学：思想沿革与多元视野》，何道宽译，北京大学出版社2007年版，第30—31页。

的是媒介生存的社会环境，如外在的政治、经济、文化等对媒介的影响。媒介生态系统被描述为一个无所不包的系统，包含了"媒介自然环境、社会环境（含有政治环境、经济环境、文化环境和技术环境等）和一级生产者（传播者）、二级生产者（媒介）、三级生产者（营销）、消费者（受众）和分解者（回收、利用者）等"①。简单而言，媒介生态学则把媒介作为一个子系统，放到自然、人、社会、政治以及媒介所组成的大环境中，考察几个子系统内部及相互之间的关系与影响；而媒介环境学是把媒介作为一个大的环境，研究不同的媒介环境对于人以及社会的影响。②

二　媒介环境学的研究对象：具体媒介的特性及发展规律

媒介环境学从诞生之初就聚焦具体的媒介本身，对各种具体的传播媒介做麻雀解剖式的细察研判，讨论了人类历史上出现过的几乎所有主要媒介。

哈罗德·英尼斯在针对哈钦斯报告的评论文章中指责该报告忽视媒介本身的特性，把所有媒介不加区别地堆集在一起，梅罗维茨将媒介环境学"medium theory"和其他 media theory 区分开来，强调关注每一个媒介或者每一类媒介本身的独特性质，这些特性是如何使这种媒介与其他媒介以及面对面交往，在物理上、心理上和社会方面有所区别。③哈罗德·英尼斯具体分析了石头、莎草纸、羊皮卷纸、象形文字、楔形文字、报纸、广播等媒介。他在《帝国与传播》《传播的偏向》中，通过对种种传播媒介的分析与文化、帝国的变迁相联系，总结认为媒介固有的时空偏向决定社会

---

① 邵培仁：《论媒介生态系统的构成、规划与管理》，《浙江师范大学学报》（社会科学版）2008 年第 2 期。

② 参见李明伟《知媒者生存——媒介环境学纵论》，北京大学出版社 2010 年版，第 58 页。

③ 同上书，第 45 页。

的特征——时间传承或空间扩张，时间传承媒介下人的认识偏向反思过去，空间扩张媒介下人的认识偏向预知未来。①

麦克卢汉在《理解媒介》一书的大半篇幅讨论了服装、道路、住宅、汽车、报纸等共 26 类媒介，将媒介的含义极度泛化，得出"媒介延伸论"，即所有媒介都是人身体的延伸之说，或者说他将所有人身体延伸的部分都称为媒介。在泛媒介的基础上，麦克卢汉沿用了英尼斯的媒介偏向论，提出了感官偏向论（sensory bias）。根据不同媒介呈现信息的清晰度的高低，将媒介分为冷媒介和热媒介；根据媒介卷入或者说延伸的主要感官类型将媒介划分为视觉空间型媒介和声觉空间型媒介；根据媒介与受众的关系，将媒介划分为光透射型媒介和光照型媒介。对此种种媒介类型的划分，直至今日仍存在诸多争论。实际上，麦克卢汉任何一种媒介类型的确定都是在比较中产生的，是相对的而非绝对意义的归类，即一种媒介在与一种媒介进行对照比较之时可被划分为此类，而在变换比较对象之后，则可能被划分为另一类型。②

沃尔特·翁从媒介史的角度入手，论述口语文化、书写文化的根本差异，并将口语文化、书写文化的对比研究延伸至当代电子媒介文化领域，提出电子媒介是相对于口语文化初级口语的"二度口语"。在他看来，口语时代的人们对时间的感知方式非常独特。由于没有书面符号系统，记忆无法被记载，只能通过讲述的方式在"当下"被随时即兴地呈现出来；在口语文化中，记忆具有独特模式，不是逐字逐句的重复，而是题干式、模式化的，便于激发对具体场景的回忆与想象；在口语文化中，传播过程没有真正意义上创作，而是一次又一次累积经验上的表演。③ 而在电子传播

---

① 参见［加拿大］哈罗德·英尼斯《传播的偏向》，何道宽译，中国人民大学出版社 2003年版。

② 参见［加拿大］马歇尔·麦克卢汉《理解媒介——论人的延伸》，商务印书馆 2000 年版。

③ Ong Walter, *The Orality and Literacy*, New Haven：Yale University Press，1982，p. 136.

时代，电子媒介的"二度口语"传播与口语文化时代的初级口语具有共通的传播特性，都是诉诸现场鲜活场景的呈现；都是模拟日常对话以使观众产生"虚假"的参与感，从而产生高度的认同感；都是采用模式化的表现方式，用"形象"激发受众，以"类型化"模板式的规则和套路进行生产和制作。①

除了对具体媒介特性进行逐点剖析，媒介环境学派还从媒介发展史的角度梳理媒介演化的规律与进程。

马歇尔·麦克卢汉和哈罗德·英尼斯均认为媒介演化的方向是走向平衡。马歇尔·麦克卢汉认为印刷媒介延伸人的视觉，电子媒介使人重新回到感官平衡的演化方向。哈罗德·英尼斯认可的方向是时空平衡，印刷媒介过度偏向空间，适度地恢复口语传统的时间偏向，是走向新平衡的演化方向。麦克卢汉在 *The Laws of the Media* 中提出完整的媒介演化理论：媒介四元律——提升、过时、再现、逆转。新媒介提升旧媒介原有的部分能力，使另外一些功能过时，同时新媒介会再现旧媒介的影子，在发展到巅峰后又产生的难以预料的质变。②

而对于媒介发展的整体规律与取向，保罗·莱文森在其博士学位论文《人类进程的回放：关于媒介进化的一种理论》中引入生物遗传学的"生物进化论"的观点，指出媒介的演化方向遵循"人性化趋势"，即旨在恢复人的前现代传播方式，媒介演化遵循"补救性"发展的方式，而对于某一个具体媒介来说，其演化则经历了玩具—镜子—艺术的路线。③ 威廉斯与菲德勒赞成具体媒介进化中存在逆转阶段的特征，但他认为媒介演化的

---

① 参见沈锦惠《Walter Ong 看话语的科技史》，《新闻学研究》2006 年第 88 期。
② 参见秦格龙编《麦克卢汉精粹》，何道宽译，南京大学出版社 2001 年版，第 49 页。
③ 参见［美］保罗·莱文森《莱文森精粹》，何道宽译，中国人民大学出版社 2007 年版，第 85 页。

多发现象是演化常态，没有规律才是媒介演化的规律。①

三 媒介环境学的研究重点：媒介环境的长远影响

媒介环境学认为，政治、经济、社会、文化、心理、教育、建筑、音乐、体育、绘画、文学等人类文明的所有方面始终是在媒介环境中存在、发展和变化的，无不受到媒介环境强烈的影响。而媒介环境学派的研究旨趣最终都是指向媒介环境的社会历史意义。

沃尔特·翁在其代表作《口语文化与书面文化》中深入探讨了思维与表达在口语文化和书面文化中的不同，特别是原生口语传播所决定的思维与表达的特性。② 原生口语传播的声音属性决定了在这种传播方式下的人的表达方式与思维方式的特征，翁将其归纳为九个方面：人的思维与表达是按时间次序而非以其中关系为脉络的逻辑性；遵从模式化、规则化的固定搭配；偏好重复性的冗余或者说是富裕的修辞方式；极度推崇传统；更加贴近现实生活世界；带有对抗性的色彩；重视移情与参与；恒稳状态的；情景式的而非抽象的。

麦克卢汉从印刷传播环境到电子传播环境的革命所引发的社会变革，透视印刷传播到电子传播对人的思维认知的影响：原生口语传播调动人的右脑思维。文字印刷传播激活了人的左脑思维。到了电子社会，右脑思维又将是最般配的思维模式。电子传播环境将催生"模式识别"这种新的思维和认知模式。③ 对于电子传播媒介引发的认知、思维与社会价值认同的

---

① 参见［美］罗杰·菲德勒《媒介形态变化：认识新媒介》，明安香译，华夏出版社 2000 年版，第 203 页。
② 参见［美］沃尔特·翁《口语文化与书面文化：语词的技术化》，何道宽译，北京大学出版社 2008 年版，第 189 页。
③ 参见［加拿大］马歇尔·麦克卢汉《麦克卢汉如是说》，何道宽译，中国人民大学出版社 2006 年版，第 193 页。

变革，约书亚·梅罗维茨借助埃尔温·戈夫曼的场景理论，在《消失的地域——电子媒介对社会行为的影响》一书中探寻影响人的社会交往行为的本质因素，提出"媒介情境论"，进一步阐述电子媒介如何影响社会场景的形成，并随之影响在此特定场景中的人的特定社会行为。①

媒介环境学在梳理媒介发展史中，并非只是希望从史料的耙梳中探寻媒介既有的发展并预测将来的变革，更多是重视在媒介变革交替阶段引发的人类社会行为的变革。麦克卢汉曾以"后视镜"来比喻这种倒视式的审思，即处于现时现刻的人被围困于既有的媒介环境之下，无法做到客观、跳离被审视对象的分析，因此只有借助于将当时当刻的媒介变革视为社会变革的诱因，以期观照现今媒介变革所将要引发的社会变革。归纳起来，媒介环境学关于电子媒介的社会影响主要有四点：一是电子媒介引发的非集中化革命，将产生一个"众生狂欢"的时代；是电子媒介促生的社会融合将产生越来越多的"我是谁"这种问题；三是中枢神经系统的延伸和声觉空间的再现，使专门化和线性方式过时，系统论和模式识别将成为组织和认识社会的最好方法；四是这些变化不是孤立的，而是同时发生、相互作用，整体上形成社会的后现代转型。②

对照已有的关于电子媒介的媒介环境学研究，我们不禁深思：电子媒介技术日臻成熟，现当代也已迈入数字媒介时代的大门，处于一个媒介时代交替变革的关键期。任何一个媒介阶段的变迁并不意味着以分界线式的方式截然划分出新旧媒介的交替，而新媒介即使在其初始未成熟之期仍具有不容忽视的形塑认知与影响社会认同、价值的力量，对新媒介的媒介环境影响研究是不容忽视的。

---

① 参见［美］约书亚·梅罗维茨《消失的地域：电子媒介对社会行为的影响》，清华大学出版社 2002 年版，第 84 页。

② 参见李明伟《知媒者生存——媒介环境学纵论》，北京大学出版社 2010 年版，第 184 页。

四 媒介环境学难以回避的旋涡：人与媒介间的决定关系

自媒介环境学派相关理论学说诞生之日起，因其极度重视媒介技术本身在传播过程中的影响作用而备受传统传播学研究者质疑，特别是针对麦克卢汉的"媒介即信息"一说，大量学者认为其含有强烈的"技术决定论"之音。

麦克卢汉在回答怎样看待媒介与其传播内容之间的关系这个问题时曾辩解指出，"我强调媒介是讯息，而不说内容是讯息，这不是说，内容没有扮演角色——那只是说，它扮演的是配角"。他对媒介本身的强调，是当前传播学研究"将重点全放在了内容上，一点不重视媒介，因此失去了一切机会去觉察和影响新技术对人的冲击"[①]。但当论述的重心转移至麦克卢汉所宣称的主角——媒介之时，人们又在反思其是否将媒介技术的影响权重过分强化，甚至超越了人本身对媒介的控制，将技术视为单一动因与维度引发人与社会各方面变革。

其后，伊丽莎白·爱森斯坦在《作为变革动因的印刷机：早期近代欧洲的传播与文化变革》一书中指出了印刷技术对欧洲人文主义、文艺复兴、宗教改革、近代科学与民主思想的影响。为避免产生线性单一归因，堕入技术决定论的论调，作者在前言中特别指出："书名中的'an agent'表明印刷机是欧洲诸多变革的动因之一，但并不表示印刷机是特定的变革动因（the），更没有说印刷机是唯一的变革动因。"[②] 但作者本人的实证视角与直觉视角的对立让其完全处于自相矛盾的焦虑中：一方面反复强调印

---

① ［加拿大］埃里克·麦克卢汉：《麦克卢汉精粹》，何道宽译，南京大学出版社 2000 年版，第 352 页。

② ［美］伊丽莎白·爱森斯坦：《作为变革动因的印刷机：早期近代欧洲的传播与文化变革》，何道宽译，北京大学出版社 2010 年版，第 4 页。

刷媒介技术是一种历史的动因而不是环境的诱因；另一方面又不自觉地通过实证史料研究论证印刷机作为一种环境诱因如何推进了人类的社会变革和文化变迁，在多变量解释与单变量解释的两难境地中不能自拔，① 不可逃避地将变革的因素进行因果联系甚至因果倒置的假设与推理。

因此，媒介环境学派内部也以将媒介为出发原点审视媒介技术与人的关系为依据，又得出硬决定论、软决定论和文化/技术共生论。硬决定论的支持者如英尼斯等认为，技术是必然社会变革的首要决定因素，或者更加广义地说，技术是必然历史变化的首要决定因素；软决定论者如保罗·莱文森等认为，社会的发展变革中虽然媒介使事件发生，但事件的形态和媒介的冲击却是其他因素的结果，而不是正在使用之中的信息技术的结果；文化与技术共生论的支持者如林文刚等则认为，人类文化是人与技术或媒介间断的互相依存因而相互影响的互动关系的产物。

正如麦奎尔所言，传播技术对传播过程本身会产生影响，同时文化与传播彼此交织，相互渗透，则是让人信服的观点。② 媒介环境学中对媒介技术因素及其与人的社会行为之间的关系不得不谈，但又模糊不清的争论是导致媒介环境学派硬决定论、软决定论和文化/技术共生论产生分歧从而走向不同的根源：硬决定论在人与媒介技术之间的关系上坚持媒介技术对人的决定性影响，因此多与技术悲观主义的论调殊途同归；软决定论多是持技术仍在人的掌控之中的观点，认为技术是按人的需求与意愿发展的，因此多与技术乐观主义的论调不谋而合，但一旦技术失去其独立性与自主性，成为人的附属、趋同于人性需求，那技术对人的反作用规定性影响色彩会大大削弱，甚至会动摇媒介环境学的立论之本；从根源上看来，

---

① 参见胡翼青、戎青《历史的想象力：处于因果陷阱中的作为变革动因的印刷机》，《国际新闻界》2014 年第 4 期。

② McQuail D. *McQuail's Mass Communication Theory*，Sage Publications，2000，p.105.

无论是技术决定论中单一归因的技术对人的决定性影响，还是莱文森所推崇的"媒介进化论"中媒介的终始进化取向是人性、人本身，即人决定了媒介技术的发展，都是将"媒介技术"与"人"视为"硬性"的固有存在，认为人是一个东西，技术是另外一个东西，这两个东西有各自的本质，谁能克服谁，谁能支配谁，谁就决定谁。

文化技术共生论的立场多带有建构主义的色彩，不存在"东风压倒西风"式的论断。从解构主义的视角出发，抛弃从笛卡尔时代所树立起的二元对立式本质主义追求，承认"人"与"技术"均不存在本质，它们的本质都处在建构中，"技术与人之间是相互规定，相互建构的关系"，那么媒介环境学中"鸡生蛋还是蛋生鸡"的循环怪圈获得了新的本体论与认识论的视角，媒介环境学理论的解读甚至使理论的发展将获得建设性的启示。种种对比可知，技术哲学与媒介环境学之间存在不可分割的相关性与相似处，而现今媒介环境学所遭遇的多方质疑与自身难以澄清的困惑能以这些相关性与相似处出发，按图索骥地从技术哲学中汲取理论支撑，为媒介环境学走出"技术决定论"寻找弥补之方。

第二节　媒介环境学的技术哲学解读

技术哲学是以技术为研究对象，对哲学的技术思考。在技术哲学的发展历程中，技术常以一种"遮蔽""隐藏"的方式存在，因此在初期并未成为哲学的研究对象。1877 年德国卡普（E. Kapp）出版《技术哲学纲要》一书，首次将技术作为哲学的思考对象，被认为是技术哲学的奠基人。吴国盛将现今技术哲学的研究路径大体分为几种：技术本体论、技术认识论、技术伦理学、技术社会学等。他在强调技术本体论研究的重要性时，认为从"技术哲学的历史性缺席"到"哲学的技术转向"，是对从存在论的层面来阐释技术、理解技术的肯定。而技术本体论的研究诉求又是以"技术是什么""人与技术之间是怎样的关系"等方面为原点。

一 三种类型的技术：技术哲学中人与技术关系

论及技术哲学中的技术存在论，就不得不提到美国当代的现象学技术哲学家唐·伊德。唐·伊德在《技术与社会生活》一书中关注现象经验，从直接的现象感知辨认"人—技术"的关系，分辨技术与人之间的不同关系特征，认为人与技术之间不同的关系方式会指向不同的关系特征。

（一）作为具身的技术

Embody 的直接译法为具体表达、具体体现。但在此译法中，"body"的词根原译被过度迁移，反而失去了原词中对表现载体"身体"的依赖，而翻译成"具身"，实则暗存"使之具备身体、成为身体的"含义。在人与技术的关系中，从人的立场出发，作为"具身"的技术是指技术成为人身体的延伸，成为我们身体的一个无机的组成部分；[①] 而从技术的立场出发，则是指技术好像具备身体了，通过我们的身体获得了技术的身体化。

唐·伊德在论述人与技术的现象学关系论中，首先关注到光学技术所带来的视觉具身特性：借助于光学仪器，人的视觉从技术上得到了转化，人的视觉能力得到加强与提升；或者说，光学技术应用在人的身体之后，光学技术获得了具身能力，转化为具体的视觉功能。在这种技术的使用情境中，人以一种特殊的方式将技术融入人自身的经验之中，通过这些技术来感知，并由此转化了人自身的知觉和身体感觉。不管这种技术参与的程

---

① 参见吴国盛《技术哲学讲演录》，中国人民大学出版社 2009 年版，第 133 页。

度有多低，但绝对不同于直接的或不借助于工具的身体感知。① 比如，当我们拿锤子去砸钉子，锤子成为具身性工具与我们的手臂连接为一体，人借力锤子提升了手臂力量与碰击面的强度，避免直接接触造成的身体损伤。但在此时，由于锤子的具身性程度较低，我们仍然能明显感知锤子与我们真正生理身体层面的隔离，仍能感知其融入我们身体组织但却终究不是我们身体部分的隔阂层面。

而在后期技术的发展成熟中，技术逐渐透明继而在人与感知客体中"抽身而去"（withdraw），这种隔阂层面逐渐消失，甚至在人使用之时就未曾注意到它存在过。当然，"抽身离去"并非真的不再存在技术的中介，而是技术在发挥功能的时候很少被人注意到，或者说其被有意"遮蔽"起来，融入人自身的知觉——身体的经验中。真正完全的具身，是让人在使用中遗忘技术的存在，甚至将技术内化为人身体中自然而然的组成部分，而另一方面又拥有技术所带来的力量和转化，提升身体能力与功能。隐形眼镜的设计与产生便是对此阶段的实现，将眼镜这一技术具身化。在眼镜产生的早期，眼镜大多厚重、累赘，只满足视觉补给的功能需求而未考虑佩戴的舒适性，为了改善眼镜佩戴者的视觉能力而不得不牺牲直接借助裸眼感知的自在感。在直接的观看中，眼镜作为外在的技术工具存在，并未完全隐藏起来。但当眼镜的光学技术和制作工艺发展到一定程度之时，对眼镜工艺的优化不是为了强调其工具性的存在，而恰恰是为了使其物质存在产生"透明性"。从轻便型制作材料再到隐形眼镜的产生，眼镜技术的设计多是希望佩戴者在使用眼镜技术时能几乎遗忘眼镜工具的存在，遗忘自己是透过镜片进行观看。

（二）作为解释性的技术

除了具身性技术外，还有以符号等形态存在的技术，此类技术被

---

① 参见吴国盛《技术哲学经典读本》，上海交通大学出版社 2007 年版，第 373 页。

唐·伊德称为解释性技术（或称为解释学技术）。解释性技术依附于人在特定情境中的特殊解释活动，需要特殊的活动和感知模式。解释性技术通过有待解释的符号与人发生关系。书写技术是最常见的一种解释性技术。

书写将其所指向的具体事物锁定、抽象，成为符号式的能指的存在。而在阅读书写符号并对其进行解释之时，读者关注的并非符号的能指本身，而是不自觉地将其"透明化"，通过符号意义的解释感知其具体的所指。因此，解释学技术的成熟也依赖于其自身的透明性存在。孩提时期的读书认字，多是将书本上的文字符号视为阅读对象。一字一句、标点段落均称为孩童的认知客体。对语言文字技术的不成熟运用，造成主体对技术本身的感知。而在熟练阅读之后，语言符号的透明性逐渐显现，语言符号把文本的世界呈现出来的同时抽身离去。当阅读柏拉图著作时，柏拉图的"世界"就呈现了。但这种呈现是一种解释学的呈现。不仅是借助于阅读来呈现的，而且也是在语言能力的解释情境中形成的。他的世界以语言为中介，尽管文字能够引申出各种想象与知觉的现象，但只有借助于语言，这些现象才能发生。虽然这些现象可能异常丰富，但它们却不是以文字的形式出现的。[1]

在解释性技术的基础上，人不能直接获得类似于具身技术一样的感知上经验的延伸，而是获得一种符号情境。比如，透过玻璃窗，我们能延伸视觉，在不通过触觉感官的同时能通过视觉"看到"外面风雪咆哮，获知气温很低的信息，这是对具身技术的应用；同样，通过室内温度计等仪表仪器看到刻度和数字，读出其测量的温度符号，解读符号所指的实际含义，这是对解释性技术的应用。

---

[1]　Don Ihde, *Technology and the Lifeworld：From Garden to Earth*, Indiana University Press, 1990, pp. 72 – 112.

（三）作为背景的技术

当技术作为背景与人发生关系时，这类技术从前景中融入人所处的环境之中，处在背景或场域的位置上。作为背景的技术是一种不在场的出现，成为人的经验领域的一部分，构成当下环境的组成部分。当背景技术正常发挥功能之时，我们往往会融入其设置的场域中而不自知；而只有当其功能失效、运转失常之时，我们才能注意到背景技术以一种"他者"方式存在。

"照明"是一种背景技术，其存在的价值只是为人的"看"提供环境。作为烘托或者提供感知其他事物的环境，背景技术起场域作用，不在焦点位置，却调节着人的生活情境。我们借助照明技术，在白天黑夜都能清楚、明晰地进行观察，但是观察的对象并非为我们带来视觉环境条件的光线的来源。而只有当照明技术出现障碍，或是灯光闪烁，或是光线暗淡，或是直接失去光源，我们才会注意到"灯"的存在，才会在日常沉浸其中而不自知，现时失效导致的背景环境发生变化时，注意到背景技术的存在。

尽管技术处于场域或背景关系中，但这种技术跟前面的明显处在焦点关系中的技术具有同样的转化作用。不同的技术以不同的方式构造环境，通过与人的生活世界的不同结合方式，具备了特殊的非中性的形式。背景技术转化了人的经验的格式塔结构，而且恰恰因为背景技术是不在场的显现，它们可能对经验世界的方式产生更微妙的间接的影响，而且牵扯的范围更广。①

二 三种类型的媒介：媒介环境学中人与媒介的关系

从媒介演化的角度来阐释媒介与技术之间的关系，我们会发现，技术

---

① 参见吴国盛《技术哲学经典读本》，上海交通大学出版社 2007 年版，第 407 页。

之于媒介，更类似于一种一般与特殊的关系。在麦克卢汉的"泛媒介"范畴中，"技术"与"媒介"两者的内涵与范畴几乎等同。尼尔·波兹曼指出技术与媒介之间不可分割的联系，他认为，"一种技术只是一台机器，媒介是这台机器创造的社会和文化环境。"

在许多时候，媒介与"技术""工具"等概念可以通用，我们可以把媒介看成一种广义上的技术，也可以把技术看作一种广义上的媒介。但无论如何，媒介更突显技术的"在……之间""通过……而达""向……呈现"等功能与特性，这里要强调的就是这样一种居间性的指引概念，这也是海德格尔的基础存在论所强调的。①

在技术哲学分解人与技术之间的关系之时，媒介环境学也不曾放弃对人与媒介之间互动关系的思索。

尼尔·波兹曼定义媒介环境学时指出："媒介环境学把媒介当作环境来研究，在这个意义上，媒介环境学至少有三个层次上的概念：符号环境、感知环境、社会环境。"② 何道宽在解释媒介环境学所指涉的媒介环境具体内涵之时，将其归纳为两个层面的世界："一方面，我们凭借视觉、听觉、嗅觉、触觉和味觉来感觉或感知我们周围的物质世界；另一方面，我们又从媒介的符号世界内部去思考、感知、言说或表征物质世界。"③

联系技术哲学中人与技术的三种关系，对照媒介环境学中的三层媒介环境，可以看出这两者何其相似，甚至是相互映照。媒介环境的三层内涵实则指向人与媒介的三种关系：感知环境的构建是基于人与媒介之间的具

---

① 参见胡翌霖《媒介史强纲领——媒介环境学的哲学解读》，博士学位论文，北京大学，2014 年。
② 参见何道宽《异军突起的第三学派——媒介环境学评论之一》，《深圳大学学报》（人文社会科学版）2006 年第 6 期。
③ 同上。

身性关系；符号环境的构建是基于人与媒介的解释性关系；而社会环境的构建是基于背景性媒介的存在。

（一）具身性媒介——作为感知环境的媒介

虽然提出"媒介环境"三层含义的尼尔·波兹曼并没有对"感知环境"做出明确、具体的界定，但媒介环境学诞生之初的理论根源早已蕴含了对"感知环境"的阐释。

"感知"即为人的感知，特指人的身体感官功能。视觉、听觉、触觉、嗅觉、味觉为基本感官。林文刚认为，在生理—感知层面，我们可以把每一种传播媒介都设想为一种感知环境，我们使用媒介的行为必然要调整我们感觉器官的轮廓。

马歇尔·麦克卢汉的"媒介即人的延伸"一说点出"媒介与感知"的联系。在麦克卢汉看来，"人的一切人工制品，包括语言、法律、思想、假设、工具、衣服、电脑等，都是人体的延伸"[①]。所谓"人的延伸"，先从日常的角度来理解，无非就是说媒介总是人体的某种或某些官能的延长、扩大或强化，比如眼镜是眼的延伸，轮子是脚的延伸，衣服是皮肤的延伸，城市和社会也是人体的防御和平衡机制的延伸，等等。而从媒介层面来看，每一种媒介都体现一定的感官特征：广播是对听觉感官的延伸，电视是对视觉感官的延伸，而网络是类似于人的中枢神经，对人各种感官的整体延伸。我们通过媒介感知或构建的现实，或者说，现实世界的存在方式就是基于媒介被我们感知的形式。

技术哲学的创始者卡普（Ernst Kapp）也早已提出"器官投射说"；马克思论述"自然界是人的无机身体"的观点，其实也就蕴含了人通过媒介

---

① ［加拿大］马歇尔·麦克卢汉：《理解媒介——论人的延伸》，何道宽译，译林出版社2001年版，第196页。

技术实践延伸自己的身体和思想。只是在"媒介延伸论"中，麦克卢汉并未强调"人体"与"媒介"之间的截然分明，并未设立一种人与非人之间的明确边界，[①] 从而更加模糊、泛化了媒介，这是与卡普的"投射说"、马克思的"无机身体"的不同之处。

作为感知环境的媒介以具身性的形式与人发生关系。媒介以人的具身性存在而成为人身体感官的一部分。而当媒介发展到一定程度之时，媒介的透明性特征强化，人与技术承载物之间的距离感被抽离。媒介从人与被感知客体之间"抽离""隐退"，由原先人—媒介—世界的关系演化为（人—媒介）—世界的关系。由于这种技术的不自觉性抽离与遮蔽极其隐蔽，人甚至产生感知中的假象：即将由延伸的媒介感官获得的经验当作是由直接的身体感官获得的经验，而媒介物理结构形态的规定性偏向也在假象中被视为自然而然的客观经验中的存在，被理所当然地接受与肯定。此种情形，在电子媒介时代尤为凸显。日常生活中，人们已习惯从电视媒体获得新闻信息。大到国际要闻，小到本地消息，甚至我们对街道对面突发事件的了解都不是借助自身切身体会，而是在电视媒体报道中得知。亲临现场的"感同身受"被虚拟的替代性延伸感官所取代。在不自觉中，我们将电视媒体对我们视听感官的延伸直接视为我们身体本身真实存在的感知，电视的镜头就是我们的"千里眼"，电视的现场同期声就是我们的"顺风耳"。大量的基于媒介所形塑的信息将我们包裹，长此以往，我们忘记了电视媒介的存在，而存活于电视媒介所提供的拟态环境之中。

（二）解释性媒介——作为符号环境的媒介

尼尔·波兹曼在阐释"媒介环境"的第二层时提到"符号环境"。

---

① 胡翌霖：《媒介史强纲领——媒介环境学的哲学解读》，博士学位论文，北京大学，2014年，第18页。

"符号环境"的产生也是源于传播媒介对传播内容具有规定性影响符号形态的肯定。从另一方面看来，对符号环境的肯定其实也凸显了传播媒介与一般技术之间的不同之处，毕竟传播媒介承载的是信息，而一般的技术承载的是力量、能源等。

媒介是一种符号结构或曰符号环境。在媒介的符号环境中，已先设定了一套专门的代码和语法系统。如果在具体的符号环境中准确解读，人就必须掌握人为设定的符号及其指定的意义和语法，要洞悉一个媒介构建的符号环境就必须要弄清楚其"词汇"和"语法"，或者说是表征符号与相应模式。

在口语传播中，符号环境是由语音符号与大量的非语言符号组成（包括面对面交谈中的身体语言、表情动作、语气语调、节奏快慢等）。在文字传播中，符号环境是由文字符号与语法结构组成，不同的文字符号被人为设定为不同的指代，不同的语法结构产生不同的语言组织方式。要使用标准的书写中文作为传播媒介，我们必须掌握其字的构义、词汇的组成、语句的连接关系。在电子传播中，符号环境是由图像符号与声音符号组合生成，依据影像规律组织画面布局与画面外声音的介入，不同的画面构图指向不同叙述内涵，不同的声音介入指代不同的叙述意图。针对人类文化的符号形式，媒介环境学家苏珊·朗格在《哲学新解》中提出了自己的符号理论。她认为，人把经验转化为表征性符号的独特需求产生了两种截然不同的表征模式。两者都具有相同的符号性，两者都反映了高级的精神活动，但是两者的形式和结构却大不相同，它们表现的人的感知在频谱上不同，它们产生的回应也不同。朗格把这两种独特的编码模式分别命名为推理性模式和表征性非推理性模式。朗格认为，推理性符号模式，多半是真实性的或命题式的语言和数学。这一类编码系统和表征性符号模式不一样，在形式和逻辑上都不一样，表征性符号系统包括一般所谓的艺术绘画、摄影、音乐、舞蹈、雕塑、建筑、文学戏剧和电影。

作为符号环境的媒介以解释性的符号形式与人发生关系。以书写技术为例，书写是一种刻写，同时要求应用了很多技术（从刻写楔形文字的铁笔到当代学术文章写作的文字处理程序）的书写过程和记录书写的物质材料（从泥板到计算机打印材料）。此外，书写的灵魂技术是书写的符号技术，书写文本被孕育在透明性的符号技术之中。在阅读文字符号之时，文字符号本身成为知觉的对象，而同时又将自身指向没有被直接看到的东西，指示的透明性通过文本符号的方式存在，显然不同于知觉具身技术的透明性。[①] 简单理解，即读者看到的是文字符号，实际意义指向的是文字符号的解释文本，只是由于文字符号媒介的透明性使读者误认为"我在阅读世界"，即由人—媒介—世界的感知关系转化为人—（媒介—世界）的感知关系。一般来说，当媒介使用正常时，媒介—世界的关系将保持独特的解释学透明性。但是如果"人—（媒介—世界）"的关系走得太远，以至于把关系等同于解释学关系，那么知觉—身体关系与技术的交叉点就变化了。[②]

（三）背景性媒介——作为社会环境的媒介

尼尔·波兹曼所讲的"媒介环境"的第三层——社会环境实际上是从社会层面上来看媒介的结构作用，以区分于单个传播媒介的感知——符号环境。林文刚对此解释为，"在某种层面上，媒介环境学的兴趣在于界定人类传播的性质、结构、内容和结果方面，媒介发挥了什么重要作用"。从这个概念出发，不同的媒介或媒介形式就会给人的传播提供不同的结构，就促使人以不同的方式相互作用。在这个层次上，媒介环境学者把社

---

① Don Ihde, *Technology and the Lifeworld: From Garden to Earth*, Indiana University Press, 1990, p. 75.

② Ibid. .

会环境当作媒介来研究，他们研究的是"媒介与社会的共生关系或者媒介与文化的共生关系"。这说明所谓的社会环境，从狭义上来说，是人所处的形式——传播结构；泛化来讲，就是人所处的社会和文化。

正如凯利所总结的："麦克卢汉和英尼斯都把传播技术认作核心，不同之处在于这种技术主要以何种方式发生作用。英尼斯认为传播技术主要作用于社会组织和文化，而麦克卢汉认为它们作用于感官组织和思想。麦克卢汉更多地谈论感知和思想而较少谈及机构；英尼斯则反之。"① 事实上，认识论与经济学、个体感知与群体互动、个人的生活世界与社会的组织结构——这"内""外"两方面总是互相影响的，因此麦克卢汉也承认媒介环境会影响社会组织结构，而英尼斯也同意媒介环境会影响个人的感觉和观念，但他们二人的出发点正好相反。麦克卢汉所理解的历史变迁机制大致是：不同的媒介是人的不同的官能的延伸，因此会倾向于强化某些官能并压制另一些官能，而不同的"感官比率"让人们感知不同的世界，而在不同的感知世界中，人们有不同的行为倾向和交流模式，最终影响人类文化的不同发展趋势。

当然，跳出人与技术和媒介环境的三层含义之间的对照关系来看，任何传播媒介本身不能直接与某种一般性技术一样直接归类于具身技术、解释性技术或是背景技术。锤子是具身技术的代表，但它不具有符号解读的过程，更加难以归纳出其产生的背景场域产生的规定性影响。而传播媒介不同，传播媒介技术往往不能严格区分与人的三种关系，或者说往往是三种关系的共存技术特例，在这一点上，传播媒介的特性得到凸显：传播媒介既与具身技术一样，与人发生具身关系，产生感知层面的延伸；又必然依托于符号形态，与解释性技术一样需被放置于特定的语境中加以解读；

---

① J. W. Carey, "Harold Adams Innis and Marshall Mcluhan", *The Antioch Review*, Vol. 27, No. 1, 1967.

又会如背景技术一样产生从感知的前台、焦点退出，成为人所处场域的存在，潜移默化间对人类社会与文化产生规定性影响。

三　缝补与创新：从技术哲学到媒介环境学

在媒介环境学中，难以明述媒介与人之间的关系往往成为其他传播学者诟病其技术决定论的症结所在。而在技术哲学本体论上，新的研究视角下审视媒介作为本体的存在，或许能完成技术哲学对媒介环境学的缝补。

（一）从"技术是人的存在方式"到媒介存在论

所谓存在论，首先是对"是什么"的追问，这向来是西方哲学的核心问题。在海德格尔的"存在论"中，他区分了存在与存在者：人们与之照面打交道的现成的对象是存在者，而存在者的存在是它们的出场和呈现方式。①"存在者"是名词，就是"是什么"的"什么"；"存在"是动词，就是"是"本身，是可以成为此存在者，也可以成为另外一个存在者的可能性。"存在"与"存在者"之间的差异，是一种"动词"对"名词"的否定，是对本质主义的否定。萨特给出的经典表述"存在先于本质"，也就是说，"人首先存在着，遭遇他们自身，出现在世界之中，然后再规定他们自己。我们首先只是存在，然后我们也不过是成为我们自己把自己造就成的东西"②。"本质"是一种规定性，是"必须是什么"的"什么"，而"存在"是先于规定性的各种可能性，它包含各种趋向"什么"的动能，也是对"什么"的否定。

吴国盛在解读海德格尔的存在论时，指出其"在世"的思想，即"存在于世界之中""在世界中存在"（being in the world）。这个"世界"是一

---

① 参见［德］海德格尔《存在与时间》，陈嘉映译，生活·读书·新知三联书店 1999 年版，第 118—131 页。

② ［美］斯通普夫、菲泽：《西方哲学史》，邓晓芒译，世界图书出版公司 2009 年版。

个领域，是一个"视野"，是一个"地平线"。人在世界之中，并不是说人像菜一样被扔到篮子里，而是说人以一种展开世界的方式存在。而"这个世界"是通过什么来展开？如何展开的？在他看来，是通过技术来展开、具体化。因为技术就是"方式"本身，就是"具体化"本身，就是"实现"本身。① 因此，技术并非一种本质主义的技术元素，或者传统认知中的达成目的的手段，而是一种解蔽方式，技术在解蔽与无蔽状态的发生领域中，在无蔽即真理的发生领域中成其本质。②

媒介存在论的提法将媒介本体论的思考嫁接于技术本体论的哲学进路之上，用媒介的概念去回答"存在论"的问题。麦克卢汉说道："媒介（亦名人的延伸）是一种'使事情所以然'的动因，而不是'使人知其然'的动因。"③ 从传播媒介的角度来看，媒介是使世界展开于人面前、为人"在世"的方式。人们所能"谈论""交流"的信息，已经是"言语""文字"等媒介技术所规定了结构的，超越任何媒介之外的自在世界是不可谈论、不可交流的。更深层来看，媒介的本质不是承载信息的介质，也不是具有如此这般规定性的信息之规定性的传递，而是说正是媒介才使得事物具有了如此这般的规定性，正是媒介才使得信息成为信息。

（二）从"技术决定论"到"技术/文化共生论"

布鲁斯·宾伯总结了"技术决定论"的"三种面相"：即规范的（normative）、法则学的（nomological）和非意向结果的（unintendedconse-quences）。④ 宾伯认为，规范意义上的技术决定论强调的是社会、文化环境

① 参见吴国盛《技术哲学讲演录》，中国人民大学出版社 2009 年版，第 173 页。
② 参见［德］海德格尔《演讲与论文集》，孙周兴译，生活·读书·新知三联书店 2005 年版，第 3—37 页。
③ ［加拿大］马歇尔·麦克卢汉：《理解媒介——论人的延伸》，何道宽译，译林出版社 2001 年版，第 82 页。
④ Bruce Bimber, *Three Faces of Technological Determinism*, MIT Press, 1994.

中形成某种以技术为主宰的规范或秩序，而这种秩序决定着政治或文化的发展。从马克思的"人的异化"思想的提出，到芒福德"前科技时代""旧科技时代""新科技时代"的划分，再到埃吕尔在《技术化的社会》中提出，"技术总是尽可能把任何东西都置于其控制之中，人的一切需要、欲望、计划和思维都在书写适应技术的模式，即数量化和高效的模式"，以上种种论调都被归入规范意义上的技术决定论。而法则学意义上的技术决定论认为，技术的发展有其不受社会、文化影响的自然规律，其自身如同自主生态系统具有发展的逻辑，社会的发展只能去适应技术的逻辑。此类观点如凯文·凯利提出的"技术元素"一词，认为技术在进化过程中产生独立性、自主性甚至自我繁殖能力。① 至于"非意向结果"，指的是许多技术的前景都是无法预测的，技术发展的走向与技术产生的初衷往往大相径庭甚至背道而驰，因此人们无法自主地控制技术的发展。

　　不同于第一种决定论，媒介环境学的原意不是要强调人对媒介技术的不可抗拒性。它在肯定媒介的规定性因素的同时，也肯定人对媒介的形塑，从而肯定人的主动性。不同于第二种决定论，媒介环境学并不是要许诺一个脱离于人类社会的技术发展的自然法则，并不是认为媒介是一种完全独立于人、可自我繁殖的生态系统。相反，它恰恰更关注社会文化与媒介技术之间的互相影响。在生态学看来，物种在适应环境的同时也在不断改造环境，物种的演化受环境决定，但环境的变迁反过来也被物种影响。媒介环境学也没有排除第三种意义上的"不可决定论"，在对媒介史的发展梳理中，人们已肯定了种种意外的产生：无线电发明者的初衷与后期广播媒介的发展相去甚远；电视作为视听式的"小玩意"在世界科技博览会上首次亮相之时，也不会有人预料到它会成为战胜报纸、杂志的主流媒体

------

① 参见［美］凯文·凯利《科技想要什么》，熊祥译，中信出版社2011年版，第15页。

形态；而互联网在作为军方内部信息管理系统之日也不会有人想到万维网的普及与使用。

因此，媒介环境论的决定论曲调应是更趋近于"技术/文化共生论"，即并不把文化和技术视作两个东西，技术与文化为硬币两面，媒介环境是人的延伸外化，而人的文化和记忆又是媒介环境的内化，因此说技术通过文化决定历史与说文化通过技术决定历史是一回事。媒介所决定的是人的历史境遇，是人们在其中自由闯荡或随波逐流的大环境，这一环境限制着人们自由行动的可能性，但同时也确保了这些可能性。① 而人在这种大历史环境下的具体变迁与走向，甚至是反作用于大环境本身，则是人的自主性、主导性所产生的。

第三节　数字阅读的媒介环境学研究路径

将技术哲学的思想嫁接于媒介环境学之上，对其进行缝补，数字阅读的媒介环境研究也因此确立了研究的逻辑起点与逻辑路径。

一　逻辑起点：人与媒介的双向建构

从"技术、文化共生论"的角度来讲，技术与文化之间是共荣共生、相互建构的关系。此种论点的出发前提，即技术与人之间都是未定形的软性存在，或者说其都不存在本质属性，都是处于一种流动性的变动之中，

---

① 参见胡翌霖《媒介史强纲领——媒介环境学的哲学解读》，博士学位论文，北京大学，2014 年，第 51 页。

是反本质主义的拥护者。在此种情况下，两者都可以相互影响、相互形塑，随着各种外在的影响关系与内部自身的相互作用力而产生建构。

从古希腊时期起，西方科学的历史、哲学的历史、主流学术的历史都推崇对"本质主义"的追求与探索。本质主义认为，事物的道理是事物的本质、事物的根据，而事物本身往往只是一种表面现象，因此我们看事物要透过现象看本质。本质是使该物成为该物的东西，是在表面一切流变的东西背后的不变者。① 以本质主义为代表，西方哲学走上了一条内在的、理性的、自我确认、自我规定的逻辑性演绎的道路。从亚里士多德起，就认为人是理性的动物，"理性"是构成人之为人的一个判断标准，思想是人的本质，是人区别于动物的一个根本标准。马克思也将人定义为"制造与使用工具的动物"。不管前期争论的本质是工具还是思想、理性，可以说成是社会性、阶级性、目的性、生命力、意志力、理性等，可以肯定，早期哲学理念中认定人是有本质的。

现象学传统的出现，出现了对本质主义的扭转。现象学某种意义上是反本质主义的。他们认为，现象和本质不是两回事，而是一回事，对事物的认识是建立在对现象的阐释的基础之上，因此任何本质都脱离不了现象的具体阐释。

从现象学的角度出发，人没有什么本质，或者说人的本质是"无"，是"可能性"，而不是任何规定性。人的本质是自我构建出来的，没有一个先天的本质。这个"构建自我本质"的重要环节就是工具，就是技术。人没有本质，但并不意味着人能够毫无局限性地规定和塑造自己。在现实情况下，人通过与现实中的技术相"遭遇"，来"造就"自己，"规定他们自己"，规定人性。技术存在论给出的说法是："技术与人相互规

---

① 参见吴国盛《技术哲学讲演录》，中国人民大学出版社 2009 年版，第 122 页。

定"——"你是什么样的人，取决于你采用什么样的技术；你如何理解人，你就如何理解技术"。

从媒介环境学角度来看，媒介对人具有建构性。麦克卢汉曾言："我们塑造了工具，此后工具又塑造了我们。"也就是说，人的延伸不仅仅是延伸了人的能力，同时也是人性的一种外化的"表达"。"人的技术是人身上最富有人性的东西。""……无论这个延伸是鞋子、手杖、拉链还是推土机，一切延伸形式都具有语言的结构，都是人的存在的外化或外在表达。就像一切语言形式一样，它们都有自己的句式和语法。"于是，技术作为人的延伸，成了某种外化或者说对象化、结构化的人性，理解技术也就是在理解人自己。但人们常常不能意识到，我们在那些器物中见到的品性，其实正是人性的"复现"，是自己的映像。麦克卢汉以这一神话来寓指现代人与技术的关系：人们痴迷于器物，以至于不可自拔，但却如此麻木和迟钝，没能认出自己的映像，遗忘或否弃了自己。针对现代的技术至上主义之类的沉迷或狂热造成的困境，麦克卢汉并没有给出什么解决方案，但他相信，一旦人们能够在技术中觉察到自己的映像，就将获得一种全新的态度。通过对媒介技术的反思来理解人自己，这也正是麦克卢汉最基本的理论诉求。

从媒介发展的整体走向看，人对媒介的发展具有建构作用。保罗·莱文森提出了"人性化进化"一说，认为媒介按照人的人性化需求无限接近"前技术时代"。在莱文森看来，"技术是人的思想的物质体现……是精神和物质可以感觉到的互动"。一切技术都是"知识"的物化形式，一根牙签中也包含了从伐木到就餐的一系列知识，整个技术环境其实就是人类知识的外化。因而技术的进步同时是知识的进步，知识通过在人类心灵和技术环境之间的往复运动不断前进。在莱文森看来，"精神和物质的冲突在技术之中已然解决了"。精神和物质通过技术联结起来，精神通过技术外化为物质，并在这一过程中得到自我确认和自我改造。在强调知识进化的试错过程中，其判断的推动力与标准并非个人的力量，选择技术之"谁"也并不是具体的个人，而似乎是一个抽象的"人"或"理性"。莱文森可能会说：即便个别的人总是受制于整体的技术环境，但这个技术环境同时又是由"人"选择的。

二　研究路径：从媒介的静态分析、动态演变到媒介的影响研究

数字阅读的媒介环境研究是以数字阅读媒介为研究着眼点，为当前数字阅读的多重乱象与争论进行解密与溯源。以数字阅读媒介为研究对象，并非认为数字阅读的主体、数字阅读的内容、数字阅读的环境和场合是无关轻重的，只是认为此类种种相关研究大多拘于数字阅读的主体、阅读的内容等具体环节之中，以此而成的研究大多是现象性描述，而未涉及其根底即探讨数字阅读的成因与可能产生的深远影响。因此，本书以媒介环境学为理论依据，在抛弃技术决定论的同时，坚守技术/文化共生论的立场，承认人与媒介技术之间的相互建构过程。此即为本研究的逻辑起点。

前人关于媒介环境的相关研究，大多分立于三个层面：或是着眼于媒介的静态分析；或是着眼于媒介的动态演变；或是着眼于媒介环境的影响，而少有研究囊括某具体媒介的三个层面的综合呈现。陈力丹在《媒介环境学在中国接受的过程和社会语境》中总结道："将媒介环境学思想与现实传播现象紧密联系进行分析，得出有新意的见解或结论"，是现今媒介环境学研究的趋势，但现今的研究多关注技术形态、特质本身，多"为开篇引述一段麦克卢汉或莱文森的话，然后套上相应的新媒体技术特性，接下来举几个例子，自说自话一番、总结几条新媒体的作用，最后回应几句媒介环境学的观点，结束"。而对新媒体带来的社会影响并不特别在意，

而这正是媒介环境学研究的重心所在。①

本书进行的数字阅读的媒介环境研究路径依从媒介的三大层面依次展开。既然是探寻数字阅读媒介的社会影响，自然不同于一般实证研究中关注短期、外显的直接效果研究，也并非找出数字阅读媒介与某种社会变革之间的直接因果联系。毕竟阅读作为一个人的社会文化行为，其牵涉的因素与涉及的方面不同于人的一般动物性行为。

因此，本研究从数字阅读媒介的媒介本质属性出发，厘清现有被归类为数字阅读媒介的种种特性是否名副其实，是否为数字阅读媒介所特有，而非包含更多外在猜想的感性体验。此外，将数字阅读媒介置于阅读媒介进化的大环境之下，视其为传统纸质阅读的进化与发展。但进化并不一定有优劣之分，只是在特定的社会条件环境之下的一种适应性变革，因此去除了对数字阅读与纸质阅读孰优孰劣的价值性判断；最后，将数字阅读所产生的社会变革，择其争论最为突出的三点，即数字阅读对人认知产生的影响、数字阅读对人的认同产生的变革、数字阅读对权威产生的重塑进行缘由性探析，进而讨论是否产生了影响、产生了何种影响、影响又会在哪些层面波及社会的其他关系。本书建立人—媒介技术—人的行为的研究途径：人理性地选择、控制媒介技术的进化发展，而同时媒介技术的进化发展、媒介技术的结构性意向又对人的认知与行为产生影响，既强调数字阅读中媒介的符号结构和物质形态固有的偏向性，继而促成人的各种心理、感觉、社会、政治、文化影响；也不忽略人本身对媒介技术发展的理性选择与掌控，坚持文化、技术共生论的立场，肯定人与技术或媒介间互相依存、相互影响的互动关系。

---

① 参见陈力丹、毛湛文《媒介环境学在中国的接受过程与社会语境》，《现代传播》2010年第 3 期。

第三章　数字阅读媒介的静态特征与偏向性

数字阅读的媒介环境研究中，阅读媒介既然作为触及社会多个层面变革的原点与引发多种争论的导火索，必然成为关于数字阅读研究的始发点。

第一节　数字阅读媒介的静态特征

对数字阅读媒介的静态特征分析，早期的相关研究多阐述为：多媒体（富媒体）的视听感官传播、非线性的编辑（排版、阅读）方式、网络技术支持下的交互性等。也有各种层出不穷的新名词、新概念被用来描述数字阅读的行为，如：碎片化阅读、娱乐化阅读、浅阅读、泛阅读、瞥阅读、悦读等。

无论是对数字阅读特征的总结还是对数字阅读的标签化、概念化界定，我们对其客观、准确定位要基于几大准则：第一，不能以偏概全，不能将类的属性泛化为种的特性，即不能将数字阅读的某种特别阅读形态如手机阅读直接等同于所有数字阅读形式，将手机阅读的特性直接等同于数字阅读的特性；第二，不能以未成熟的初级形态认定为整个发展阶段，即不能以现阶段数字阅读中由于发展的不成熟所产生的缺陷，如设备不兼容、阅读受电池续航时间限制等不足归纳为数字阅读的不足，而没有看到在技术的长远发展中这些问题终将消失殆尽；第三，不能以人为因素的干扰或怀旧情绪对新事物抵触而诉诸所谓的人文情怀的关注，尽管人文式的批判能纠正一些盲目的乐观与崇拜，但毫无建设性的非理性的抵触情绪是毫无益处的，即不能仅仅用已形成的纸质阅读习惯去批判数字阅读的行为，从而歪曲对数字阅读媒介本体的认识。在对数字阅读媒介的静态特征分析中，我们应从媒介的客观属性出发，从其所发展的整体朝向出发进行探索性研究。

一　作为感知环境的数字阅读：多感官交织式感知

早期关于阅读认知心理的研究表明，阅读认知是涉及视觉、触觉和听觉的复合行为，读者倾向于把感觉、经验转化为视听感受和思维过程，调动意识、心理将文本编码的符号激活，意义由此产生。[①] 简单而言，阅读产生于人基本的视觉、触觉、听觉行为，将种种感官行为激活合成后形成头脑中的思维。

在传统阅读中，视觉感官的参与毋庸置疑。在《普鲁斯特与乌贼》一书中，沃尔夫认为，人的大脑中识别区域里面有一部分是专门用于对象识别——通过对象的形状、空间位置等进行对象区别归类。而在人的大脑中，并没有天生用于阅读的区域，或者说阅读中不存在特定回路将识别对象与特定意义相对应。[②] 因此，人类的大脑通过协调不同区域的神经组织，

---

① 参见陈伟军《手机阅读的文化取向与感知形塑》，《学术论坛》2013 年第 36 期。
② 参见［美］玛丽安娜·沃尔夫《普鲁斯特与乌贼——阅读如何改变我们的思维》，王惟芬译，中国人民大学出版社 2012 年版。

如为口语、运动协调和视觉服务的神经组织，创作出一种全新的服务于阅读的电路。在对文字的视觉识别中，无论是苏美尔人的楔形文字还是中国的象形文字，人们都是依靠视觉感官来识别对象的线条、曲线以及空间的编排，视觉是一般性传统阅读的基本感官起点。

在传统阅读中，听觉感官的参与位置虽不显著，但在参与过程中不可缺少。即使是个体静默式的阅读，看似没有任何声音的发出，也就不存在听觉感官的参与，但它也不同于一般的"看"书。传统阅读模式中，书面的文字信息对眼睛产生光学刺激之后，视网膜要把这种物理过程转化为神经活动的生物过程，再传送到大脑的视觉中枢，由视觉中枢处理后再传达到语言中枢。而在语言中枢中，语言中枢不自觉地会转换成听觉中枢来获取口语式信息的解读，最后由听觉中枢传输到记忆中枢，获得信息的理解与记忆。这是一个自己读给自己听的过程，即使是高水平的默读也是如此，只不过外部动作控制得比较好罢了。因此，一般人在（以传统阅读法）阅读时，实际上是在"读书"，而不是在真正"看书"。

在传统阅读中，触觉感官以一种间接的方式参与到阅读中。安德鲁在"Out of Touch—E - reading isn't reading"一文中指出，阅读中"手"与书本之间不可割舍的牵绊。手对书本的"阅读"，首先表现为书本的可握性。读者将书本"握于手中"，书脊、书页、装订线、纸板和折层，这些东西组成书的样子，并适合用手握住它。书籍从本质上讲是"有脊椎的"（这得归因于人类依赖身体直立而产生的生而为人的独特之感)[1]，让人在"把握"的触感方式中感知产生认知的可控性与安稳感。[2] 在读者的手掌摩挲于装订精美的书本之间，手指在具有纹路的纸张间徐行，阅读者的视线也

---

[1]　Andrew Piper, Out of Touch - E - reading isn't reading, http：//www. slate. com/articles/arts/culturebox/2012/11/reading_ on_ a_ kindle_ is_ not_ the_ same _ as_ reading_ a_ book. single. html.

[2]　Boxi：《数字时代的阅读：纸质书和电子书背后的科学》，http：//36kr. com/p/202596. html。

会随着手指的行进而关注一行行一页页间的文字流转。纸质书的文本由一页页经过特别布置的印刷文字组成。读纸质书的时候，你可以用指头感觉上面的纸和墨，可以把一页纸折起来，也可以把它弄平整；翻书的时候手指尖在纸张边缘旋转；阅读中手指握笔在书上写字或者画线，或者把一句精彩的话标示出来，墨水会永久性地改变纸张的化学成分。这种触感构成了传统阅读中触觉感官的"手"的全面感知。

在数字阅读中，多重感官被全面激活，信息渠道全面开放。"书"已不再是纸张与文字的结合，它以电子屏幕的方式呈现，文字、图像、声音等均融合成符号；多媒体工具帮助数字文本更好地表达信息内容，如用精美的图片展示故事中的场景，用视频反映情节的发展，用音乐烘托文章的氛围等，让"书"走入了"有声电影"的全感官时代。Booktrack 公司数字图书应用就是在读者阅读的时候为文字配上声音，它不仅提供背景音乐，还会为阅读过程配上音效，将听觉感官增强，使得在传统阅读中仅有的读者个人的脑中独白变成了外在的、具有背景音效的、更加生动的外在场景式卷入。Booktrack 版的《福尔摩斯探案集：斑点带子案》(*The Adventures of the Speckled Band*) 中，当福尔摩斯坐在火炉旁时，读者可以听到炉火的声音；当他和华生坐进马车时，读者可以听到"嗒嗒"的马蹄声。音效和文字被校准同步，当故事中描写到一个女人发出尖叫，读者看到词语的同时就听到了尖叫声，让人身临其境。①

而在数字阅读媒介对触觉感官的开发中，并非试图将数字阅读文本视为其孪生兄弟——纸质文本的电子版，而是突出了"手"在阅读中的功能。传统纸质阅读中，"手"把握书本，"手指"指点书本引导视线与思维。而在数字阅读中，数字文本如同水流转于手掌之中但始终不可牢握。

---

① 凤凰网读书：《电子书应用（ebook 3.0）是图书出版的未来?》，http://book.ifeng.com/yeneizixun/special/falankefu/content‐3/detail_2012_04/28/14222573_0.shtml。

鼠标点击、上下滑动的触感效果远远不同于传统阅读中纸质书本的物理性触摸。但对"手"触感的开发并非意味着一定以物理载体的方式存在。新媒体艺术最受推崇的一个作品是卡米尔·厄特贝克（Camille Utterback）和罗米·阿契托夫（Romy Achituv）的作品《言雨》。在这个作品中，字母如雨点般落在屏幕上，流淌在观众展开的双手投影上，这是将手作为概念性起点。在屏幕上，书的灵巧性回来了，只是书所形成的封闭环境曾经将我们包围在大量的自我意识和归属感中，数码文本联网形式让它们彻底开放。阅读中，我们不必翻页了，数字阅读文本不再有厚度的概念；手不再用来指点，因此在知觉和情绪上也不再触及无法拥有的东西。手指现在用来按或压，不再起到转换的作用，而是起到引导的作用。在电容性触摸屏上，手指改变屏幕的静电场，借此传达指令。运动觉——这种身体运动的感觉压倒了书本所带来的那种共感觉——那种将触摸、观看和思考融入同一个体验中的独特艺术。

在数字媒介环境下，电子器件的阅读媒介使视觉空间得以开放，使听觉空间更加突出，并且赋予手更加独特的触觉感官，使在传统阅读中被禁锢的感官做出调整，躯体做出动作，颠覆了传统阅读时的无所作为。

二　作为符号环境的数字阅读：双重符号的使用与超文本语言的引入

数字阅读媒介环境下，阅读不再以单一的、静态的文字、图片所承载，而是诉诸视觉、听觉、触觉多重感官之下的表征性符号与推理性符号的双重使用，被书写于符号环境下的阅读空间更为开阔与生动。

媒介环境学家苏珊·朗格认为，人把经验转化为表征性符号的独特需求产生了两种截然不同的表征模式。两者都具有相同的符号性，两者都反映了高级的精神活动，但是两者的形式和结构却大不相同，它们表现的人的感知在频谱上不同，它们产生的回应也不同。朗格把这两种独特的编码模式分别命名为推理性模式和表征性非推理性模式。朗格认为，推理性符号模式，多半是真实性的或命题式的语言和数学。这一类编码系统和表征性符号模式不一样，在形式和逻辑上都不一样，表征性符号系统包括一般所谓的艺术绘画、摄影、音乐、舞蹈、雕塑、建筑、文学戏剧和电影。① 回顾人类信息传播的历史，表征性符号传播占据着最初的主导地位。从洞穴中的原始壁画，到中世界教堂顶上精美的宗教绘画，再到如今各种艺术流派之间的争奇斗艳，表征性符号总是能在人接触的第一时间抓住人的眼睛，摄入其蕴含的种种信息，以最直接、最简单也最生动的方式冲击着人们的视觉体验。

从图像、声音、形体艺术凝聚在石板上、纸张间的那一瞬，大量表征性符号信息为了在纸间存留最大的信息量，不得不像新鲜蔬菜被浓缩、榨干一样，舍弃灵动的、多彩的细节，通过抽象化、概括化、静止化转变成推理性符号凝结于纸质文本之上。纸质文本传播单一，拘泥于静态的文字符号和简单的图像符号，现实世界大量的生活经验在被描绘于纸张上时，不得不被削减掉其感性、具象、生动、立体的直观经验，而只保留抽象、逻辑性、平面化的理性认知或知识。文字作为一种抽象符号，它的特点决定了传统阅读是一个从概念的领悟到情景意境的想象这样一个循序渐进的心灵感受过程，需要在前期大量的社会经验与阅读知识中习得，掌握从抽象文字符号中获取基本信息并在脑中还原其生灵活现的原貌的方法。简单言之，推理性文字符号下的传统阅读是一个具象到抽象再到具象的曲线思维过程。因此，在长期单一阅读符号熏陶下的人，思维往往会被束缚于单一文字符号的围墙之中，表征性符号的弱化损害了人们认知中的想象力，世界被扁平化、程序化，久而久之，人们将逐渐忘记该如何生动地、完整

① 参见［美］林文刚《媒介环境学：思想沿革与多元视野》，何道宽译，北京大学出版社2007年版，第84页。

地认知立体世界。

马歇尔·麦克卢汉认为，"转换成纸质文字的经验使原有的经验扁平化，使之变得苍白。而最有利于智能发展的经验不是单纯的文字经验，而是多种视听媒介的经验"。新兴出版公司 Metabook 的创意总监 Benjamin Alfonsi 认为，"感官全面袭击的方法"是进一步改善传统书籍的最佳方式。在 Alfonsi 看来，"阅读体验本身越来越不具有吸引力，因此我们需要的全新阅读——它是发自内心的，是性感的，是具有想象力的……它具有沉浸感，具有可视感，具有触感，它必须要具备一切因素。它将把文字和采访音频、音乐、叙述音频、3D 互动功能以及其他形式的附加内容进行结合"。数字阅读媒介的产生正是弥补了传统纸质阅读将经验扁平化的劣势，在数字的"书"中，图片、图像、动画、声音、语言、文字等一切可以利用的符号被结合起来，使僵硬的"文字"跳动，使理性知识也具有感性的色彩，使抽象的经验也伴有悦耳的旋律，使被压榨、浓缩的文字信息还原成具体环境与场景中生动的存在。看书就是要"看"的吗？这一观念在数字图书中将被抛弃。数字图书中听觉信息符号被大范围应用，通过读图与讲故事相结合的方式，电子媒介使文字、图像、声音等符号相得益彰，通过"点"的方式，反复"听"书。对声音符号的独特韵律感、节奏感的强调设计，再加上不断变化的背景音乐与场景声，听觉信息在推进故事情节发展的同时，也营造了身临其境的效果。与此同时，丰富多彩的动态画面弥补了声音语言描述的无力，将内容信息以简单直白的视觉图像符号呈现出来。对于读者来讲，书中的故事不再是由一个个蝌蚪式的文字来描写，而是由绘声绘色的声音来讲述，由色彩斑斓的图像描绘出来。随着各种声音的高低起伏，书中的场景、情节如同画卷般在读者的头脑中铺展开来，其想象力被完全释放，阅读兴趣将大大提升，具象感知能力也随之大大增强。

　　数字阅读媒介环境下，阅读不再是被钉死在书本目录、编排下的线性认知行为，而是在超本文语言之下模拟大脑的"认知流"式扩散。文字传统的保留维护印刷文明的线性逻辑，超链接关联又将人们的注意力无止境地转移，思维被非线性地发散开去。

　　传统纸质阅读由于平面印刷不得无限扩展，因此在读者触及书本之前就由作者或编辑预定好阅读线路。从章节目录的设置，到文本从前到后的线性排版，即使有天头、地脚和页边批注，也是为了提供更多的层次，使之与人脑的多层次、平行加工一致。然而"a—b—c—d"式线性的文本分类终究不能模拟人的思维。文字在烙印于纸张的一瞬间顺序便已无法改变，瞬息与同步的联系对已钉死在书页上的文字来说是无能为力的。

　　数字阅读的跨媒体超链接技术打破这一枷锁。IKA Collective 公司的尹恩·卡尔认为，数字阅读的根本性变革在于其对人脑思维认识流的模拟，就像写作中有所谓的意识流，阅读中也有可能产生"认识流"，意即在某处阅读时点燃了认识其他新事物的火种。而这种认识流的发散式思维很大程度上模拟了人脑自由想象的状态，将信息转化成由关键词相连接的巨大网络之中，成为一个巨无霸式的超文本。数字阅读正是将不同的文本通过关键词建立连接，而每一个关键词节点都是一个独立的文本，由文字、声音、图像、动画等媒体组成，这种网络类似于人脑的联想记忆结构，给读者以多重选择余地。而这种经由超链接带来的发散性思维与传统书籍在阅读时的线性思维有着本质区别：后者的依然遵循文字的线性逻辑，同时提供读者自由思辨的空间，而超链接的发散将读者的视野大大拓展，超越书本，超越内容，以联想的方式不断认知，更易突破定式，产生创新性思维。读者第一次可以按照自己的意愿跳跃穿插于信息之间，增强了阅读体验。

　　这种将鲜活的现实生活经验借助不同符号形式实现不同思维路径的过

程本身，在传播信息的选择与传播效果上就具有偏向性。媒介环境学的一个重要理论基础认为：媒介固有的物质结构和符号形式发挥着规定性的作用，决定了什么样的信息被编码和传输，如何被编码和传输，又如何被解码。从某种意义上讲，符号蕴藏在媒介之中，为信息传播提供了可能。波兹曼在《娱乐至死》一书中也曾经谈到传播符号的形式对于传播内容的限定：烽火传递的有限形式决定其只能传播较为直接、简短的规定性信息，而对于抽象的逻辑性思维的表达与传播终究是无能为力。这虽不能被理解为绝对的"媒介决定论"，但在一定程度上，不同媒介所依赖、偏向的符号的特征确实影响了媒介所构成的文化环境，从而进一步影响了人类的经验、知识和价值，以及在此基础上形成的社会行为。

三　作为社会环境的数字阅读：分享下的社交型阅读

印刷——文字媒介时代的阅读是一种个人行为。阅读是关起门来读：作者在写作的时候，会和自己辩论、对话，力求作品的逻辑完整、表述清晰完美；读者在阅读的时候，也会和自己对话，思考作品想表达的内容；除此之外，读者与作者用一种不可言状的方式也在交流。而这些都是内省的事，发生在个体之内，阅读在一个封闭的、主观的世界中进行，没有任何位置容纳书本外的他者存在。而关于阅读的讨论，也仅仅是在阅读行为完成之后进行，阅读过程本身是只有读者一个人存在的个人行为。

但到了数字时代后，阅读已经越来越不像个人的行为。分享与社交成为阅读的主要动机，甚至在电子阅读时代，新兴的社交型电子书号称"无社交不阅读"。"分享"是很"集体"的，在阅读的同时希望时时刻刻跳出忘我的存在状态来向他人表明：看，我看的东西都是这类的。分享行为，很大程度上已经成了一种"游戏"——麦格尼格尔在她的《游戏改变世界》一书中说，优秀的游戏都有一个反馈系统。阅读这件内省的事本来是缺少反馈的，外部很难给到你一个什么刺激来鼓励你继续阅读。但分享之后，却有了反馈，这种反馈加快了人们分享的动力——注意，但不是阅读的动力。你来我往之下，阅读已经完全不是个人主义的行为，而成为一种小圈子式的集体主义行为。①

海雀图书品牌（Razorbill Books）制作的《蕾切尔·米德的世界》（*The World of Richelle Mead*）与其说是电子图书，不如说是蕾切尔·米德（Richelle Mead）——她是年轻人系列读物《吸血鬼学院》（*Vampire Acade-my*）的作者——的书迷平台。读者在此平台上购买电子书、阅读电子书，并通过这一平台与其他志同道合的书迷，甚至作者互动，它类似于一个小圈子的读书社区，将特定读者聚集起来，分享阅读，讨论交流，个体阅读变成集体互动。②

在个人行为向小圈子式的集体行为转变的过程中，分享这一行为的功能不容忽视。分享，让分散的内省式的个体连接成了以作品为中心相关点的网状群体，阅读的个体行为性质发生了本质变化。但这并不代表阅读功能的深化。读者在平台上的分享，往往仅仅就是分享，点赞、转载等行为更多的是一种网络个体间的"炫耀"，读者往往在分享、转载的时候抱有"我也关注到了""我也参与了"的心理，但却很少真正沉下心来阅读其分享的内容，并不能加深阅读，推动阅读，更少有读后的激烈讨论、思想碰撞。在此小圈子式的群体行为中，实质性的思想交流减少，而无内容的口水战居多。

---

① 魏武挥：《无社交不阅读：自媒体时代的电子阅读》，http：//www. tmtpost. com/108700. html。

② Alex：《电子书应用（ebook 3. 0）是图书出版的未来？》，http：//book. ifeng. com/yeneizix-un/special/falankefu/content－3/detail_ 2012_ 04/28/14222573_ 0. shtml。

第二节　数字阅读媒介的偏向性

从技术哲学的角度而言，任何技术并非绝对中立的，其产生种种影响的可能性虽与技术的使用者有千丝万缕的联系，但技术本身具有偏向性的影响，即更倾向于产生怎样的影响与更不大可能运用于另一类情形并产生相关影响。比如以斧头而言，作为一种技术工具，技术中性论者会认为斧头本身不会做出任何动作，是用来劈柴还是用来做坏事并不在斧头工具本身，而是其使用者所决定的。但从技术的"结构意向"角度出发，斧头技术的结构意向本身就是倾向于切、割、砍，其锋利面的特有属性使之成为"斧头"。斧头从被创造出来就是用来分割物体的，因此其更偏向于"分离"事物，而非"合成"事物，更偏向于作为利器，而非作为器皿。简单来说，技术的结构意向就是技术的偏向性。

从媒介环境学的角度出发，媒介技术的"结构意向"是其本身具有的特性，是其产生后期的种种偏向性的前提条件。由于不同的符号形态（symbolicforms）编译出不同的信息，而不同的媒介具有不同的符号形态，所以它们具有不同的理性或知识（intellectual）和感性（emotional）偏向；由于不同的物质形态（physicalforms）编译、存储并传输不同的信息，所以不同的媒介便具有不同的时间、空间和感知的偏向；由于不同的媒介具有不同的获得性（accessibility），所以不同的媒介便具有不同的政治偏向；由于不同的媒介具有不同的参与条件，所以它们具有不同的社会偏向；由于不同的媒介具有不同的物质和符号形态，所以它们也具有不同的内容偏向。不同的媒介在物质和符号形态，以及随之而来的理性或知识、感性、时间、空间、政治、社会、哲学思辨和内容偏向上的种种不同，所以不同的媒介具有不同的认知论（epistemology）的偏向。①

这种偏向性从微观层面而言，既包括其媒介的"结构意向"所产生的感官偏向性，也包括依附于特定解释环境之下的符号偏向性；从宏观层面而言，这种媒介的"结构意向"所带来的人与人之间的连接也与传统媒介有所区别。因此，数字阅读的媒介环境研究必然从数字阅读媒介本身谈起，而对数字阅读媒介的溯源就不能回避对阅读媒介的静态特征与其所产生的偏向性的探讨。

一　数字阅读的感知偏向：媒介的符号形态与阅读的具象性偏向

在印刷—文字媒体时代构建的"阐释"逻辑，是一种线性的、理性的、抽象性的思维逻辑。在印刷术统治下的文化中，印刷文字是一种有语义、有释义、有逻辑命题的内容。拼音和文字将话语与人体相分离，从具体的传播语境中被抽象出来，供人们反复、细致地观察、思考、演绎、归纳，主体（人）与客体（外在于人的对象）的二元关系因而被建构出来。在人的社会化过程中，这种文字的习得与思想的进化过程是同步进行的。阅读本身是一种压制性的行为，要求读者屏气凝神地与书本独处，拒绝周遭喧嚣与欲望的诱惑，在一字一字、一句一句、一行一行的扫视中，读者产生对象性抽离，并与书的作者建立跨越时空的交流对话。读者借助自己的理性排除各种主观、非理性因素的干扰，促进人理性思维的能力、知识的分析管理能力、观点的提炼总结能力、信息的批判怀疑能力的发展。简单而言，此时纸质阅读的话语逻辑往往是事实与观点明确而有序的组合，

---

① 参见［美］林文刚《媒介环境学：思想沿革与多元视野》，何道宽译，北京大学出版社2007年版，第152页。

推崇客观和理性的思维，同时鼓励严肃、有序和具有逻辑性的公众话语，而由印刷—文字媒体构建的人类社会的知识观念和文化范式推崇"客观""思想""理性""本质"等特性。

在数字阅读时代，多媒体技术赋予了阅读新的符号元素。大量的图像、声音、视频等信息符号与文字符号一起，共同被载入了书本之中，书的变化不仅仅是载体由纸质转变为电子屏幕，更重要的是载体的变革为其他符号形式的呈现提供了可能，从而为以前文字符号无法呈现的信息、无法描绘的场景提供了可能。在数种符号信息共同涌入"书本"的过程中，传统由文字媒体时代建立的线性、理性、抽象的思维逻辑逐渐被改写，被忽视的感性、具象的想象性思维被重新重视。一种更加人性化、细腻性、感性、个性化的思维被推崇。在此基础上，"新阅读"赋予了读者一种强烈的临在感、参与感。

数字阅读媒介克服传统阅读中传播速度慢的时间障碍与传播范围小的空间障碍，把远距离发生在别处的场景第一时间、快速地呈现在读者面前，视听兼备，随时在流动变化，让观众产生身临其境的感觉。此外，数字媒介传播的"临在性"，让观众产生神秘的参与感。波斯猫出版社（Persian Cat Press）推出的图书应用《天赐之物》（*The Gift*）所做的就不仅仅是叙事，读者需要跟书的各个部分进行互动才能推进故事的进展；企鹅出版集团出版的电子小说《筷子》（*Chopsticks*）要求读者在阅读中跟格洛瑞（Glory）——书中的少年钢琴演奏家，刚搬到隔壁的男孩——生活中的各种片段进行互动；阅读中互动性的加强，使读者产生对阅读的强烈控制感，甚至是一种居高临下对阅读进程、内容发展的把控，读者往往倾向于把自己投射到"书本"的世界之中，产生高度的认同感。

二 数字阅读的时空偏向：媒介的物质形态与阅读的权威感偏向

加拿大多伦多学派的代表人哈罗德·伊尼斯在其《传播的偏向》这本著作集中论述了传播媒介的时间与空间偏向性。在纸质阅读向电子阅读的过渡时代，纸质阅读媒体的时间偏向性逐步弱化，而数字阅读媒体的空间偏向性渐渐增强，并随之而来的是阅读中权威的陨落与平民化、大众化的信息价值崇拜。

在媒介时空偏向分类的基础上，伊尼斯进一步分析认为，在权力结构的关系中，偏向时间的媒介有助于树立权威，而偏向空间的媒介是一种大众的、文化的普通媒介，强调传播的世俗化、现代化和公平化。伊尼斯发现："在广袤地域的组织工作中，传播占有极其重要的地位。意味深长的是，布赖斯的三个阶段大体与以下三个阶段相当：首先是黏土和莎草纸为主媒介的阶段，其次是羊皮纸为主的阶段，再次是以纸为主的阶段。辽阔领土的治理，在很大程度上依赖有效的传播。"[①] 他认为，时间观念和空间观念反映了媒介对文明的重要意义。任何一种新的传播媒介的出现，能够改变社会体制的形态，常常转移权力中心，控制媒介行为可以被视为行使社会和政治权力的一种手段。倚重时间的媒介，如石头、黏土和羊皮纸，笨重、耐久，有利于文化的传承，在其基础上产生的文明固守传统，强调连续性，突出信仰和道德，利于宗教的传承，维持权威统治；倚重空间的媒介，如莎草纸、纸张，轻便、不易保存，强调地域扩张，促进世俗制度和科技的发展，有利于政治帝国的扩张及大范围远距离的控制。梅罗维茨泛化了权力的帝国指向，进一步提出媒介与社会权力间的关系："传播媒

---

① ［加拿大］哈罗德·伊尼斯：《帝国与传播》，何道宽译，中国人民大学出版社2003年版，第62页。

介越是倾向于将社会中不同人的知识分开，该媒介就会支持越多的权威等级；传播媒介越是倾向于融合信息世界，媒介就会越鼓励平等的交往形式。"①

偏向时间的媒介有助于树立权威。黑色玄武岩上的古巴比伦《汉谟拉比法典》历经三千七百多年的风雨冲刷，以历史书写法律的威严；孔子旧宅中获得的"孔壁中经"——《尚书》《礼记》《论语》《孝经》竹简数十册，历经泥石的掩埋，后经世人的抄写传诵，以时间凝结古人的智慧。传统阅读媒体在纸张与油墨的结合之下，无数思想大家、科学巨人将其脑中的思考凝聚于纸张之上，以物理载体的形式保存下来。著者深知，一旦思想付之于文字与纸张，将接受时间的考验，广泛传播，不觉对作品更加严肃谨慎；读者深知，纸质书本的印刷文字更加严肃、更具权威，不觉在阅读之时肃然起敬。时间偏向性的纸质阅读媒体天生就具有树立权威、严肃传播的特点。

"腹有诗书气自华，读书万卷始通神"，中国人历来重视阅读，把读书看作"立身"之本，阅读本身实际上已经具有了某种文化传统的意义，其纸质阅读媒体的时间偏向更为突出。谈起纸质书籍的阅读，人们首先想到的是在独处的状态下，读者与作者在一种独立的意识世界里跨时空交流。在此世界里，无声胜有声，读者的手指在细腻的纸张间划过，目光在淡黑的字里行间扫过。书中抽象的文字符号在读者的脑子已如画卷般铺展开，纸质媒体提供的舒适阅读的记忆是独一无二、无法磨灭的。其次，纸质书籍在精心保存的情况下，能经受住时间的考验，传承数代，其存储的时间性与稳定性更强，在我国有很多书籍甚至存放了成百上千年而照样能够使用的，并且因为使用方便而不必担心数年之后，科技发展造成设备格式不兼容、文件读取困难。再者，在阅读时画上的横线、做的记录，就犹如在

---

① ［美］约书亚·梅罗维茨：《消失的地域——电子媒介对社会行为的影响》，肖志军译，清华大学出版社2002年版，第55页。

知识的森林中行走时随处留下的记号，读者日后反复翻阅查看时，当时阅读的心境、思想等，会一一浮现，记忆深刻。纸质阅读媒体的检索功能虽不及电子媒体快捷便利，但给人留下的印象更为深刻，个人阅读记忆更强。

相比于纸质媒体，数字媒体的阅读凸显了"快"的特点。数字媒体传播速度更快，空间范围更广。阅读文件以数字信号的方式获取、传送、保存，易得性更强，其保存简单方便，成本低，能在较短时间内实现大范围的传播，媒介的空间偏向性更为明显。但数字文本不易长期保存，技术革新与存储设备的快速发展，数字媒介间的兼容通用成为长时间保存信息的一个巨大障碍。此外，人们对数字阅读大多采用"速食型"，快速传播、快速阅读，在阅读中追求效率，而在追求速度的同时往往舍弃了深度与质量。于是有网友发出这样的感叹："当我选择数字化媒介进行阅读时，更多的是一种获取信息的需求，而真正要获取文化、思想时，纸质阅读无可替代。"再者，电子信息获取方便，但也给读者造成了巨大的"信息焦虑"，读者阅读后的电子文件如若不标签存储，容易很快被海量的电子信息所淹没、吞噬，大多信息在仅仅消费一次之后，便被冲入了时间的长流之中，无踪可寻，传承性较弱。

数字媒体的快速传播，使得信息垄断再难以形成，信息传播更加民主、广泛。偏向空间的媒介是一种大众的、文化的普通媒介，强调传播的世俗化、现代化和公平化。在电子传播时代，传播者的门槛大大降低，普通人都可以发言。如果说著书立说在以前是少数人的特权的话，那么在今天，电子媒体让所有人都获有这一权利与机会。大量的网络写手、网络小说的兴盛正说明了这一转变。信息源的多元化与信息的多样化，让信息交流更加对称、公平。但在网络上议论纷纷、百花齐放的同时，又有多少人的声音在电子媒介上能够经受住时间的考验保存下来，甚至历久弥新呢？

电子信息传播的空间偏向性让信息的传播难以保存，甚至稍纵即逝、无迹可寻。信息没有经过长期积累与检验，往往短暂辉煌后便销声匿迹了，经典之言、权威之作难以成形。

三 数字阅读的政治偏向：媒介的获得性与阅读的平等性偏向

莎草纸的易碎易破、石板泥雕的制作艰难、布帛书卷的材质昂贵、手抄羊皮卷的精心装订……古代阅读中阅读载体的不易获取，早早就将普通民众关闭在书籍阅读的大门之外。直到近代铅字印刷术的发明与纸质材料的大量廉价获取，才使阅读具有通向百姓家路径的物质基础。总体而言，传统阅读往往是具有一定经济基础、一定文化基础的阶层的特权，广大人民群众，既缺少购买书本的经济能力，又匮乏阅读书本的文化能力，因此往往是游离于文化享用之外，与书本无缘。

在数字阅读媒介的基础上，阅读与物质载体之间的联系逐渐弱化，民众获取数字阅读的物质成本逐渐降低。在具备基本数字阅读媒介的物质基础上，后期的大量阅读以一种非捆绑式的电子信号闪烁于屏幕之上。市面上一部电子书的均价仅为一本文学类纸质简装书价格的四分之一，而通过网络方式实现信息从一个屏幕到另一个屏幕的跨越、复制、传播，其单位成本极低，在大量扩散后几近于零成本。除此之外，数字阅读将阅读行为附着在国民的"生活必需品"上，进一步减少了阅读带来的额外经济负担。以手机阅读为例，截至 2011 年，暂且不论城市人口中近百分之百的手机拥有率，在中国的农村地区，手机拥有率已上升至 90%。其中，有 27%的农村手机用户使用手机上网阅读。[①] 将阅读与手机通信工具捆绑，普通民众并不需要单独为阅读支付载体的费用，而是在获得基本通信工具的同

---

① 参见肖俊敏《关于数字阅读的文化思考》，《出版科学》2013 年第 6 期。

时，也获得了阅读的载体基础。在此基础上，数字阅读打破了传统阅读基于物质载体的控制而形成的知识传播的垄断。数字阅读不同于具有一定经济基础、能够获取书本，才能获得阅读的特权，普通民众也能以廉价甚至免费的方式获得数字阅读媒介资源。

在数字阅读媒介的基础上，阅读采用多种符号形态，以普通大众喜闻乐见的方式进行传播，民众获取数字阅读资源的文化成本逐渐降低。数字阅读进一步降低了知识的获取成本，使信息资源在更广的范围内传播，为基层民众所共享。对于教育程度较低的读者而言，信息获取不用受制于文字水平，可同时借助图像和影音等多种途径互补完成；发布渠道的多元化和网络身份的隐蔽性，使所有人都能够在同一平台上讨论政治、经济、文化、社会问题，充分保障了信息弱势群体的文化权益和信息民主。

总之，数字阅读媒介的低成本、低文化程度需求大大提升了普通民众阅读媒介的获得性，文化传播大大减少了因经济实力、文化程度、社会阶层等因素受到的阻碍，阅读渐趋平等。

四 数字阅读的社会偏向：媒介的参与性与阅读的聚合式偏向

马歇尔·麦克卢汉在《理解媒介——论人的延伸》一书中写道："任何媒介对个人和社会的任何影响，都是由于新的尺度产生的。我们的任何一种延伸都要在我们的事物中引进一种新的尺度。"[1] 他认为，媒介的变迁这个过程本身就对人类产生了不可估量的影响，推动着人类社会的向前发展，这与它所承载的内容无关。在电子阅读时代，阅读不在仅仅关乎于阅读内容，而更重要的阅读已促成了一种人的社交行为，是人际交往的延

---

① ［加拿大］马歇尔·麦克卢汉：《理解媒介——论人的延伸》，何道宽译，商务印书馆2000年版，第18页。

伸，或者可以说，阅读本身已成为交往的媒介，"无社交，不阅读"。

　　信息文化传播的直接结果就是世界变成一个"地球村"，全球联结为一个信息整体，无论身处何地，人们都能通过数字化的阅读介质和现代化的信息网络知晓世界任一角落发生的变化，与世界同步。文化不再是一个闭合的圈子，而成为一个开放的空间，信息跨越时空限制，经过及时、准确、综合性的传递、加工和存储，使人类实现"同时知道"。原来发生于一时一地的局部事件，经由数字媒介的传播扩展，可在全球范围内产生影响，引发关注，使世界各区域间的关联性更为密切。

　　一方面，数字化的阅读方式拓宽了人们的社交范围，强化了异质文化间的接触频率，改变了人们认知世界的方式。数字阅读将不同文化背景的人置于同一信息平台，通过跨文化交际，使人们更明显地意识到不同社会模式之间的差距，从而取长补短，各取所需，实现共同进步。数字阅读在不同的文化群体间搭建起沟通的桥梁：人们通过数字媒体生动形象地展示本国文化，使得文化由民族走向世界；人们以开放的心态全方位地接收异地文化，并依靠这些信息更好地审视文化差异，实现文化间的融合和民族间的文化认同。

　　另一方面，在数字阅读时代，社交型阅读越发普及，手指轻轻地一点，就可借助网络分享阅读、加入阅读社区，与在阅读上的志同道合者实现网状式的扩散连接，基于相关性的小圈子式的集体行为成为新阅读行为的典型之举。把相似的人、事、物聚集在一起，同时将整个网络切分为无数片段，加剧了圈内的同质化，不利于多元观念与思想的交流。

　　美国著名作家伊拉·巴拉瑞在 2011 年美国 TED 大会上发表了题为"警惕网上的'过滤泡泡'（Beware online 'filter bubbles'）"的演讲。[①] 所谓"过滤泡泡"（The Filter Bubble），从狭义讲，就是互联网服务根据你的

---

　　① Eli Pariser, Beware online "filter bubbles", http：//www.ted.com/speakers/eli_ pariser.

个人特征、行为和在互联网上的社会关系，做出的个性化内容定制。比如，Google 的个性化搜索、微博的个性化内容推荐、淘宝的相似产品推荐等，根据用户的消费记录做的个性化推荐、微信朋友圈。"过滤泡泡"致力于为所有人打造一个专属的个性化世界。人们享受它给人带来的好处，却很难注意到这个专属于自己的个人小世界背后所隐藏的风险，而这会导致非常危险的结局：人们会陷入"过滤泡泡"之中，而难以获得那些挑战我们或者拓宽我们视野的其他信息。"过滤泡泡"的设计原理与多元思想、多元族群的理念背道而驰，"过滤泡泡"的用意不在于引入新文化。在 *The Filter Bubble* 一书中，伊拉·巴拉瑞极力警示：网络通过搜索引擎，以为掌握到用户的全部需求，推出所谓的个性化定制内容；用户醉心于"过滤泡泡"定制的世界，实则意味着失去全面审视世界的一般性，犹如井底之蛙被困在互联网所构建的狭小井底，无法察觉真实世界的样子，只能呈现特定的狭隘观点。

有研究表明，身边人的思想和自己差别越大，越能培养眼界开放、包容宽广的心性；但如果每个人都只跟自己相近的人往来，不与相异的人接触，将造成这个世代的"种族隔离"与"近亲繁殖"。电子阅读中，大量阅读以阅读内容相关性为连接点，网络技术通过算法过滤、把关，为潜在用户推送相关阅读内容、阅读社区等服务。从一方面来看，阅读变得更加便捷、开放。但另一方面，内省式个体阅读行为的减少，推送式、社交式群体共享阅读的增多，导致"新阅读"行为容易走向极端——越阅读，越狭隘。电子阅读的推送式个性化定制服务建立在由计算机过滤的"泡泡"中，将小范围的同质化信息聚集起来，自动过滤掉大量人脑知识地图中与既有阅读不相关、无连接的信息内容，信息空白点始终存在甚至被隐性掩盖，人们从阅读前的"自知的未知"转变为"不知的未知"。

　　时至今日，汹涌而来的信息化浪潮推动整个社会急遽变革，改变了人类生活的方方面面。阅读作为人类最古老的行为之一，也发生了翻天覆地的变化。当阅读的载体从书籍走向电子，当阅读的内容从单纯的文字扩充为声光电影，当阅读场景从我们记忆中昏黄灯光下个人的孤独求索变为网络世界里群体交互的一片喧嚣。媒介的不断演进，将抽象式、力求理性思维、逻辑性的纸质阅读推向了具象式、感性化的电子阅读；将时间偏向性的精英垄断式纸质阅读推向了空间偏向性的大众参与式电子阅读；将个体内省式纸质阅读推向了社交型群体式的电子阅读。在积极迎接这种转变的同时，我们也要警惕电子阅读中的技术主导倾向，避免沦为技术的奴隶，陷入电子信息编织的牢笼中难以自拔，而忘了探索未知的阅读的真谛。

第四章　数字阅读媒介的动态演化与
人性化趋势

    阅读，作为人类文明传承的基本社会行为与文化行为，是人类智慧的结晶，也是人类社会文明前进发展的动力源泉。数字时代下，阅读也随着媒介技术的发展不断演进、变革继而产生新的阅读形态——数字阅读。对数字阅读的审思，我们除了要将其置于静态之下观察检验其特性以及由特性延伸而出的媒介偏向性影响外，也需要将数字阅读媒介置于历史发展的长河之中，在动态演化进程中探析：数字阅读从何而来，历经了哪些发展阶段，又如何发展至现今这一多种阅读方式并行的阶段；随着网络技术、媒体技术的不断发展，数字阅读又会朝着怎样的方向前进。

第一节　阅读媒介的动态演化

    探析数字阅读的发展，必然从传统阅读着手。传统书本阅读自其诞生之日起，随着阅读载体的转换而不断发生变化。从甲骨、莎草纸到绢帛、竹简，再到纸张、电子存储，阅读载体一次又一次的革新，让阅读文本更加便捷、普及、易得。随着阅读文本传播媒介的发展，人们对"阅读"的理解也在潜移默化中发生改变。

一 手抄时代的阅读：少数读者与表演式诵读

史蒂文·罗杰·费希尔在《阅读的历史》一书中，将阅读定义为"对记忆之物（记忆辅助手段）和图示（图形显示）进行解码"[①]。从穴居人和现代智人看懂骨头凹痕，岩洞中富含大量狩猎、日期计数信息的图文开始，这些都被视为原始意义上的阅读。

从阅读者的角度来看，早期的阅读者并非主动阅读者，从某种意义上来说，早期的阅读行为是一种职业行为。公元前3200年左右，美索不达米亚人使用大小如巴掌的泥板作为书写载体，在上面刻写楔形文字，记录"从谷物运输到寺庙供奉，从简单信息到长篇赞美词，以及城镇日常生活繁杂活动等"[②]，以此实现社会生活的协调运行。而在当时，书写并非社会统治阶级所全权掌握的技能，而是通过特定学校的专业学习培养的职业书记员所特有的职业技能。职业书记员在从事社会公共事务记录的同时，成为最早的阅读者。除了公共事务的记录与宣读之外，职业书记员还为不识字的贵族阅读，因此在早期的记录中常常有"读信人""写信人"为贵族阅读个人书信、公文并为其描述，职业"读信人"以此收取酬劳。

从阅读文本载体的角度来看，早期的莎草纸书写、编排的方式逐渐形塑了传统阅读的线性思维模式。公元前7世纪前后，虽然在当时莎草纸作为书写材料依然价格不菲，但随着希腊地中海沿岸商业的蓬勃发展，书写记录的需求日益明显，社会需求的兴盛推动了当时莎草纸的大量使用，阅

---

① ［新亚兰］史蒂文·罗杰·费希尔：《阅读的历史》，李瑞林译，商务印书馆2009年版，第2页。

② 同上书，第14页。

读与书写活动日益兴盛。一张张书写后的莎草纸装订、连接起来，就是一部部书卷。阅读莎草纸书卷时读者需要小心翼翼、逐页打开。出版长篇著作在当时是件耗时、耗物的工作，并且基于莎草纸的单薄、易破碎，此种书籍在保存与运输时极为困难。在贮存莎草纸书卷的时候，需要把书卷放在单独的圆盒子里，每部书卷都要插一个单独的标签，按照作者和相关主题分门别类按序排列，基于这种书的形制，阅读时大多按照标签序号取出书卷，按书卷编排逐页展开。也是从此时起，阅读逐渐被读者认为是有内在次序，[①] 阅读就是要按照书卷目录的顺序、按照登记造册的分类依循线性进行。

从阅读行为的层面来看，早期的阅读并非以"阅""看"为主，而是以发声的甚至是大声"读"为主。公元前 5 世纪，在希腊逐渐兴起的公共阅读保持着口头文学和书面文学之间的密切联系，作者在家庭内、小团体内诵读自己的作品。听众大多对其"阅读"表演的作品也十分熟悉。此种"阅读"更多是一种公众前的表演行为，阅读中的声音、语调、感情甚至肢体动作是阅读表演的主要展现环节，而阅读的文本内容退居其次。"以听为读"的方式促成了早期公共生活的兴起，阅读的形式大于内容本身，阅读的公共行为是为建立公众群体的关系提供条件。时至今日，在多数畅销书销售的现场，仍有作者为拉近与读者的距离、促进书籍的售卖而开展读书会活动。这种读书会的形态就类似于早期的公众场合的阅读表演：作者被围坐于中心，将自己写作的内容大声朗读表演，而听众大多已熟悉、了解其内容，听读背后更多是与作者亲密关系的建立，并不在于自身对文本的独到见解与阐释，甚至会在一定程度上屈从于"阅读者"的影响而改变原先自身的解读。

---

① 参见［新西兰］史蒂文·罗杰·费希尔《阅读的历史》，李瑞林译，商务印书馆 2009 年版，第 41 页。

从阅读的影响层面来看，早期的阅读带有"权威"色彩。首先，在表演式的"阅读"中，"每个人既是读者，又是背诵者，借助音调、结构、感情、手势等诸多方式给已有的某种解释留下一个权威的印记"①。而朗读仪式在公共生活中具有等级划分的权力，它剥夺了听众的阅读活动中的一些固有的自由，像如何选择一种语调，强调一处重点或是回到某个段落。久而久之，这种行为使耳朵顺从于他人的声音，有利于建立起一种阶级制度，它将朗读者置于讲台上的特权位置，听众则在朗读者的掌控之中。②其次，阅读与文字紧密结合，继而产生普通民众对文字符号的崇拜与权威感。在早期犹太人文明中，书面文字成为犹太人身份认同的根本所在。"继信仰上帝之后，阅读和阐释神圣文本成为犹太人的另一个职责。唱赞美诗逐渐演变为一种完全基于书面文本的礼拜仪式。阅读神圣文本之中获得已是崇奉神明或者传达圣约的部分体现。"③ 再次，文本的解读意义被赋予权威性，通过书本文字中权威的树立，从而建立阅读等级。在传统书本阅读中，被钉死在纸质书本上的文字无声中赋予作者一种不由辩解的优势地位，同时通过层层解读在作者间、读者间的互动关系中形成了一种阅读等级制——"作者＞评论家＞主教＞教师＞学生"。读者被动地聆听自上而下的声音，不但内容是规定的，就连对内容的解释也必须与正统学说保持一致。从西方教堂中对《圣经》的朗读、讲解，到中国四书五经中的注解，无不印证了传统阅读中的等级制与不对等关系的存在。在中国，阅读的权威感与崇拜感与宗教并无直接联系，反而是与国家集体意志密切相关。国家资助普通民众到当地的学校接受教育、普及读写，对读写的内容

---

　　① ［新西兰］史蒂文·罗杰·费希尔：《阅读的历史》，李瑞林译，商务印书馆 2009 年版，第 50 页。

　　② 参见［加拿大］加阿尔·维托曼古埃尔：《阅读史》，吴昌杰译，商务印书馆 2004 年版，第 149 页。

　　③ 同上书，第 158 页。

文本进行严格限定，并将此种阅读作为国家官员选拔、考核的重要途径，把读写作为社会工具予以推广，从而巩固统治阶级的基础。

二　印刷时代的阅读：扩增的读者与默读的兴起

1450 年，约翰·古登堡在德国美因茨研制出了铸字的"字模"以及一种能够黏附于金属活字的特殊油墨，并利用此项技术在合金活字印刷机上批量印刷。他的初衷是通过创造性地扩大生产，实现销量最大化，从中获取利润。14 世纪由中国发明的造纸术在西欧得到普及应用，纸张终于全面取代了羊皮纸，并与铅活字印刷相得益彰，共同促进了纸质书籍印刷生产效率，进而对当时的读者、阅读行为和阅读内容产生了深刻的影响。

从阅读主体的层面来看，印刷书籍的产生与普及，大大增加了阅读群体数量，拓宽了阅读主体的覆盖面。印刷技术的产生，大大减少了生产书籍的劳动量，降低了书本的单位成本。书籍摆脱了繁复的装帧与精美的手工抄写，印刷油墨与纸张的粗糙并未阻挡其接近与阅读书籍所承载的内容焦点。书籍从阳春白雪似只供具有一定经济实力的买家品读、珍藏，转变为寻常百姓家内的基本读物，阅读群体大大扩增，新一代读者兴起。因此，"文艺爱好者和鉴赏家，具有人文主义品位和稍有学识的有闲阶层，在大学里研修过希腊经典著作课程的校长、牧师、律师、医生，人人都希望拥有这样的书：散步或旅行时可以携带，壁炉前可以悠闲地翻阅，就连经济拮据的读者也能买来读一读"。印刷书籍的读者群体大大增加。[①]

从阅读行为的层面来看，印刷书籍的产生，使得书本成为个人之物，进行细读品味成为可能，也为个体独立阅读的行为产生奠定基础。区别于

---

① 参见［美］史蒂文·罗杰·费希尔《阅读的历史》，李瑞林译，商务印书馆 2009 年版，第 195 页。

传统的诵读方式，个体默读逐渐产生。阅读变得缄默无声，无须倾听，读者直接领悟所读的概念，增加了思考在阅读中的分量。由于默读中不再需要出声，不再考虑与他人共享信息，读者能够与书本及文字建立一种私密的不受拘束的联系，能和作者之间建立起一种超越时空的、未有他人在场的沟通。阅读变得更加专注，更加注重信息的内化过程。与之相伴的是阅读的环境也逐渐发生变化。个体阅读行为从公共场合中逐渐退出，进入私人空间之中，如卧榻旁、图书馆，在私人空间内屏蔽周遭的嘈杂，读者更集中于阅读文本内容，更易对文本产生深刻的、独到的理解，阅读中的思考更加自由与深入。

从阅读行为的影响层面来看，"默读"式个体阅读的产生、印刷书本的个人拥有为民众将注意力由书本转移至文本内容提供了条件，个体的精神思想在阅读中得到解放，继而产生种种区别于传统、权威的，重视个人、个体的观念。在 19 世纪初，"人文主义"使阅读成为个人行为，在默读声中，以往不敢想、不能想的念头在心中悄然萌发，并以不可抑制的态势改变人们，其社会心理也发生了某种深刻的变化，个体发展受到重视，并不断走向成熟。中世纪的被动听读日渐消亡。在默读中，读者成为真正的积极阅读的行为主体，摆脱了口述传统的束缚。这一点在对《圣经》的阅读影响上极为突出，读者在获取个人的《圣经》读本后进行默读，不再需要教会参与、主导阅读过程，而是在独立的封闭空间内达成精神上的对话，肯定自我观点的同时，开始质疑传统权威解读。印刷文本的盛行，使得口语传统的特权从此迅速衰落，并最终一去不返。随着公众教育在较为富庶的地域普及，具有阅读能力的人越来越多。文字社会迫使文盲进行转变，能读会写不再是特权或精英阶层的专属，随着其他队伍不断发展壮大，口语传统在书面文字面前进一步土崩瓦解。

三　数字时代的阅读：最广泛的读者与个性化阅读

随着新媒介技术的发展，阅读已从传统平面纸质阅读发展到电子阅读、网络阅读、手机阅读、社交型阅读等多种阅读方式。但无论是电子阅读、网络阅读还是社交型阅读，其阅读类型、内容倾向、互动功能虽各有侧重，而将其种种归结于一起又具有一个相交点，即其阅读媒介的本质变革。按照《现代汉语词典》的传统定义，"阅读"指"看（书报等）并领会其内容"①。而 1999 年出版的《中国读书大辞典》则做了重新界定，认为"阅读"是"人从符号中获得意义的一种社会实践活动"②。这一概念界定的微妙变化，已暗含了对"阅读"概念的修正：阅读不仅仅关乎于"看"这一行为动作，也不仅仅局限于信息来源的对象是纸质媒体，"阅读"被泛化为一切从视觉、听觉、触觉等感官渠道中获取信息意义的过程。

数字阅读成为新媒介之下的新型阅读的泛称，即以数字媒介为阅读载体，数字阅读即使用电脑、MP3、MP4、手机、平板电脑、电子阅读器等进行阅读，阅读内容以文字为主，辅以图片、音视频和动画等。③ 在此概念之下，特别强调此阅读并非泛化式的阅听，即阅读仍是以文字符号为主的信息传播。此外，数字阅读的发展存在阶段性，成熟型的数字阅读信息组织方式应是标记语言：标记的丰富和联想性、内容和形式的分离、文档分析基础上的结构模式对数字出版的生产流程起了决定性的影响，使其具有强大的链接、搜索和个性化定制功能。④ 对应此概念，早期 ebook 1.0 时期的纯纸质

---

① 中国社会科学院语言研究所词典编辑室编：《现代汉语词典》第 6 版，商务印书馆 2012 年版。

② 王余光、徐雁：《中国读书大辞典》，南京大学出版社 1999 年版，第 350 页。

③ 参见王佑镁《数字阅读的概念纷争与统整：一个分类学框架及其研究线索》，《远程教育杂志》2014 年第 1 期。

④ 参见张大伟《数字出版即全媒体出版论——对"数字出版"概念生成语境的一种分析》，《新闻大学》2010 年第 1 期。

文本的电子版只是一种简单的由纸质文本向电子文本的转化，不具备链接、检索与个性化定制功能，只能被看作数字阅读的未成熟阶段。

数字阅读发展至今已经历多个阶段、多种形式。这种阶段与形式并非是以新替旧的方式进行淘汰式发展，而是阶段与阶段、形式与形式的叠加。从整体上看来，早期的数字阅读以网络阅读为主（在此主要指大众阅读，而不谈及专业文献阅读），因此数字阅读研究初期也多直接以网络阅读、电子阅读所指代；其后随着智能手机与移动互联网技术的结合，手机阅读成为数字阅读的重要形式，且业已超越书籍阅读、报纸、期刊阅读等传统纸媒阅读方式，成为大众最主要的阅读载体。而苹果公司的 iPad 之后，三星、联想等电子产品公司相继推出平板电脑，将固定互联网电脑与移动互联网手机两者的优点相融合，甩掉电脑连接线、网络连接线的同时，也将屏幕扩大、功能增强，纯触摸屏的最简单操作完美体现了媒介的进化与发展。与此同时，以亚马逊公司的 Kindle 电子阅读器为代表开辟了数字阅读另外一块号称以享受纯粹阅读为宗旨的新领域。除此之外，光盘阅读等其他阅读方式由于使用领域较狭窄、阅读群体较小，在本书中暂且略过。

（一）网络阅读：网络新闻、网络文学社区

网络阅读与手机阅读、平板电脑阅读、电子阅读器阅读等其他数字阅读子类相排列，并非表明网络阅读与其他阅读形式具有相同划分标准，或者更准确而言，仅仅以网络与阅读相结合并不是按照其承载文本的阅读媒介、载体与手机、平板电脑、电子阅读器相等同。手机、平板电脑、电子阅读器等媒体的现今优势功能也是基于互联网技术本身，或者说网络技术是数字阅读的技术根基，其载体的分类呈现只是各种子领域的表层。因此，在此所指的网络阅读更偏向于指向区别于移动互联网的互联网电脑阅读。

网络阅读可以说是数字阅读的初级阶段（在此暂且不提通过移动存储设备拷贝文本阅读），其阅读的主要内容为网络新闻。在互联网发展之初，网络带宽、速度有限，在还没实现视频、音频等流畅切换、播放之时，人们在网络中遨游、冲浪，做得最多的事情就是通过门户网站查看网络新闻。以新浪网新闻中心为例，在 1998 年 12 月四通利方与海外最大的华人互联网站企业——美国华渊资讯公司合并，共同在互联网上建立全球最大的华人网站——新浪网（SINA）。合并后新浪网日访问量超过 40 万人次，新浪新闻中心与全国上千家媒体建立合作，对国内外大事、出游资讯进行全面快速的报道，一时之间，"上新浪网看新闻"已成为网民上网时不可或缺的内容。

网络阅读的另一突出特性显现在与网络社区相结合，它推动了网络文学的兴起。以互联网技术为依托，用户一改以往孤立、原子式存在，转变成为点与点的网状联系，相互之间以相同的、相似的阅读内容、兴趣爱好为节点，形成小群体式聚集。传统在方格纸间书写的个人的文学情怀，在被插上网络的翅膀之后，只要用户个人同意，就能发布在网络浩瀚的虚拟世界之中。从第一部以网络为发布平台走红的小说《第一次亲密接触》开始，网络论坛成为区别于传统阅读空间的一片新天地。其后，网络文学以更贴近口语，甚至以新创的网络语言书写各种类型、各种题材的网络小说并迅速风靡于各大论坛之中。从《明朝那些事》到《鬼吹灯》《盗墓笔记》，从《甄嬛传》《步步惊心》到《琅琊榜》等，网络小说逐渐摆脱了传统观念中劣质、粗制滥造的文本形象，一大批颇受网络读者欢迎，继而走出网络空间，进入实体出版业，甚至更进一步被翻拍为影视剧走上大屏幕的经典之作层出不穷。

除此之外，普通用户也将日常网络书写与阅读紧密结合，将自己生活中的点点滴滴、有感而发写入个人微博、博客中，或不发布仅供个人记录或限定私密对象阅读，或提供给所有网络用户观看并发表评论进行讨论。以新浪博客为例，新浪博客是中国门户网站之一新浪网的网络日志频道，是一种通常由个人管理、不定期张贴新的文章的网站，现已经发展成为一个拥有每日数亿访问规模的个人原创写作与用户分享浏览的交互平台。博客上的文章通常根据张贴时间，以倒序方式由新到旧排列。许多博客专注在特定的课题上提供评论或新闻，其他则是比较个人的日记。除此之外，网络社区中还推出了新浪微博、新浪播客、新浪邮箱、新浪相册、新浪论坛、新浪圈子、新浪招贴栏等多种虚拟平台，为用户创造一个可以自由发布信息、分享资源、沟通交流、结识朋友的虚拟生活空间。

（二）手机阅读：手机新闻客户端、手机电子书应用

随着移动互联网技术的迅速发展，人们的生活习惯与思维方式发生重大改变，手机已不仅仅是简单的无线通信工具，而业已成为日常生活中不可或缺的重要组成部分。我们甚至可以说，手机已经在安排我们生活中衣食住行的方方面面。

从新闻资讯获取的角度来看，手机的便捷、随身携带方便，成为快速浏览新闻的首选媒介。从看电视到手机视频，从纸质书到电子书，从报纸订阅、PC门户网站新闻浏览到现在的手机新闻客户端，多重选择为网民提供无时不有、无处不在的信息大餐。其中，手机新闻客户端已成了网民获得新闻资讯的重要工具，其用户渗透率逐步提高，市场规模不断增大。根据比达（Big Data－Research）移动用户调查数据显示（如图4－1），在2015年第二季度，国内手机新闻客户端在智能手机用户的渗透率达62.02%，用户规模达5.38亿人。①

---

① 参见中国IT研究中心《2015年Q2中国手机新闻客户端产品市场研究报告》，http：//www.cnit－research.com/content/201507/1270.html。

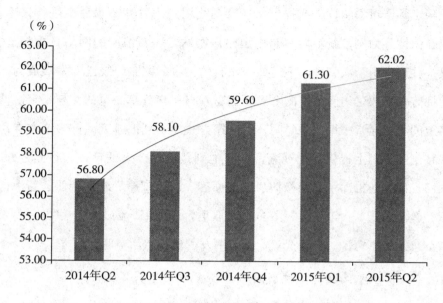

（%）

图4-1　新闻客户端在智能手机用户中的渗透率

目前，市场上主流产品都提供大量文字、图片和视频等资讯，并能将突发新闻快速推送到用户端。搜狐新闻、腾讯新闻、网易新闻和今日头条等手机新闻客户端的日均活跃用户数均超过1000万人，主流新闻客户端产品在竞争新闻资讯市场的同时，也呈现明显的差异性，根据手机用户的个性化需求提供定制式信息服务（见表4-1）。

表4-1　　　　　　　　国内七大手机新闻客户端比较

客户端	主打标签	优　势	特色服务
搜狐新闻	有品质的新闻，可信赖的资讯	平台优势：国内首个用户数过亿的新闻客户端，拥有优质的媒体平台	全媒体平台订阅、特色板块设置

续　表

客户端	主打标签	优　势	特色服务
腾讯新闻	事实的力量	资源优势:渠道优势、社交优势	与微信、腾讯网互通互联,媒体在一处发布,可多平台同步更新,丰富的区域生活资讯
网易新闻	中文移动资讯定义者	粉丝优势:完善的用户积分体系与跟帖特色	要闻推荐、个性化定制、投票功能
新浪新闻	用年轻、有趣、好玩的内容告诉你每天天下事	微博新媒体	原创策划栏目、独创微新闻模式、新增精读功能
今日头条	你关心的,才是头条	个性化推荐、订阅	个人兴趣精准推荐阅读
凤凰新闻	全球华人资讯平台	优质的内容资源	时事内容实时更新、跨平台交互评论
百度新闻	新鲜海量资讯,精准个性推荐	新闻搜索、本地服务、个性化新闻	与地图功能紧密结合,个人兴趣下的专属阅读空间

　　由表4-1可以看出,手机新闻客户端新闻阅读已与传统门户网站新闻阅读的过程截然不同。手机新闻客户端如同新闻资讯信息的一道大门,简化了用户登录浏览器、搜索网页、查找新闻等重重阅读障碍。用户根据个人喜好安装独立的新闻客户端,并根据兴趣偏好设置阅读板块,新闻信息在手指的点击下一步到位。如果说早年的 Web1.0 时期新闻阅读是将海量信息未加过滤、筛选直接抛给用户,让用户如同在巨大的菜篮子里自取所需、设定菜谱的话,那么现今手机新闻客户端的阅读则是由用户流量的历史、点击新闻页面等数据信息生成该用户个体所适合的菜单。用户费劲查找、搜索新闻的步骤交给后台数据完成。然后根据此菜单,新闻客户端自

动挑拣好相关"食材"直接打包推送给用户。用户打开新闻客户端的第一时间就被直接、明确地告知：你需要如此这般的信息"菜单""这是你最需要的信息"。

手机媒体除了用于快速阅读、浏览新闻信息外，也被大量年轻读者握于掌中阅读电子小说。手机电子小说是将网络中特别是年轻人喜好的内容转换成 UMD、WMLC、JAVA（包括 JAR、JAD）、TXT、BRM 等格式，以手机软件应用的方式储存于智能手机中。手机电子书应用在线下载后，用户可以获取丰富、全面的阅读资源。同时为了贴近读者阅读习惯，手机电子书应用不断模拟纸质书界面，增强视觉效果。以起点读书电子书应用为例（如图4-2所示），起点读书依托于国内最大文学阅读与写作平台——起点中文网的一款阅读软件。在智能手机在线下载软件后，通过网站用户注册、登录，便可享有个人专属阅读。从个人阅读服务层面来看，此类手机阅读软件大多设有个人专属书架，用户根据个人喜好对书本分类，对书

图4-2 手机电子书应用

架进行管理。在书架下载书量较多时，用户可以用书架内的搜索查找；在阅读资源内容层面，海量的电子书资源通过使用起点中文网账号同步网站的书架信息，在线搜索、在线下载、离线阅读；在阅读体验层面，模拟纸质书本阅读翻页效果，增强阅读体验，同时用户可根据个人偏好自定义背景与字体，选择最舒适的方式阅读。

近年来，手机电子书应用还推出了传统纸质阅读所不具备的"听书"功能，更加凸显了数字阅读中听觉感官的开发。驾车时、地铁公交上、家务中、散步、旅行甚至工作，在不适合视觉阅读的情况下，换个方式来阅读，听书的方式让阅读解放了双眼，随时随地在有声的世界感受书本的美好。听书软件从 2012 年后迅速发展，成为手机电子书软件领域中不可忽视的新兴领域，诞生了如懒人听书、氧气听书、喜马拉雅听书等多个备受读者欢迎的听书应用软件（如图 4 - 3 所示）。

图 4 - 3　有声阅读应用

以懒人听书为例，懒人听书是国内使用人数最多的移动互联网听书软件。根据"听读特色"，阅读者可不再用"眼"去看书，而是选择"听书"。大量的文学名著、有声小说、曲艺戏曲、名家评书、儿童文学、外语学习、时事新闻、搞笑段子、健康养生、广播剧、职业技能等有声阅读资源通过专业朗读者以及普通网友朗读粉丝上传后供网站用户下载。除此之外，有声阅读应用的界面和操作都是为了简化视觉而设计，大大减少应用操作的层级繁杂性。用户可以把喜欢的书籍通过微信、微博、QQ等工具分享，还可以在收听的时候发表自己的评论，通过语音的方式上传评论，和其他听众一起交流讨论，也和书籍的主播实现在线即时交流反馈。

（三）平板电脑阅读：增强型电子书

平板电脑是介于个人 PC 电脑与智能手机终端之间的移动数字媒体，它既囊括了个人电脑的处理性能强大、多媒体呈现、操作空间大、使用简单等优势，也承载了手机媒体的移动性、便捷性等特点，是数字阅读媒介中功能全面的移动数字阅读终端。而针对平板电脑终端的阅读特点，业界已开发出了增强型电子书，即 ebook 3.0 的应用程序，在苹果 App 平台与安卓软件平台中广泛推出。不同于 ebook 1.0 和 ebook 2.0，增强型电子书在文字基础上，将音频、视频、图片、漫画等多媒体元素与书的内容完美结合起来，或者说增强型电子书是利用文字和多媒体元素共同创作的一种互动图书应用程序。在平板电脑的媒介基础上，增强型电子书的优势得到全面凸显。不同于前两代电子书，后者只是在新载体上重现传统图书，而增强型电子书则被赋予了更多样的内容和更丰富的阅读体验，阅读这样的图书，有点像看电影、玩游戏：解放了手机方寸屏幕的视觉空间束缚，简单的手指触摸、点击式操作让阅读更加自由；联网的互动效果，让读者与作者、读者与读者之间实现即时交流讨论。除此之外，应用程序关注了电子书阅读中读者的交互性诉求，并将交互环节直接突出于阅读的整个过程之中。利用增强型电子书的交互性，可以使读者在阅读图书时通过交互性链接理解图书整体内容，而不必担心阅读到后面章节时遗忘了前面的细节造成的对图书整体内容理解上的困惑。例如，畅销历史小说家皮尔斯（Pears）正在创作一部让读者阅读到相关情节时可以随时回顾之前书中细节的小说。此外，哈珀·柯林斯（Harper Collins）的数字业务领头人斯科特·帕克（Scott Pack）提出一种新的写作方式，即在故事中嵌入 GPS 元素，以便根据读者的地理位置不同而呈现不同的文本。

增强型电子书利用多媒体元素增加阅读体验的特点决定了它更适合虚构类、艺术类、科普类读物和儿童读物。

2013 年 6 月，英国国家文教基金在一份报告中提到，深入分析表明，数字图书引导儿童教育取得很大进步。报告显示，从 2011 年到 2013 年，阅读电子书的儿童人数翻了两番，从 6% 增长到了 12%，超过 52% 的受访儿童表示更喜欢在电子设备上阅读，仅 32% 的受访儿童更愿意看纸质书。[①]苹果宣布 iTunes 应用下载量突破 10 亿次，其中 1 亿次来自儿童和教育类应用，教育类中又有 80% 的目标对象是儿童。[②] 增强型儿童电子书将培养儿童阅读兴趣作为首要阅读目的；强"交互"功能的设计弥补了儿童传统阅读中"图式"解析的缺失，并搭建起阅读交流平台；"认识流"式阅读大大加深阅读的广度与深度。在增强型儿童电子书的设计中，口语情节式设计、交互式设计与儿童潜能空间的开发尤为突出。在儿童电子阅读领域，基于儿童在文字阅读方面弱势与读图的天性，大量儿童绘本与传统纸质书本被应用于电子图书领域，开发出配合使用的延伸玩具产品等。苹果发布 iPad 以后，大屏幕加上易交互的特点，给增强型儿童电子书应用提供了巨

---

① 参见徐丽芳、陆璐《增强型电子书的发展趋势》，《出版参考》2014 年第 2 期。

② 参见中文业界资讯站《看增强现实如何与儿童娱乐教育擦出火花》，http：//www. cnbeta. com/articles/276189. htm。

大的发展契机，相关应用更是层出不穷。在我国，铁皮人科技有限公司是较早将儿童图书与增强型电子书相结合开发的公司。它旗下的小鸡叫叫系列已有多个电子书应用程序，在苹果 App Store 中长期处于下载榜前列，而配合电子书开发衍生而出的早教玩具、图书、电子玩偶等也备受市场欢迎。福州宝宝巴士公司开发的"宝宝巴士"儿童早教系列读物等产品的下载量均进入了 App Store 教育榜前十名。

图 4-4　增强型儿童电子书应用

除了虚构类读物的繁荣发展，也很适合将科普类读物制成增强型图书，书中多媒体技术的运用可以让读者更容易获得直观、容易理解的艺术知识和科普知识。例如《元素》（*The Elements*）这本增强型电子书主要讲化学元素，在书中的化学元素周期表中随意点击一个化学元素图标，读者就可以直观地看到该元素并控制它，如进行旋转之类的操作，这样可以帮助读者更好地理解这本书所要传达的知识。①

————————

① 参见徐丽芳《增强型电子书的发展趋势》，《出版参考》2014 年第 2 期。

2012 年夏天，非营利性组织 TED 通过苹果 iBook Store 渠道推出 TED 电子书应用程序（如图 4-5 所示）。TED 图书主编吉姆·戴利表示，尽管他确实收到很多将一些 TED 图书印刷成纸质书籍的请求（尤其是来自作者），但他说：纸质版"不是一个优先选择"。而增强型电子书在吉姆·戴利看来，"这是一个很好的补充。就像电视并没有取代电影一样，电子书也不会取代纸质书籍。电子书是一种新的格式，为我们的作者的工具箱提供了一个新的工具"。[①] TED 的演讲材料，包括演讲录像演示和特色视频、音频、全彩色文档和其他多媒体内容被打包整理，制作成增强型电子书在 iBook Store 发行。迄今为止，TED 图书已经按期出版了 28 本，涵盖各式各样的主题，从科学、环保、教育、性、媒体、健康、政治和食品，电子书篇幅 1 万—2 万字，可以被快速阅读完。戴利形容道："一个惊人的 TED 电子书程序的平台上，文字和图像为读者提供一个更加身临其境的阅读体验，将 TED 在做什么和已经如何做的新闻都集合到了电子书里。"

图 4-5　TED 增强型电子书

---

① 李鹏编译：《TED 的增强型电子书》，http://www.cdpi.cn/chengguo/xinchanpin/4577.html。

（四）电子阅读器阅读："最纯粹"的电子阅读

在诸多数字阅读媒体中，电子阅读器被誉为是较小众、较单一的电子阅读工具，但也正因其无复杂操作、无多重媒体效果，专注阅读体验，也被冠以"最纯粹"的电子阅读。

平板电脑、手机、网络等数字阅读媒介在阅读中多被认为具有以下几点劣势：首先，电子屏幕的光容易造成视觉疲劳，不适于读者长时间阅读文字；其次，电子屏幕的电池续航功能不足，常常使其沦为要时时尾随一个充电插头的鸡肋，数字阅读媒介的便携性、随身携带的优势大打折扣；再次，数字阅读资源的匮乏，缺少具有庞大内容资源的平台支撑。读者在获取阅读媒介后，还要在网络中大浪淘沙式搜索、查找，或是下载盗版图书，或是自制导入文档，数字阅读的前期准备耗时耗力。而这三点，电子阅读器在设计之初就已给予足够的重视并得到一定的解决。

首先，电子阅读器通常使用 E－ink（电子墨水）———一种旨在模拟印刷纸的显示技术来显示数字化文本。E－ink 技术依赖于反射而不是发射的光线，借助于外在自然光线照射，这是其与平板电脑等其他屏幕阅读最大的不同之处。它与传统纸质书更相近，更贴近阅读环境的光线强度，确保屏幕上的文字在任何光照条件下看起来都很自然，提供了类似新闻纸的分辨率，消除了眩光且减少了视觉疲劳。其次，由于 E－ink 仅在文本变化时消耗电力，如翻页操作，因此一个满载的电池可以维持 7—10 天，续航能力强大。再次，在文本内容源方面，数字阅读最大的优势在于其海量的信息源下载。电子阅读器在强大的内容平台基础上，通过有线或无线连接的方式，从本地电脑或者在线商店或者发行商的网站装载文本。此外，网络的互联互通性也使电子阅读器的阅读在个体阅读与群体阅读之间随意切换：当读者想独自静静品味书本内容时，没有花哨的装饰，没有其他应用分散注意力，阅读可以如同在纸质书本上一样供读者细细琢磨；阅读中，读者的思想浪花被激起，或是希望与其他读者讨论见解，加深理解，或是希望把意见反馈给作者、编辑部门，电子阅读器的联网功能可以迅速切换至群体阅读之中，在网络技术的共享下，即时参与社群讨论，或是查看他人注释，文本的多义性与多层次解读被不断开发（如图4-6所示）。

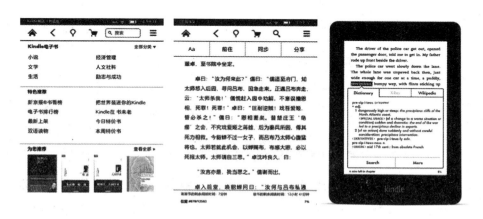

图4-6 电子阅读器 Kindle 阅读界面

以电子阅读器的领军人物 Kindle Paperwhite 为例，Kindle 电子阅读器以亚马逊强大的内容平台为后盾。用户在亚马逊网站注册登录后，便可购买下载海量电子书资源，同时获取大量免费共享资源。从购买方式上讲，Kindle 电子书几乎可以在任何地方购买，而且 10 秒钟后即可得到。从阅读体验来讲，你可以在电子书上随意做笔记、搜索相关内容，视力不好可以放大字体等。从便携性讲，你在旅行中若有一个 Kindle，基本上就有了一个随身图书馆。看 6 英寸的电子墨水屏幕，读者即便是在黑暗中阅读数小时也毫不伤眼。同时，读者可根据个人阅读习惯在多种字体和字号之间进行选择，点击任意单词或文字以获得释义，拖拽手指以标记段落。Kindle 阅读器中独特的 X - Ray 功能将数字阅读的非线性阅读特性发挥到极致。在阅读中，读者遇到的任何阅读困境，比如专有名词释义、多种语言翻译等，在长按书中的文本内容之后，系统便会对其进行介绍。不需要大部头的辞典、字典辅助，不借助他人的指导，Kindle 阅读器将个人阅读的自由性发挥到最大，特别是对于初级阅读者来说，阅读真正成为个人自主与群体共享并行不悖的行为。

第二节　数字阅读媒介的人性化进化

从媒介进化发展的历史演变来看，媒介技术的进步是显而易见的，但其发展的原动力与规律是媒介环境学研究的一个重要部分。马歇尔·麦克卢汉将媒介进化演变的过程归结为"媒介逆转理论"。在其晚年最重要的一部著作《媒介理论》中，麦克卢汉试图找寻一种新的方法论：他摒弃了黑格尔的三段论，建立四段论，提出媒介的发展包含提升、过时、再现、逆转四个阶段。他指出："这四条定律是关于技术和人工制造物效应的定律。它们表现的不是一个序列的过程，而是一组同步的定律。"[①] 对于媒介的演化进程，媒介四元律给出了独特的见解，但从本质上讲，其并未给出其演化的缘由，即特定的媒介技术为何按照这四个阶段进行发展，其背后的推动力，或者说其主宰因素是什么，这在"媒介四定律"中并未给出答案。

媒介环境学第三代代表学者保罗·莱文森在其 1979 年的博士学位论文《人类历程回顾：媒介进化理论》中首次提出了媒介进化理论（Anthropotropic theory），其后在其著作《手机：挡不住的呼唤》《思想无羁：

---

① ［加拿大］埃里克·麦克卢汉、弗兰克·秦格龙：《麦克卢汉精粹》，何道宽译，南京大学出版社 2000 年版，第 428 页。

技术时代的认识论》《莱文森精粹》《软利器——信息革命的自然历史与未来》等著作中不断发展、完善媒介进化论。总体而言，媒介进化论是从人的视角看待媒介总体的进化发展路径，对媒介进化的原动力给出了答案，即推动媒介进化的根源是人的选择。人的理性作为一个大写的"人"字，在莱文森的认知进化论中被反复提及，成为其媒介进化论的初始原点。

一　媒介进化论：人与媒介双向建构中的"人性化"因素

保罗·莱文森将达尔文的生物进化论引入媒介发展研究之中，认为媒介的进化类似于达尔文的物种进化。生物进化论中，生物的优胜劣汰取决于该生物物种是否符合自然环境的变化发展，自然环境是决定物种生死存亡的标尺；而在媒介进化中，媒介的生死存亡取决于该媒介是否符合人类这一"选择"环境的需求，人类既是生产新"有机体"的发生器，又是"有机体"的外部"选择"环境，即只有适合人性的和满足人的需求的媒介才能够生存。因而，在媒介的发展进程中，媒介的发展是不断趋近于符合人性需求的形式，存活下来的媒介是能够适应人类某种内在生理特性需要的，这种走向就是媒介演化的"人性化趋势"。人类通过明确地、有意识地运用理性在媒介的发展过程中充当进化的尺度与目标[1]，媒介既要延伸人类交流的范围和能力，又要不扰乱人类天然存在的内在生理特性。

在莱文森看来，媒介的进化不断趋向于人的天性，在人的理性选择之下，不断吻合"前技术"时代的传播。什么是前技术？莱文森所界定

---

[1]　参见［美］保罗·莱文森《莱文森精粹》，何道宽译，中国人民大学出版社 2007 年版，第 34 页。

的前技术首先要具有独立性，即传播要独立于复制它的技术而存在，其次是这种传播模式存在于复制它的技术之前。比如，人对颜色、冷暖、声音等的感知能力就是前技术，语言、文字及其以后的各种媒介的演化都围绕着人的这种前技术传播模式进行时空上的延伸和平衡。[①] 简单而言，在口口相传时代的，人们通过最简单的口语进行信息交流、思想传递。不借助于外在复制工具、放大工具等就能即时、快捷、便利地完成传播过程。这种方式即是"前技术时代"的传播。只是在后期的发展中，人们意识到口语传播的极大局限性——转瞬即逝、有限空间内进行。因此，人们在后期的传播过程中，才会发明与创新各种外在媒介去克服这种缺陷，而无论怎样克服，从书写媒介的介入，到电子媒介的声像再现，再到网络媒介的及时快速，不断创新的媒介技术都是在复制与完善"前技术"传播的感知方式，媒介的发展走向是产生更加符合人性需求的形式，存活下来的媒介能够适应人类内在生理特性需要，这种走向就是媒介演化的"人性化趋势"。在媒介向"人性化尺度"进化的过程中，既要符合前技术的人性趋势，又要超越生物屏障，超越传播的时间与空间的局限，这两个要求是任何一种媒介不可能从诞生之初就完全契合的。因此，"弥补—创新—再弥补"的螺旋式进化成为媒介补偿性进化的常态。[②]

新生媒介不仅要具有保存先期媒介已有的有利因素，还要弥补前种媒介牺牲了的人类生境而造成的对人类生理特性的损害。与此同时，创新中所存有的新的遗憾，将由新媒介去改进、弥补。比如文字的产生，虽然弥补了口语传播中声音符号的转瞬即逝，将时间上不能长久保存的局限转于

---

① 参见［美］保罗·莱文森《莱文森精粹》，何道宽译，中国人民大学出版社2007年版，第72页。

② 参见［美］保罗·莱文森《软利器：信息革命的自然历史与未来》，何道宽译，复旦大学出版社2011年版，第146页。

空间中，通过书写介质（比如竹简、帛、纸张）实现长久流动、大范围传播，但同时也牺牲了大量听觉信息的载入；广播的出现弥补了文字符号对听觉信息的忽视，并突破前技术传播的生理局限使得声音信息在空间上延展，但又留下了只闻其声、不见其形的遗憾；其后产生的电视、网络等媒介也是在此道路上不断对前种媒介弥补与创新，螺旋式上升发展，最终无限接近满足"人性化尺度"。

从莱文森的媒介进化论整体看来，莱文森是相当肯定媒介技术进化中的人的主导因素，甚至认为，技术是人的智能对外部世界的整理，人将技术置入了改变的外部世界。在此，人的行动开始于人的心智，结束于物质领域，人对媒介技术做理性选择。媒介演化并不是盲目随机的，而是在人的掌控下不断趋向人性需求的进化。知识和技术的发展类似生物进化，大致分为生成（变异）—批评（淘汰）—传播（繁衍）三个阶段。"变异"的发生往往是盲目的，莱文森引用柯斯勒的观点："大多数最重要的科学发现达成的方式使我们联想到'梦游者'的表现。"而在选择阶段，人类通过明确的、有意识的理性运用，对媒介技术做出选择、淘汰。① 在莱文森的哲学理念中，受理性指令的技术就成了理性的物质载体，"它有可能将取代和超越产生技术的自然选择过程"，在前人类的宇宙里，缺乏目的和思索的方向，后来人类的理性思索和选择机制才可能出现，通过人类的理性认识、各种批评、试错来改善这些不完美的推测。所以，莱文森说："知识在技术中的体现和实行，可能会急剧地改变进化的过程，可能会改变知识产生的背景。技术变化时，我们就不仅是在看物质的变化，而且是在看宇宙过程的变化，这是迄今为止宇宙游戏规则的演化。早一些时候，我们看见，理性的涌现可以被看成从非故意演化到有意识

---

① 参见［美］保罗·莱文森《思想无羁——技术时代的认识论》，何道宽译，南京大学出版社 2004 年版，第 92 页。

的、定向演化的过程。在技术现象上，我们将会发现，这个演化的方向被赋予了物质的形态：我们将会看到，进化之进化通过技术而实现了。媒介不会压倒我们人类选择的能力。也许媒介有时候会使我们麻木或者着迷，但是这种状态总是短暂的。"① 莱文森并不是强调媒介发展中的个人力量，选择技术之"谁"也并不是具体的个人，而是一个大写的"人"或"理性"。即使个别的人总是受制于整体的技术环境，但这个技术环境是由"人"选择的。

二 数字阅读媒介的人性化进化：仿真、保存与即时对话

肯定媒介进化历程中人的理性是其推动的主导因素之后，莱文森进一步认为，在媒介进化的过程中存在两大驱动力：一是发送信息的驱动力，使之超越生物学的视觉、听觉和记忆局限，即超越时空保存、传播的需求；二是保真声音、动作和颜色等生物学（前技术）感知成分，减少信息损耗的驱动力，恢复早期跨时空技术中牺牲了的自然感知成分的驱动力，即保真性的需求。在人借助媒介技术完成跨越时空的延伸之时，对原物的保真——速度、性能和信息迁移准确度的保真——始终是传播技术的目标，其成就不稳定但日益增加，整体媒介的发展便随着超越时空性与保真性这双重要求不断盘旋上升。两种合力、两种需求共同作用下，媒介演化的方向和前技术时代的人类传播方式越来越协调一致，既超越生物屏障（消灭时间、空间的阻碍）又不牺牲语音、色彩以及与自然界的直接接触；既要延伸人类交流的范围和能力，又要不扰乱人类的生理特性。

---

① ［美］保罗·莱文森：《手机，挡不住的呼唤》，何道宽译，中国人民大学出版社 2004 年版，第 50 页。

　　站在数字阅读发展的现阶段，回首人类阅读媒介的发展历程，也能看出相似的沿革路径：数字阅读媒介的发展也是在人性化需求的趋势之下，不断超越时空的局限性与不断模拟、仿真原始信息状态的双重驱动之下进化而来。

　　（一）数字阅读媒介在信息仿真层面的进化

　　在现实生活中，大量的信息并以单一的文字符号呈现，而是以各种符号形态共同作用而存在：从异国他乡、风土人情的人际交往中一颦一笑、举手投足的多重内涵，到网络空间中被誉为火星文，既是语言又非语言的网络语言的广泛使用；从浓墨重彩的山水画中只可意会不可言传的意境，到影视艺术中色彩、空间布局的视听语言的弦外之音、话外之意，诸多非文字语言信息以五彩斑斓、各型各样的方式呈现出自身独特的话语。

　　而在传统阅读中，种种话语被扁平化、单一化，为适合文字语言表达习惯、书写习惯以及阅读习惯的需要，大量的信息被削剪其生动的枝叶，只保留其符合文字符号传播的主干。人际交往中约定俗成的肢体语言只能通过文字描述来硬性规定；网络空间中"火星文"不同场景不同含义的多义性被曲解为统一解读；绘画艺术中的色彩在平铺、变化之中，语言已匮乏至常常用"无法用语言来形容"的方式来自比；影视语言的作者风格与观者之间巨大的解读差异与文本开放式解读空间更是文字语言所不能囊括与表达的。因此，在传统阅读中，传统媒介有限的符号空间、物质载体框定了极其狭窄的文本内容，大量的生活经验、艺术话语等无法在传统纸质文本中得到体现，更多更丰富的日常生活经验无法得以呈现。

　　而在数字阅读媒介之上，借助于多媒体技术，媒介技术赋予了其更为开阔的表达空间，媒介形式为文本内容提供了更丰富的呈现平台。数字阅读媒介为作者提供了一张最开阔的书写画卷。在此画卷之上，作者想要表达与"书写"的内容能通过更多的"笔"去描绘，通过图像去呈现"长河落日圆"的浩瀚与壮丽，通过声音去传递《命运交响曲》中的感情起伏，通过视频去展示昙花一现的精彩瞬间，通过点击中手指尖的触摸与震动而产生的身临其境的震撼。人的多重感官被全面释放，视觉、听觉、触觉感官在阅读的过程中共同作用，大量用文字语言所无法呈现的精彩被赋予了存在于"书本"之上的可能，阅读更加丰富、精彩。

（二）数字阅读媒介在信息保存层面的进化

将信息以最快的速度传递出去、最长久地保存下去一直是人类传播信息中不断追寻的目标。跨越空间的障碍，信息传播与"交通运输"的概念紧密结合，以种种形式实现对空间的超越：公元前 490 年，为了将战争胜利的喜悦第一时间送达，雅典通信兵菲力比第斯利用自身的能量实现了远距离的信息传递；古代边城上，为了将敌人来犯的信息第一时间传递，士兵们在烽火台上点燃"燃料"，以接力的方式实现了跨越空间的军情送达；1901 年，马可尼用气球和风筝架设接收天线，接收到从英国西南角的大功率电台发送的"S"字符的国际莫尔斯电码，以电波的方式实现了人类第一次跨过大西洋的无线电通信……超越时间的限制，信息传播在实现最快到达受传者的同时，也被寄予了长久保存的期望：黑色玄武岩石柱上的《汉谟拉比法典》历经千年的风雨洗礼仍然闪烁着古巴比伦文明的光辉；定州汉墓中出土的竹简虽已残破不堪，但却为世人保留下了距今两千多年的《论语》抄本；而作为新闻信息媒介的报纸因其信息面广、内容细致翔实、保存完好，也成为学界研究的史料文献……在长久的信息传播发展历程中，人们对信息的即时性、远距离传播、永久性保存的需求越发强烈。而今，随着网络信号的传输，信息的快速、远距离传递已不是梦想，空间、时间已逐渐被数字信号压缩，甚至是消亡。

从阅读内容的获取层面来看，无论是网络在线阅读、手机阅读，还是平板电脑阅读、电子阅读器阅读，海量的阅读内容在互联网的传输下复制、共享极为快速、便捷。从获取基本阅读载体的基础而言，文本的更新成本极低，甚至有大量免费内容可供应用。与此同时，无论是新闻信息，还是股市行情，空间的距离感与时间的迟滞性已经在网络的编织中被挤压甚至消失殆尽。或许在不久的将来，信息传播这一与时间、空间相生的概念将脱离时空的束缚，全面自由地在世界范围内实现共享。从阅读内容的存储层面来看，数字阅读媒介通过数字信号方式记录在以光、电、磁为介质的设备中，借助于特定的设备来读取、复制。虽然阅读工具的成本相较于传统纸质书本高，但在后续内容不断更新的使用中，文本传输的存储介质容量更大，可以容纳更多的信息，文本更新的成本更低，单位存储体的价格可以是传统媒体价格的 1/100—1/10，甚至更低。除此之外，数字信号存储使得文本信息与媒介载体相脱离，能在物质载体损坏、破旧的情况下通过拷贝、存档等方式获取完整信息文本，不会造成文本内容的丢失。保存得再细致，纸张的脆弱终究不敌时光的磨损，纸质文本上的内容终究会消失，但只要数字文本拷贝、格式兼容，数字文本便能抵挡时间的侵蚀，实现永久性保存。

（三）数字阅读在即时对话层面的进化

苏格拉底在《斐德罗篇》中曾这样形容纸质文字的被动与迟滞："斐德罗，你瞧，我禁不住觉得，书写和绘画有共性，这是它的不幸。画家的作品搁在那里，有它们自己的生活态度。但是，如果有人要向它们提什么问题，它们却保持最庄重的沉默。写下来的字是同样的道理。你认为它们在说话，好像它们有理解力，但是倘若你想再追问这些字，它们却始终是那个老样子，永远是那个意思，'说话人'的回答永远是千篇一律的……"①

苏格拉底对哑巴的、不能回应的文字的反对是对纸上文字的反对，其责难的实质指出了纸质文字阅读在传播反馈环节的薄弱。从传播的角度而言，完整的传播过程可以看成一个对话的过程。传播从传者的一方出发，多是希望信息以最快的速度传达给受众后获得信息的反馈。反馈是信息传播的必要环节。

传统文本阅读，是一场弱反馈甚至是无反馈的"对话"。读者阅读文本后或是欣然一笑，或是唏嘘不已，或是扼腕痛苦，或是感慨良多，种种皆为读者的反馈。只是在传统阅读中，种种读者的阅读体验均被挡在纸质书本的最后一个标点、最后一个字节之外，读者的反馈只能是个体的暗自回归，不可语之他人，更不能告之作者。从作者的角度出发，其在创作之初书写下第一行文字之时，所抱的心态必是希望其被人读之、观之、感之，即使反馈的意见、观点与原创者的大相径庭，也希望能获取读者的读后信息。创作者获取反馈的同时也获得了成就感与进一步创作的灵感；如若书写只是作者的自言自语，写下的每一个词都如同投入水中的石头，没有丝毫回应，书写与创作便了无趣味，无从继续。对于读者而言，精彩华丽的篇章、感情充沛的文字、跌宕起伏的情节，在合上书本之时，心中感慨良多却无人倾诉、质疑困惑无人解答，种种待"说话人"回应之处却只能被一本文字锁住，静默不语。

数字阅读中，数字阅读媒介给读者和作者提供了源源不断的联系，苏格拉底所渴望的"聪明的文字"在数字阅读中得以实现，甚至反馈本身也成为其他读者的重要阅读组成部分。在网络阅读社区中，网友以个人的兴趣爱好自主选择阅读板块。在主题板块之下，或是追贴网络连载小说，或

①　柏拉图：《柏拉图全集》，王晓朝译，人民出版社2012年版，第76页。

是与楼主、作者互动讨论，商讨情节设置、人物设定，甚至作者会根据读者的反馈意见改变写作原意，改写故事走向。可以说，在网络阅读社区中，作者与读者、读者与读者之间的反馈真正实现了零距离、零时差。在手机阅读、电子平板阅读中，大量的新闻阅读应用多设有评论与分享板块，基于读者阅读时间更加碎片化，大多阅读用户多是先看评论，再看正文，而通过微信、微博分享朋友圈的方式增强了手机阅读的社交性。可以说，手机中阅读与社交已不可分割。用 Kindle 等电子阅读器阅读之时，阅读文本中能经常看到同样的段落其他人做出的标注，在阅读时参照他者的阅读标注或评论，仿佛与众多读者一起进入了一个无声的世界，共同探讨书本内容。有学者曾质疑数字阅读中评论、标注功能的增加会破坏阅读的连贯性，干扰阅读的沉浸状态。但是在数字时代，阅读海量信息的前提是对信息的过滤与筛选，通过评论、标注来快速提取文本主题的过程本身也是阅读不可或缺的一个组成部分。深度阅读和重复阅读，更需要在他者交流的基础上对文本进行多层次解读，享受分享评论的乐趣。比如说，大家都是《红楼梦》的读者，如果读者及时分享某个篇章，阅读领域会爆发出无数个金圣叹或脂砚斋。读者选择更加适合个体阅读目的、阅读内容、阅读习惯的方式。读者或是在深度钻研中，需要自我沉浸式的静默阅读，或是阅读中、阅读后思想的火花需要激起他者的头脑风暴并产生共鸣与碰撞，激烈讨论式的群体式交流，数字阅读都能提供自由选择、自由切换的可能。而这种可能性的给予正是传统阅读所不具有的，无论这种可能性将给传统阅读、阅读认知、阅读之后的行为带来怎样的影响，可能性的给予是自由阅读的前提保证。

对于纸张附着的情怀、温度与触感，这些都是爱书人难以割舍的。只是，在数字时代，阅读更加碎片化，传播更加多渠道，在今天，行万里路的意义大于读万卷书，独居一隅困守一室，皓首穷经做学问，似乎不能跟上时代的潮流了。知识拥有量的多少，不再是职场制胜的砝码，随时随地和网络世界的对接，才是重要的。虽然我们至今还是很向往坐拥书城读书到老的惬意，然而，世界真的变了，如果一味抱残守缺，终将错过网络飞驰的高铁。

三 进化而非取代：数字阅读与传统阅读的相容相生

在对数字阅读与传统阅读的研究中，最多的争论集中于数字阅读是否会取代传统纸质阅读。今后的阅读中，是否是屏幕阅读一统天下，而纸质阅读将退化，逐渐散发出腐败之气，成为老古董的代名词。两种阅读的支持者站在各自的立场，以阅读的进化与阅读的经典、传统为阵营各执己见。其实，从媒介进化的角度来看，进化并非取代，数字阅读与传统阅读只是在满足读者的细分化的需求时产生了分化，而并非一方诞生、兴盛的同时必然伴随着另一方的衰落、灭亡之势。

媒介的进化，是在人性需求的趋势下，不断满足其传播过程中对信息的立体式保真，对信息跨越时空的保存以及对即时对话、反馈机制的加强。在媒介发展的历史过程中，虽然确实存在某种新诞生的媒介在具备前种媒介基本传播功能的基础上，新近增加、加强的功能与延展，以致全面取代的前种媒介，如印刷纸质书本取代羊皮手抄书卷，但也存在新生媒体诞生之后，与先有媒体的竞争市场的重新划分，从而两者各自寻找到适合其特性的"小生境"。

在莱文森的"小生境"一语中，他主要指代具体媒介特有的传播环境，即使在新生媒体对其产生冲击、覆盖其先有传播范围的情况下，传统媒体仍能找寻出其独特的传播机制与功能，开辟出其不可取代的甚至是新生的传播语境。比如，在电视媒体诞生之后，曾有学者一度断言，只有声音的广播媒体将被声画皆备的电视媒体迅速取代，广播媒体将在电视媒体的冲击下销声匿迹，在媒介进化的阶段中被全面覆盖。然而事实并非如此，广播与电视媒体的传播虽然存在重合与交叉之处，并且在此重叠之处其竞争性也确实不及电视媒体的生动形象、画面呈现的强大功能。但广播有其携带方便、只付诸听觉的独特传播特性，而这种特性是符合"前技术"时代的，人们在黑暗中摸索，无视觉感知的情况下，全凭听觉的独特环境。并且，在这种环境中，更能营造出一种窃窃私语、娓娓道来的诉说情境。因此，针对广播这种"听"与"说"的亲近性，大量广播另辟蹊径，以情感广播节目、电话 Call－in 接入式谈话节目迅速盛行，满足了大量普通听众不露相貌具有一定隐私性的同时，又可一吐心声的心理需求。而将广播与电视媒体发展交接中的经验，用于反观纸质阅读与数字阅读的发展现状，我们也可以认为：纸质阅读与数字阅读并非一种水火不容、必须一方取代另一方的绝对性对立，两种阅读以各自媒介的特性，在今后的发展道路中，虽存在重合领域内的竞争，但也各自具有他者不可企及的独特"生境"。

从数字阅读媒介的人性化进化的角度来看，数字阅读媒介虽然从信息的仿真式再现、对阅读文本跨越时空的保存以及阅读互动性功能三个层面实现了满足"人性"需求的发展，但是并不代表其已发展至完美无瑕的极限状态，其推动传统阅读的进化的同时，也使传统纸质阅读丧失了所独有的优势特性。数字阅读与传统阅读在媒介生态中，各有其独特的不可取代生境。在传统纸质阅读一方看来，纸质媒体的静态与不可变更，虽使其在信息传播的即时性与互动性上居于弱势之位，但也因其静态与不可变更，让读者在阅读的同时产生一种稳定、可把控、踏实的心境。不会时时刻刻感觉被海量更新的信息在追赶、冲刷，一不留神就会被湮没于信息的"汪洋"之中无所适从，不会常常抱有效率、性价比的心态，读者在阅读时可以从容淡定，一杯茶、一本书、一个安静的午后，能在书本的纸墨香气间细细品味、琢磨，即使一下午只是一段话的揣摩，也会自得其乐、安然处之，这种阅读的心境与感受是数字阅读暂时所不能给予读者的。在数字阅读的一方看来，信息因其信息量的大小而判定其价值，因此即时更新、第一时间互动、视音频、文字、图像等符号的立体呈现是其对传统纸质阅读媒介在种种层面的进化。但在进化的同时，阅读中电子屏幕造成的视觉紧张、疲劳；阅读中非文字因素引起的阅读不连贯、注意力干扰，阅读以搜索关键词的方式扫过，而难以产生深刻的心理记忆，从而难以深入理解等不足，均是数字阅读不得不承认的现今需要重视的仍需"进化"之处。因此，纸质阅读与数字阅读，两个各有"小生境"的方式，并非一种不可调和的矛盾。在读者看来，两种阅读媒介实则是对全面、完整阅读的完善与补充，两种媒介都是在为"阅读"提供选择，是相容相生、相辅相成的。

第五章 数字阅读的媒介环境
影响——认知的变革

　　正如苏格拉底和柏拉图生活的希腊经历了从口语文明到文字文明的发展一样，我们也处于两种文明之间，即文字文明和数字文明；苏格拉底曾对阅读文字会对年轻人的记忆及知识内化产生可能的影响提出过很深刻的质疑，我们也需要像他一样问一问，在文字文明与数字文明之间，获得、分析和利用知识的最佳方式是什么，或者说人们在两种文明的过渡中，认知方式发生了怎样的改变？

　　人与外在客观世界之间无时无刻不存在着一种相互关系：人需要通过各种感官去认知外在世界，客观世界本身又对人的认知产生历史性的限定。阅读，是一种信息与文化的传播方式，也是一种借助于文本间接认知外在世界的方式。人们常说"我即我所读"①，从某种意义上说，阅读文本的内容不可忽视，它是人们通过阅读间接获取经验信息的重要途径。但除去阅读的文本内容外，阅读这一行为本身具有更为重大的延伸价值，即通过阅读塑造感知方式、记忆方式、思维与理解能力、语言与想象能力。在阅读行为过程之中，充当阅读文本与阅读主体之间的桥梁

---

　　① ［美］玛丽安娜·沃尔夫：《普鲁斯特与乌贼：阅读如何改变我们的思维》，王惟芬译，中国人民大学出版社2012年版，第157页。

的阅读媒介更是不容忽视的关键因素：媒介的变化带来了人们思想结构或认知能力的变化，阅读媒介本身对人的认知产生了潜移默化的规定性影响。

第一节　阅读中的认知：不同符号形态下的思维方式

从传播学的角度解读阅读的基本过程，主要包含四个部分：作者的编码、读者的解码、读者的译码以及读者向作者的反馈。作者的编码过程，即通过编码将头脑中的所思所想外化为文字、图形、音视频，借由媒介传播给读者；其后读者对其进行解码，文字基本意义的识得、图像符号的分类、声音符号的去噪与获取等，在初级层面上还原成信息；然后读者借助于已有知识体系、解读环境等相关信息的辅助，通过推理、联想、想象等思维过程进行深度译码，将字里行间的意义内化于个人的整体认知结构之中；最后，读者超越文本本身，通过评论等方式对所读内容进行价值判断并向作者反馈信息。四个环节环环相扣，而串联其间的关键就是信息的载体——符号。无论是文字符号，还是图像、声音符号，符号在作者的编码、读者的解码、译码中都不可或缺。

一　传统阅读中的认知：抽象文字符号与阐释性思维

媒介环境学家苏珊·朗格认为，人把经验转化为表征符号的独特需求产生了两种截然不同的表征模式：推理性符号模式和表征性符号模式。推理性符号模式多半是真实性的或命题式的语言和数学；表征性符号模式包括一般所谓的艺术：绘画、摄影、音乐、舞蹈、雕塑、建筑、文学戏剧和电影。① 在《哲学新解》及其续篇《情感与形式》这两部著作中，朗格认为，人类心灵的独特之处在于人类能用各种符号表征来抽象经验，将不同的经验用各种不同的符号表征出来。比如在语言中，独立的词汇被用来表达经验上简单的一一对应的单位。推理性符号模式和表现性符号模式不同，推理性符号有助于线性、逻辑的思维，有助于使思想以逻辑和语法序列展开；而表现性符号模式表达的则是人类在瞬间确认和领会的，往往是只可意会、不可言传的丰富情绪。②

此两类符号的传播，蕴含了人类经验传播的所有种类，承载了人类历史文明的种种信息传播，人类文明得以在历史的长河中代代相传。

在文字文化兴盛之前，表征性符号传播占据了早期人类文化传播的主角之位。绘画艺术的兴盛，雕塑艺术的兴起，行吟诗人的口述史等无不通过各种视觉、听觉性表征符号传递经验与常识、传达思想与信息。大量与日常生活、生产相关的经验性信息多以最直观、最生动的方式传递下来，无须过多的外在依附，不必要经过一定阶段的符号识别能力的培养，表征性符号以最广泛、最基础的方式存在并传播着基本的经验与常识。但无论是绘画，还是舞蹈，抑或是口述史，大量的信息传播具有无须借助外在媒介的优势的同时，也难以逃脱被海量信息迅速湮没的命运。

伴随着纸质文本的诞生，人类终于实现了将现实生活世界的经验长久、轻便保存的夙愿。与此同时，语言文字符号将大量现象性、描述性、具体性的表征符号进行抽象提炼，从绘画式的描摹，到象形文字的形成，再到抽象符号的巅峰——字母符号的使用，其发展趋势更偏向于推理性符号模式传播。哈弗洛克在比较口语文化与书写文化之时，将传播媒介变迁

---

① 参见［美］林文刚《媒介环境学：思想沿革与多维视野》，北京大学出版社 2007 年版，第208 页。

② 梁颐：《苏珊·朗格符号思想与媒介环境学理论构建——思想基石和研究旨趣方面贡献》，《东南传播》2014 年第 6 期。

的时期聚焦于拼音文字刚刚出现的那个时代："所有的人类文明都是通过
'书本'呈现出来的,所以很大程度上高度依赖人类储藏信息以便重新使
用的能力(即书写的技术)。但在荷马时代之前,希腊文化中的那些'书
本'是通过口语记忆完成的。荷马和柏拉图之前的那段时间,储存信息和
知识的方式开始改变,拼音出现,文字开始使用。与此相适应,眼睛开始
取代耳朵成为接受、理解信息的主要器官。贯穿整个希腊时代,观念式
的、抽象的思维方式大行其道,文字取代口语,而柏拉图正是书写时代的
预言者。"①

从表征性符号模式向推理性符号模式的偏向,从具象性图像符号向抽
象性文字符号的偏向,从眼睛取代耳朵成为接受、理解信息的主要器官,
符号的偏向性以及感官的偏向性开始引起人认知的变革。抽象字母符号的
使用,以及与字母符号相对应的印刷线性布局决定因果逻辑思维的兴起,
印刷的标准化影响认识的标准化。②

纸质文字媒体的传播偏向于视觉文字符号,在屏蔽与弱化声觉符号、
触觉符号等其他感官符号的同时,降低了大量传统表征性符号的使用比
例,并试图以纯文字符号取而代之。由于纸质文本的传播单一,拘泥于静
态的文字符号和简单的图像符号,现实世界的大量生活经验在被描绘于纸
张上时,不得不被削减掉其感性、具象、生动、立体的直观经验,而只保
留抽象、逻辑性、平面化的理性认知或知识。立体缤纷的世界从此被平铺
于纸张之上,不再是一个人融入其中的包裹体,而是强行与之隔离开来的
对象体。没有色彩、没有质感、没有声音,只有文字符号将其视为疏离的
审视对象的方式进行观察与冷静描述。

---

① E. Havelock, *Preface to Plato*, Cambridge: Harvard University Press, p. 1963.
② 参见[加拿大]马歇尔·麦克卢汉《古登堡星汉璀璨》,杨晨光译,北京理工大学出版社
2014年版,第386页。

　　除此之外，传统纸质媒体偏向于线性的话语方式。由于平面印刷不得无限扩展，因此在读者触及书本之前就由作者或编辑预定好阅读线路。按部就班、从前至后、一章一节的设置与阅读是传统纸质文字阅读的必需。从章节目录的设置，到文本从前到后的线性排版，虽有天头地脚和页边批注，也是为了提供更多的层次，使之与人脑的多层次、平行加工一致，但"a—b—c—d"式线性的文本分类终究限制人阅读过程中无边界的遐想。最好的索引也只能提供不完全的、扭曲的理解途径，文字在烙印于纸张的一瞬间顺序便已无法改变，瞬息与同步的联系对已钉死在书页上的文字来说是无能为力的。

　　基于传统纸质文本阅读，在文字抽象符号、线性话语结构的传播下，人的认知趋向于建立"阐释"逻辑。这是一种线性的、理性的、抽象性的思维逻辑。在印刷术统治下的文化中，印刷文字是一种有语义、有释义、有逻辑命题的内容。"如果一个句子不能起陈述事实、表达请求、提出问题、明确主张或做出解释的作用，那它就毫无意义，就只是一个语法空壳。"① 在人的社会化过程中，这种文字的习得与思想的进化过程是同步进行的。阅读本身是一种压制性的行为，要求读者屏气凝神地与书本独处，拒绝周遭喧嚣与欲望的诱惑，在一字一字、一句一句、一行一行的扫视中，与书的作者建立跨越时空的交流对话。而对话本身不是一味的信息填塞过程，更多的是对作者叙述的认同、怀疑、驳斥、论争的混合矛盾体。阅读混合过程促进人理性思维能力的发展，对于知识的分析管理能力、观点的提炼总结能力、信息的批判怀疑能力都有全面的发展。因此，即使是"阐释"时代的口头演说者，也无法摆脱在阅读中业已形成的信息整合与表达的习惯，充满书卷气的演讲，在口头表达中大量修饰词、限制语的使

① ［美］尼尔·波兹曼：《娱乐至死》，章艳译，广西师范大学出版社 2009 年版，第 275 页。

用，逻辑性条理的层层递进，看似烦琐实则谨慎的反复强调，就是为了竭尽全力准确清晰地表达，缩小人脑内部的活动过程与话语表达之间的差距。

"阐释"逻辑思维的人更擅长与被认知对象保持一种对立、抽离性的客观，试图在跳出现有纷繁复杂的经验世界之时，从具体的传播语境中被抽象出来，可供人类反复、细致地观察、思考、演绎、归纳，主体与客体的二元关系因而被建构起来。前者借助自己的理性排除各种主观、非理性因素的干扰，去探寻纷繁芜杂的"现象"背后的真实世界，从而获得绝对的、亘古不变的客观真理。纸质文字媒介的广泛使用形塑出新的知识观念和文化范式，推崇事实与观点明确而有序的组合，推崇客观和理性的思维，同时鼓励严肃、有序和具有逻辑性的公众话语。"客观""思想""理性""观点""本质"等语汇都是此一知识观念的伴生物。①

二　数字阅读中的认知：具象视听符号与"认识流"式思维

传统纸质阅读在文字符号的基础上，推崇推理性符号模式；书面文化不仅让人在阅读时变得线性化、抽象化，而且这种倾向渗透到阅读之外的所有生活之中，成为人们看待世界的基本方式。然而，在现实生活中，大量信息是以"经验"而非"知识"的形式存在。

经验是未加抽象提炼的表层信息，与传统纸质文本时代理性知识的表述截然不同，更加个性化、个体化，富有具象化的细节填充。"经验是比叙事更直接，它应该扮演一个更加直接、更加突出的角色。"② 在传统纸质阅读中，"转换成纸质文字的经验使原有的经验扁平化，使之变得苍白。

---

① 参见易前良《美国"电视研究"的学术源流》，中国传媒大学出版社 2010 年版，第 286 页。
② John Dewey, *Experience and Nature*, Chicago: Open Court, 2009, p. 153.

而最有利于智能发展的经验不是单纯的文字经验，而是多种视听媒介的经验"①。新兴出版公司 Metabook 的创意总监 Benjamin Alfonsi 认为，"感官全面袭击的方法是进一步改善传统书籍的最佳方式。大众媒介时代，各种媒介在争夺着人们的注意力，抢占着人们的媒介使用时间，我们需要的全新阅读——它是发自内心的，是性感的，是具有想象力的……它具有沉浸感，具有可视感，具有触感，它必须要具备一切因素。它将把文字和采访音频、音乐、叙述音频、3D 互动功能以及其他形式的附加内容进行结合。"②

数字阅读媒介的产生弥补了传统纸质阅读将经验扁平化的劣势，在数字的"书"中，图片、图像、动画、声音、语言、文字等一切可以利用的符号被结合起来，使僵硬的"文字"跳动，使理性知识也具有感性的色彩，使抽象的经验也伴有悦耳的旋律，使被压榨、浓缩的文字信息还原成具体环境与场景中生动的存在。在法兰克福书展上首次发布的互动小说《超自然地带》（*The Numinous Place*），被誉为是彻底颠覆传统出版业的一次大胆尝试。编剧马克·斯托弗认为，"《超自然地带》首先以一部书的形态呈现。我之所以将音频、视频、第一人称叙述、图表、照片等所有表现手法都运用到其中，是因为我想要打造一个完全真实可信的故事世界"③。整本书中的故事情节通过视频、音频、图片、文字等多媒体方式呈现，各种互动元素与传统书面叙述方式融合得天衣无缝，将一个悬疑型小说讲述得活灵活现。数字阅读的各种媒介符号触动人们各种不同的感官经验，提供更丰富的信息体验，表征性符号被还原，与文字符号所代表的推理性符

---

① ［美］保罗·莱文森：《莱文森精粹》，何道宽译，中国人民大学出版社 2007 年版，第227 页。

② 李慧楠：《年轻读者拒绝增强型电子书》，http：//www.cdpi.cn/xzx/toutiaoyaowen/20150331/12848.html。

③ ［美］马克·派辛：《Ebook 3.0 增强型电子书究竟难点何在？》，郑珍宇编译，http：//www.oodii.com/v3/news/arc/2013/arc2531.html。

号一起共同还原了人类"前技术"时代的立体感官感知，人不再只是视觉动物，同时也能聆听，也能触摸周遭的世界，从中获取经验信息并得到思维。沃尔特·翁将这种具象式符号的呈现称为"二度口语"，与初语口语一样，在数字媒介的辅助下，新型阅读呈现出鲜明的"模式化"色彩，它诉诸人的综合感官，用"形象"激发读者观看与参与，抽象、复杂的阐释性话语与思维方式转变成为关注个体、着眼于现象的思维方式。

除此之外，数字阅读的跨媒体超链接技术容许文本中的思想完成快速而富于幻想的联系，就像思想本身的活跃程度意义。数字阅读的根本性变革在于其对人脑思维认识流的模拟："例如，假设你读到一本书中讲到肯尼迪总统发表演讲，你可能会停下来看看是谁写了演讲稿或诸如此类的内容。就像写作中有所谓的意识流，阅读中也有可能产生'认识流'（stream of literacy），意即在某处阅读时点燃了认识其他新事物的火种。"而这种认识流的发散式思维最大限度地模拟了人脑自由想象的状态，将信息转化成为由关键词相连接的巨大网络，成为一个巨无霸式的超文本。数字阅读正是将不同的文本通过关键词建立链接，而每一个关键词节点都是一个独立的文本，由文字、声音、图像、动画等媒体组成，这种网络类似于人脑的联想记忆结构，给读者以多重选择余地。在 Chafie Creative Group 推出一款叫作 Immersedition 的电子书中，共有 300 个触点，涉及史实、地图、图片、视频和人物资料，通过页面水印嵌入超链接。书中甚至链接有小说中五个人物主角的 Twitter 档案，他们在 Twitter 上不断地发送推文，让读者了解更多背景资料。除了地图浏览和 Twitter 内容浏览外，所有内容都可以离线操作。Immersedition 在没有破坏人类的传统阅览习惯，可以直接通过点击文本内的链接扩散到相关的网络文本资源中，将层层信息连锁式套接，最终实现将单层平面的阅读扩充为几何发散式的思维电子阅读，在仍然保存读者自己想象空间前提下，第一次可以按照自己的意愿跳跃穿梭于扩散式的信息之间，增强了读者的阅读体验，让其更能沉浸到故事中。①

这种经由超链接带来的发散性思维与传统书籍在阅读时的线性思维自然有着本质区别：超链接的发散将读者的视野大大拓展，超越书本，超越内容，以联想的方式不断认知，更易突破定式，产生创新性思维。读者第一次可以按照自己的意愿跳跃穿梭于信息之间，增强了阅读体验。

长久而往，大量经验、知识的传播在阅读中，由传统阅读中的推理性符号的一枝独秀，逐渐转变为数字阅读中象征性符号与推理性符号的平分秋色，而传统阅读中的抽象式、概括性、理性化的线性思维逐渐转变为数字阅读中的具象式、重视体验感性化的非线性思维，这种由符号偏向引发的认知偏向，究竟有怎样的变革？数字阅读之下，我们的认知会如何变革？我们又如何对这种变革进行价值判断？

"既然要讨论技术的道德维度，我们就不得不对道德哲学或伦理学展开反思，而不应使用一套现成的、未经反省的价值观来评判技术。"② 对新技术价值评判的标准势必要跳离传统技术所业已形成的传统评判体系，否则只会以怀旧、无缘由抵抗新技术的非理性情绪去一味批判新技术。关于数字阅读对认知所产生的影响的评判，我们必须明确：我们现有的用于判断数字阅读对认知产生影响的标准很大程度上是建立在传统纸质阅读时代对认知的定义的基础之上的，即标准的出发原点是以纸质阅读时代所形塑的思维准则为基点的，因此既然媒介的变革影响着认知的发展，那么对认知变革本身的判定标准也应该随之发生变化。一味地排斥数字阅读技术、抱有玫瑰色怀旧情绪感性诉说纸质阅读的优势与对认知的良性引导是不合时宜的；一味地迎合新技术，以工具理性、效率观念取代价值理性、人文

---

① 参见腾讯科技讯《Immersedition 推出首款小说题材交互式电子书》，http：//tech. qq. com/a/20111208/000394. htm。

② 胡翌霖：《学校与电视：对波兹曼媒介思想的批评》，《国际新闻界》2015 年第 5 期。

关怀等倾向也是有失偏颇的。这是现今学界与业界不断争论纸质阅读与数字阅读孰优孰劣，但却始终无法得出定论的根本原因之一，也是我们在此类研究中必须谨记避免坠入的陷阱。

第二节　数字阅读中认知的结构性变革

在数字时代，海量的信息正以几何倍数增长冲击着我们每一个人。"信息爆炸""注意力恐慌"等一系列概念都在描述信息供给与信息处理之间日益增大的矛盾。纸本阅读是"慢"的，传统纸本阅读沉重的物理载体、繁复的印刷出版流程，层层把关删节后，即使是日报的"昨日事，今日报"也已无力应对时时刻刻海量信息的更新，无法满足受众对保持最新、最快信息的需求。数字阅读下，阅读的载体成为数字新媒体后，将"慢"的环节大量删除，减少了层层而上、纷繁复杂的把关，没有纸质排版、印刷、运输等环节的迟滞，数字阅读将传统广播、电视的优势承继来。"阅读"也可以随时随地、与时俱进。

人不是记忆工具，过目不忘的本领只是少数智力超群之人的优势；人不是纯自然性的条件反射，人与文本信息之间并非小狗对骨头的巴普洛效应。"阅读的目的在于超越作者的想法，产生自主的升华思想，最终完全脱离文本。"[①] 超越了文本本身，阅读让人能不仅仅拘泥于文本之中，通过其进一步发展又形塑了人的认知与思考的方式。当我们把注意力集中于阅读之时，心智认知系统从事了一系列包括注意力、记忆力、视觉能力、听

---

① ［美］玛丽安娜·沃尔夫：《普鲁斯特与乌贼：阅读如何改变我们的思维》，王惟芬译，中国人民大学出版社2012年版，第85页。

觉能力和语言能力的活动。认知发展是个体发展的重要方面，是直接依赖于主体认识世界的本能的发展。[1] 认知是指个体经由意识活动对事物认识与理解的心理历程，是个体获得知识的过程，包括感觉、知觉、注意、记忆、思维和言语等活动。[2]

新媒体环境下，数字阅读对传统阅读的变革，给人的认知究竟产生了何种影响？或者说在新媒介的作用下，数字阅读下的认知究竟是何种方式？其认知的各个层面又分别产生了怎样的变化？此为数字阅读对认知产生的影响所不能规避的重点问题。

借助于关于早期阅读认知研究的成果，本书为探析在数字阅读中读者的认知情况，设计李克特量表进行问卷调查。问卷设计将数字阅读的认知划分为五个维度：注意、感知、记忆、思维与问题解决、语言与想象。五个维度又分别设计不等子题目对数字阅读者的认知态度进行测量。被调查者针对问题主干表明态度，划分为："非常同意""同意""没意见""不同意""完全不同意"五个选项，统计赋分时，"非常同意" = 5、"同意" = 4、"没意见" = 3、"不同意" = 2、"完全不同意" = 1。本书希望从被调查者个人态度的表述中，对数字阅读的基本认知变革情况进行探析。

本书量表的信度研究使用克朗巴哈（Cronbach）α 信度系数进行信度评价。利用 SPSS 20.0 对注意、感知、记忆、思维与问题解决、言语与想象五个维度题项分别进行信度分析，系数分别为 0.851、0.844、0.850、0.846 和 0.849，问卷信度均高于 0.70，表明问卷整体信度是可以被接受的。

---

[1]　参见张春兴《张氏心理学辞典》，上海辞书出版社 1992 年版。
[2]　参见姚本先《心理学》，高等教育出版社 2009 年版，第 81 页。

一 数字阅读中的注意能力

注意是心理活动或意识对一定对象的指向与集中。英国心理学家 Donald Broadbent 于 1958 年在认知心理学中开创注意研究，认为注意产生的前提是因为人类观察者在任何给定时刻可获得的线索数不胜数，但神经加工能力是有限的，无法感知全部的外部刺激。充裕的信息量供给与有限的信息处理能力之间产生矛盾，必然导致信息处理系统按信息的优先等级进行排序。人类只能选择性地注意海量信息中的一部分线索，而将其他的排列在后甚至直接忽略掉。[①]

新媒体环境下，阅读媒介的变化是否会影响读者的注意？在数字阅读媒介的作用下，读者的阅读注意力因数字媒介的新功能而得到了增强，还是更加深陷于海量的信息中，使本就匮乏的注意力更为分散？

针对以上问题，本书对 480 名被调查者进行"数字阅读对注意的影响"的调查，共设置了 8 个子问题，用以测量数字阅读中注意力的吸引（题4、题8）、注意力的集中（题3、题6）、注意力的引导（题1、题2）等几个方面，题1和题2、题3和题6进行了正反向设置，以检测回答的一致性。被调查者针对问题主干表明态度，划分为："非常同意""同意""没意见""不同意""完全不同意"五个选项，统计赋分时，"非常同意"＝5、"同意"＝4、"没意见"＝3、"不同意"＝2、"完全不同意"＝1。

表5-1　　　　　　　　数字阅读对注意的影响

数字阅读中的注意	均　值	标准差	方　差	众　数
1. 数字阅读中的页面内容层层叠叠、纷繁复杂，我常常晕头转向，不知该注意何处	2.5313	1.16343	3.110	2.00

---

① 参见彭聃龄《普通心理学》，北京师范大学出版社 2012 年版。

续　表

数字阅读中的注意	均　值	标准差	方　差	众　数
2. 由于阅读导航的帮助,我能明确阅读目标,厘清阅读层次	3.7375	0.94186	0.887	4.00
3. 在数字阅读过程中,我能长时间关注阅读内容,即使有无关页面跳出干扰,我也能不被无关页面信息分神	3.8250	1.24403	1.548	4.00
4. 相比单一的文字信息,数字阅读中集合文字、图像、声音等多重信息的方式能对我产生更大的吸引,引发我的关注	3.9313	0.99972	0.999	4.00
5. 相比传统纸质阅读,在数字阅读中我更容易搜索到我所需要的特定内容	3.8354	1.05585	1.115	4.00
6. 数字阅读过程中,我容易点开无关链接跳转而忘记初始的阅读目的	2.3771	1.09920	1.208	2.00
7. 数字阅读过程中,我常常感觉眼睛比较累,视力下降	4.0021	0.87531	0.766	4.00
8. 比起报纸、书刊,网络浏览信息更能引发我的阅读兴趣	3.5333	1.25253	1.569	4.00

从表5-1可以看出,被调查者普遍认为,在数字阅读中,数字阅读媒介对注意力的吸引、注意力的集中、注意力的引导均具有加强作用。

在注意力的吸引层面,题4、题8的均值分别为3.9313和3.5333,众数为4,即更多的数字阅读者认为数字阅读以其多重信息符号的优势能更加吸引读者关注阅读内容,引发阅读兴趣。

在注意力的集中层面,题3、题6的均值分别为3.8250和2.3771,众数分别为 4 和 2，数据从正反两个方向确认了数字阅读者赞同阅读中文本链接的阅读方式并不会造成读者阅读目的迷失，读者的注意并未因非线性排列而受到干扰。

在注意力的引导层面，题 1 和题 2 的均值分别为 2.5313 和 3.7375，众数分别为 2 和 4，数据从正反两方向确认了在数字化阅读中，数字阅读者赞同页面通过导航排列内容，有助于读者注意的保持，同时可有效地寻找到有用信息。

题 5 的均值为 3.8354，众数为 4，即更多的数字阅读者赞同在数字阅读中，搜索功能的补充使读者能更加快捷、方便地搜索到特定信息，读者的自主选择和阅读的目的性得到增强。

题 7 的均值为 4.0021，数字阅读者普遍反映现有数字阅读媒介的视觉效果不佳，急需在阅读媒介体验上得到改善。

二 数字阅读中的感知能力

感知即通过人体器官和组织进行人与外部世界的信息交流与传递。在《心理学大辞典》中，将感知分为感觉和知觉并分别定义："感觉（sensation）是个体对事物个别特征的直接反映。客观事物直接作用于感觉器官，产生神经冲动，经传入神经传到中枢神经系统引起感觉。""知觉（perception）是个体对事物整体的直接反映。知觉是个体选择组织并解释感觉信息的过程。这个过程不仅和某一种感觉相联系，而且往往是多种感觉协同活动的结果。在知觉过程中，人脑将直接作用于感觉器官的刺激化为整体经验，知觉是个体对客观事物和身体状态整体的反映。"[1]

本书对 480 名被调查者进行"数字阅读对感知的影响"的调查，共设

---

[1] 彭聃龄：《普通心理学》，北京师范大学出版社 2012 年版，第 388 页。

置了6个子问题测量数字阅读中的感觉（题1、题4）、知觉（题2、题3、题5、题6）。题5和题6进行了正反向设置，以加强回答的一致性。被调查者针对问题主干表明态度，划分为："非常同意""同意""没意见""不同意""完全不同意"五个选项，统计赋分时，"非常同意"＝5、"同意"＝4、"没意见"＝3、"不同意"＝2、"完全不同意"＝1。

表5-2　　　　　　　　　　　数字阅读对感知的影响

数字阅读中的感知	均　值	标准差	方　差	众　数
1. 数字阅读的内容丰富，能同时调动我的多种感官，接收信息更全面	3.9021	0.89815	0.807	4.00
2. 包含文本、图片、声音、动画等多种形式的信息资源更有助于我理解内容	3.9417	0.77320	0.598	4.00
3. 数字阅读内容排版清晰、有条理，能让我很快把握到重点	3.7104	1.11616	1.246	4.00
4. 电子地图有利于培养我的空间感	3.7063	1.01511	1.030	4.00
5. 网页页面内容的多彩、声音的刺激可以提高我的感官敏感度	3.6229	1.05263	1.099	4.00
6. 页面内容色彩太多让我眼花缭乱，网页音效让我感觉刺耳	2.6083	1.04828	1.108	2.00

在数字阅读中，视觉、听觉乃至触觉的多重感知方式被同时启用，一改传统文字传播的单一传播，人不再是仅盯着蝌蚪式符号的编译机器，活灵活现的现实生活被生动、立体地呈现于电子屏幕之上。数字阅读中，读者的感知能力获得极大提升。从表5-2可以看出，被调查者普遍认为，在数字阅读中数字阅读媒介能促进阅读中的感知，更加有利于多重感官接收信息。

在数字阅读中的感觉层面，题 1、题 4 均值分别为 3.9021 和 3.7063，众数为 4，即更多的数字阅读者倾向于同意数字阅读能调动多重感官接收信息，使得信息传播内容更加丰富，特别不仅仅是以往的视觉层面，而是从听觉甚至触觉层面提升了对个体对事物个别特征的反映。

在数字阅读中的知觉层面，题 2、题 3、题 5、题 6 的均值分别为 3.9417、3.7104、3.6229、2.6083，其中题 2、题 3、题 5 的众数值为 4，题 6 的众数值为 2。数据结果显示，更多的数字阅读者倾向于同意数字阅读能促进读者阅读中的知觉能力。在数字阅读中，多重信息符号的使用，刺激了阅读者的感官敏感度，使得读者能通过多重信息进行综合整理，对认知对象有整体性的直接反映。同时，以往争论较多的多重信息符号反而分散了感知灵敏，让读者无所适从的情况在数据中并未得到体现。

三　数字阅读中的记忆能力

记忆是指过去经验在个体头脑中的反映。发生在感知之后，是人脑积累知识经验的一种功能，是心理过程在时间上的持续。过去经验可通过形象或语词的形式储存在头脑中，前者是具体的、形象的直观经验，后者是抽象的、概括的经验。而在保存个体经验的同时，表现为个体对其经验的识记、保持与再现三个基本环节，相当于人脑对客观事物的信息进行编码、储存和提取的过程。[①]

记忆是人的认知的重要层面，也是之后对人的行为产生影响的基本前提。信息通过多重感知渠道传递给人的同时，是否能不只流转于眼前，而铭记于心间呢？过去的经验只有在个体头脑中留下印记并能在日后获得应用，才能真正对人的行为产生影响。"熟读唐诗三百首，不会作诗也会

---

① 参见林崇德、杨志良、黄希庭《心理学大辞典》，上海教育出版社 2003 年版，第 549 页。

吟。"在传统阅读之中，大声朗读、反复吟诵是为了通过反复刺激感官留下印记，保持经验在大脑的长时间持存。而在数字阅读之中，经由视觉、听觉、触觉等多重感官渠道的刺激似乎比传统纸质文字的单一性重复刺激更为强烈，但经验是否就因此能更长期地存储于头脑之中呢？数字阅读中的记忆是否更加深刻、持久呢？

针对被调查者的"数字阅读对感知的影响"的调查，共设置了5个子问题测量。其中，题1、题5测量数字阅读中的识记效果，题2、题4测量数字阅读中的记忆保持，题3测量数字阅读中的记忆再现。被调查者针对问题主干表明态度，划分为："非常同意""同意""没意见""不同意""完全不同意"五个选项，统计赋分时，"非常同意"=5、"同意"=4、"没意见"=3、"不同意"=2、"完全不同意"=1。

表 5－3　　　　　　　　数字阅读对记忆的影响

数字阅读中的记忆	均　值	标准差	方　差	众　数
1. 我通过网络工具的备忘、提醒功能，能方便地做笔记，回忆内容	2.5813	1.09357	1.196	2.00
2. 通过数字阅读了解的内容（如日常知识、历史事件等）能让我印象更深刻	3.6000	1.04312	1.088	4.00
3. 我经常通过电子设备看小说，但看的小说多了，以前看的情节都忘了	3.5521	1.06245	1.129	4.00
4. 数字阅读中，我通过多种感官参与，记忆更加生动、深刻	3.4500	1.08587	1.179	4.00
5. 我通过网络、手机等移动设备记忆时，效果没有书本一边写一边记好	3.9000	0.86113	0.742	4.00
6. 我觉得数字阅读都是浏览信息，阅读和理解不够深刻	2.2813	0.92634	0.858	2.00

从表5-3可以看出，被调查者普遍认为，在数字阅读中，数字阅读媒介对加深经验记忆并无直接、显著的正面影响，特别是在经验的识记与再现环节，数字阅读媒介加强记忆的效果并不突出。

在数字阅读中的识记效果层面，题1、题5均值分别为2.5813和3.9000，众数分别为2和4。即更多的数字阅读者倾向于认为在数字阅读中，信息感知后进入头脑的编码环节，数字阅读媒介并未体现出高于传统纸质阅读之初，相反纸质阅读中书本笔记更为方便，通过手写的方式在识记中能加强识记的效果。数字阅读所宣称的备忘、提醒功能因其使用的便利性与人性化设计尚未赶上书本笔记，其优势在现阶段并未得到完全显现，数字阅读者对其并不抱有肯定态度。

在数字阅读中的记忆保持层面，题2、题4、题6均值分别为3.6000、3.4500、2.2813，题2、题4的众数值为4，题6的众数值为2。数据显示，更多的数字阅读者赞成在数字阅读中，多感官参与使得经验信息在进入持存阶段后，能够更深刻、生动地保存，数字阅读并未造成信息的理解浅薄。

在数字阅读中的记忆再现层面，题3均值为3.5521，众数为4，即更多的数字阅读者赞成，在数字阅读中，数字阅读媒介并未对记忆的再现产生加强的效果。数字阅读的种种因素，比如习惯快速浏览、浅层翻阅以及不方便笔记等，使得读者在日后回忆时并未因多重信息符号的刺激而产生多重回忆再现，未达到印象深刻的效果。

四 数字阅读中的思维与问题解决能力

思维是人脑借助于言语表象或动作实现的、对客观现实的概括和间接的反映。思维以感知为基础又超越感知的界限，它探索与发现事物的内部本质联系和规律性，是认识过程的高级阶段。[①] 在思维过程中，人

---

① 参见刘颖、苏巧玲《医学心理学》，中国华侨出版社1997年版，第27页。

在获取大量感性材料的基础上，在头脑中对事物进行分析与综合、抽象与概括，并通过概念、判断、推理等思维形式把握事物的本质特征与内部联系，通过其他媒介作用认识客观事物，以及借助于已有的知识和经验、已知的条件推测未知的事物。思维的概括性表现在它对一类事物非本质属性的摒弃和对其共同本质特征的反映。[1]　问题解决是指从问题的初始状态到达目标状态而采取的一系列具有目标指向性的认知操作过程。[2]

　　针对被调查者的"数字阅读对思维与问题解决能力的影响"的调查，共设置了6个子问题测量。其中，题2、题4、题5测量数字阅读中的思维能力，题1、题3、题6测量数字阅读中的问题解决能力。被调查者针对问题主干表明态度，划分为："非常同意""同意""没意见""不同意""完全不同意"五个选项，统计赋分时，"非常同意"＝5、"同意"＝4、"没意见"＝3、"不同意"＝2、"完全不同意"＝1。

表5－4　　　　　　　　数字阅读对思维与问题解决能力的影响

数字阅读中的思维与问题解决	均　值	标准差	方　差	众　数
1. 我已经习惯遇到问题便求助于网上搜索对策	4.2417	0.88359	0.781	4.00
2. 通过与网上他人意见的交流，我能够多视角看待问题	4.0708	0.77485	0.600	4.00
3. 我利用网络平台与网友交流，解决生活难题，分享经验	3.9875	0.82488	0.680	4.00

[1]　参见林崇德、杨志良、黄希庭《心理学大辞典》，上海教育出版社2003年版，第539页。

[2]　参见王佑镁《数字化阅读对未成年人认知发展的影响研究》，《中国电化教育》2013年第11期。

续 表

数字阅读中的思维与问题解决	均　值	标准差	方　差	众　数
4. 数字阅读丰富的故事和情境,能启发我的发散思维	3.8417	0.84986	0.722	4.00
5. 数字阅读能够提供我生活中没有遇到的经历	3.9938	0.78740	0.620	4.00
6. 在网上看到偏激的帖子时,我不会盲目加入口水战	3.9792	0.99455	0.989	4.00

　　数字阅读中,基于多媒体技术,数字阅读者在获得前所未有的感知经验的同时,直观动作思维与具体形象思维得以加强;基于网络搜索技术,数字阅读者在面对问题时不再是凭借阅读经验与记忆,大海捞针式地一页一页翻阅检索,而是使用数字阅读中关键词的搜索查找,阅读的目的性和指向性更强,解决问题更为快捷。

　　从表5-4中可以看出,数字阅读媒介对阅读者的思维与问题解决能力大有提升。数字阅读中,阅读者能更加快捷地从直观经验感知、间接信息获取中获得本质性、规律性信息,并通过大量信息中关键词的提取快速、自主解决问题。

　　在题2、题4、题5中,调查均值分别为4.0708、3.8417、3.9938,众数值均为4。数据显示,大多数数字阅读者通过数字阅读能更广泛地从多方获取经验信息。大量非直接性经验的加入使得数字阅读者在进行概括、判断、推理时更为充分、准确,为理性思维提供了前期准备。

　　在题1、题3、题6中,调查均值分别为4.2417、3.9875、3.9792,众数值均为4。数据显示,大多数数字阅读者已习惯通过阅读中的搜索功能快速检索、查找所需信息,找寻问题解决方案。而由于网络信息的充沛与多元化，偏激性、片面性的单一观点被稀释，数字阅读者能更加客观、理性地解决问题。

五　数字阅读中的言语与想象能力

言语是指运用语言工具进行思考和社会交往的行为过程，亦即理解对方语言和用语言表达自己思想的过程。言语包括外部言语和内部言语。外部言语是指以交际为目的，见诸外显的语音和文字符号，有口头言语和书面言语两种形式。口头言语是发出一连串表达思想的有组织的语音的言语，也称有声言语。书面言语是在口头言语的基础上产生的一种以文字形式表达人们思想和感情的言语，为使读者容易认知，故而要求文字精练、严谨、合乎逻辑。内部言语是一种伴随个体思维活动的不出声的言语，即无声言语，具有非交际性、发言隐蔽、语法不规范、表达简约化和不连贯等特点。人的思维活动以内部言语活动为基础。这种内部言语虽不发出声音，但其活动与表达时的活动在运动器官的性质上基本相同。

想象是人脑对原有的表象进行加工改造而形成新形象的心理过程。人不仅能回忆起过去感知过的形象，且能利用已存有的表象想象出过去从未感知过的事物的形象。[①] 神学家约翰·邓恩用"逾越"这个说法来概括阅读中想象的过程。在这个过程中，阅读使我们试着去扮演、赞同并暂时进入另一个与我们截然不同的个体的感官世界。当我们体验到一个骑士是如何思考、一个奴隶是如何感受、一个英雄是如何作为、一个恶棍是怎样忏悔时，我们通过这些感同身受，理解到思想的普遍性与独特性，通过已有的经验去感知甚至改造真实发生的事。阅读中的想象，使人的认知不再受限于自身的经验范畴。如此一来，延伸的感知会改变对自身的认知。

---

① 参见林崇德、杨志良、黄希庭《心理学大辞典》，上海教育出版社 2003 年版，第 371 页。

在已有对数字阅读的争论中，大量声音质疑数字阅读对言语与想象能力的剥夺，认为数字阅读偏向于读图，直白、形象的符号削弱了阅读中的思考能力。图像符号的大量运用使得读者逐渐生疏于言语由内而外的过程，导致读写能力下降，词语表达匮乏；同时，图像符号使表达更加直白，一览无余，不留有丝毫空间给读者自行思考、想象，制约了人的想象力与创造力。[①]

针对被调查者的"数字阅读对语言与想象的影响"的调查，共设置了5个子问题测量。其中，题1、题2、题4测量数字阅读中的言语表达能力，题3、题5测量数字阅读中的想象能力。被调查者针对问题主干表明态度，划分为："非常同意""同意""没意见""不同意""完全不同意"五个选项，统计赋分时，"非常同意"＝5、"同意"＝4、"没意见"＝3、"不同意"＝2、"完全不同意"＝1。

表5–5　　　　　　　　数字阅读对言语与想象的影响

数字阅读中的言语与想象	均值	标准差	方差	众数
1. 借助社交型阅读，我更倾向于用文字抒发心情与人交流	3.7542	1.00623	1.013	4.00
2. 网上大量的阅读信息丰富我的语言	3.9292	0.75021	0.563	4.00
3. 在数字阅读中我能从看到的内容中产生想象的画面	3.6167	0.90402	0.817	4.00
4. 数字阅读使我感觉在现实生活的日常表达和口语沟通更加困难	2.9563	1.05593	1.115	2.00
5 多媒体化的阅读方式让我在阅读后能留有余味，丰富想象	3.5729	0.99419	0.988	4.00

---

① 参见沈蔚《当代中国数字阅读的文化狂欢与理性思考》，《中州学刊》2014年第8期。

在此调查中，并未得出数字阅读对言语与想象产生负面影响的结论，相反，从表5-5的数据中可看出，数字阅读中读者能获得更多的表达机会与空间进行自我诉说，并获取灵感与启发，网络语言的使用大大丰富了阅读者的表达词汇，使以往读者只能在私人日记中的自我言说成为能够向广大网友倾诉的畅所欲言，拓宽了言语的交流机制与渠道。

在数字阅读中的言语表达能力层面，题1、题2、题4的调查数据均值分别为3.7542、3.9292和2.9563；题1、题2的众数值为4，题4的众数值为2。数据显示，更多的数字阅读者在数字阅读中不仅仅被动地获取信息，也会主动地书写感受或者加入群体讨论、表达意见。与此同时，大量网络语言贴近现实生活，生动形象地表达了网友或调侃、或讥讽等各种情绪与观点，丰富了言语表达的方式。这使得传统认为数字阅读仅是图像阅读，致使言语能力弱化的观点不攻自破。

在数字阅读中的想象能力层面，题3、题5的调查数据均值分别为3.6167和3.5729，众数值均为4。数据显示，更多的数字阅读者并未感到数字阅读的图像符号剥夺了传统纸质文本阅读中留给想象的空间，图像、声音、视频符号的加入同样能给阅读者丰富的感知经验，从而引发思考，留有启示。

六　小结

结合以上关于数字阅读对注意、感知、记忆、思维与问题解决、言语与想象五大层面影响的数据，将被调查者对数字阅读中认知五大层面的影响得分进行均值比较。

表5-6 数字阅读对认知五大层面影响的均值

group	均 值	N	标准差
注 意	3.2609	480	0.43940
感 知	3.5458	480	0.58393
记 忆	3.0358	480	0.56720
思维与问题解决	4.0191	480	0.54854
言语与想象	3.3495	480	0.41027
总 计	3.4422	2400	0.61207

表5-7 数字阅读对认知五大层面影响的单因素方差分析

(I) group	(J) group	均值差(I-J)	标准误差	显著性	95%置信区间 下 限	95%置信区间 上 限
注 意	感 知	-0.28495*	0.03323	0.000	-0.3501	-0.2198
	记 忆	0.22505*	0.03323	0.000	0.1599	0.2902
	思维与问题解决	-0.75822*	0.03323	0.000	-0.8234	-0.6931
	言语与想象	-0.08860*	0.03323	0.008	-0.1538	-0.0234
感 知	注 意	0.28495*	0.03323	0.000	0.2198	0.3501
	记 忆	0.51000*	0.03323	0.000	0.4448	0.5752
	思维与问题解决	-0.47326*	0.03323	0.000	-0.5384	-0.4081
	言语与想象	0.19635*	0.03323	0.000	0.1312	0.2615

续　表

（I）group	（J）group	均值差（I－J）	标准误差	显著性	95％置信区间	
					下　限	上　限
记　忆	感　知	－ 0. 22505*	0. 03323	0. 000	－ 0. 2902	－ 0. 1599
	注　意	－ 0. 51000*	0. 03323	0. 000	－ 0. 5752	－ 0. 4448
	思维与问题解决	－ 0. 98326*	0. 03323	0. 000	－ 1. 0484	－ 0. 9181
	言语与想象	－ 0. 31365*	0. 03323	0. 000	－ 0. 3788	－ 0. 2485
思维与问题解决	感　知	0. 75822*	0. 03323	0. 000	0. 6931	0. 8234
	注　意	0. 47326*	0. 03323	0. 000	0. 4081	0. 5384
	记　忆	0. 98326*	0. 03323	0. 000	0. 9181	1. 0484
	言语与想象	0. 66962*	0. 03323	0. 000	0. 6045	0. 7348
言语与想象	感　知	0. 08860*	0. 03323	0. 008	0. 0234	0. 1538
	注　意	－ 0. 19635*	0. 03323	0. 000	－ 0. 2615	－ 0. 1312
	记　忆	0. 31365*	0. 03323	0. 000	0. 2485	0. 3788
	思维与问题解决	－ 0. 66962*	0. 03323	0. 000	－ 0. 7348	－ 0. 6045

* 均值差的显著性水平为 0. 05

结合表 5－6、表 5－7 可以看出，数字阅读媒介对读者认知五层面的影响不一、程度不同。

第一，数字阅读对读者的思维与问题解决能力提升效果最为显著，明显高于其对注意、感知、记忆、言语与想象层面的影响（M＝4. 0191，$p < 0.05$）。

数字阅读中，阅读者能更加快捷地从直观经验感知、间接信息获取中获得本质性、规律性信息，并通过大量信息中关键词的提取快速、自主解决问题，对解决现实问题提供了有益辅助。

第二，数字阅读媒介能促进阅读中的感知，更加有利于多重感官接收信息，且其对感知的影响效果显著高于其对注意、记忆、言语与想象层面的影响（$M = 3.5458$，$p < 0.05$）。

在数字阅读中，多重信息符号的使用，刺激了阅读者的感官敏感度，使得读者能通过多重信息进行综合整理，对认知对象有整体性的直接反映。以往争论较多的多重信息符号反而分散了感知灵敏，让读者无所适从的情况在数据中并未得到体现。

第三，数字阅读媒介对读者的言语与想象能力有一定增强作用，其对言语与想象层面的影响效果显著高于其对注意、记忆层面的影响（$M = 3.3495$，$p < 0.05$）。

数字阅读中，读者不仅仅是纯粹的、被动的信息接收者，而是在阅读的同时也可以通过网络畅所欲言，获得更多的表达机会与空间进行自我诉说，丰富了传统言语表达方式。阅读者并未感到数字阅读的图像符号剥夺了传统纸质文本阅读中留予想象的空间，图像、声音、视频符号的加入同样能给阅读者丰富的感知经验，从而引发思考，留有启示。

第四，数字阅读媒介对读者的注意力吸引、注意力维持、注意力引导均具有增强作用，且其对注意层面的影响效果显著高于其对记忆层面的影响（$M = 3.2609$，$p < 0.05$）。

数字阅读以其多重符号方式吸引读者注意力，使读者能迅速对阅读内容产生兴趣，注意力吸引层面大大加强；而数字阅读的导航与检索功能赋予读者较强的主动性，使阅读积极性和目的性增强，数字阅读对读者注意力的引导效果显著；虽然之前的研究预测注意力会因为阅读中互动、链接、信息过载等技术特征诱使读者偏离原本阅读目标，但结果表明读者在有确定目标阅读时，并不会受到无关链接信息的干扰，只有在本身只是浏览信息、网上冲浪，阅读无特定目的之时才会注意到链接信息，这并不能说明数字阅读的媒介特征会引发个体注意力的分散；此外，数字阅读方式确实疲劳感较高，解决阅读媒介的视觉体验是数字阅读普及与发展中亟待解决的关键问题。

第五，在数字阅读中，数字阅读媒介对加深经验记忆并无直接、显著性的正面影响，特别是在经验的识记与再现环节，数字阅读媒介加强记忆的效果并不突出（$M = 3.0358$，$p < 0.05$）。

现今数字阅读中设置了大量笔记、提醒等功能，但相较于传统手写于纸本之上，电子屏幕上通过指尖敲打而上的印记始终使读者感觉不甚牢靠。此种情况主要源于两种原因：一是手记书写之时，因一旦付诸纸上不易修改，所以在更加深思熟虑之后才将所思所想付诸笔端，这在某种程度上加强了记忆存储的困难，延长了记忆存储环节的时间，因此印象也较为深刻；二是现今的电子笔记、提醒等功能设计尚未成熟，方便性、快捷性仍不及纸本笔记。

第三节　对数字阅读中认知碎片化与娱乐化的思考

媒介的每一次进化演变，都是新媒介对旧媒介本质属性劣势的弥补与对优势的发扬。在新媒介弥补、取代旧媒介的进化过程中，每一种新媒介的发展前景在其萌芽之初是不易察觉的，甚至新媒介常常被混淆为已有旧媒介的变体而已。何为新媒介，判定媒介是否会发展出创新性变革的新阶段，其首要则需区分媒介的固有特征或基本特征。所有传播媒介的特征可以划分为两大类：固有的、不能压缩的特征和短暂的、过眼云烟的特征。固有的特征是该媒介的基本属性；一旦变化，无论用什么合理的名字来说，它都应该是一种新的装置。第二种特征是可以改变的，或者其变化是可以想象的，而且即使改变之后，该装置本身也不会伤筋动骨。① 而判定一种新媒介的本质与发展前景，要观其固有属性，此为之根本，表层属性多为短暂、浅层的特性，并随着媒介的不断发展而千变万化。

数字阅读与认知的碎片化、阅读娱乐化之间的关系，必然要从数字阅读媒介的固有本质属性出发，以数字阅读媒介技术的结构意向为价值判断的原始点，任何意向结构都包含特定的价值取向。②

一　认知的碎片化：数字阅读媒介对认知时空稳定感与文本的连续性的破坏

"碎片化"（Fragmentation），原意为完整的东西破成诸多零块并且其间失去相互联系。今天，当我们反观"碎片化"这个频现于后现代主义语境下的概念之时，指的更多的是社会阶层的多元裂变化，消费者细分以及媒介小众化。③ 当社会阶层分化之时，各个阶层群体内部由于社会地位和利益结构的不同，而产生与一元一体方向背道而驰的裂变，这是社会的碎片化；当个性追求、个体化定制成为消费导向之时，大众消费对象裂变为小的消费群体甚至消费个体，这是消费市场的碎片化；当抛弃大众单一媒体垄断主导，转化为传统媒体、自媒体等并存发展，相融共生之时，这是

---

① 参见［美］保罗·莱文森《莱文森精粹》，何道宽译，中国人民大学出版社2007年版，第269页。

② 参见吴国盛《技术哲学讲演录》，中国人民大学出版社2009年版，第9页。

③ 参见沈蔚《数字阅读研究：从文化消费到意义生产》，博士学位论文，武汉大学，2013年。

大众传播碎片化。

从认知的角度来看，人在从客观世界获取经验从而获得知识的同时，必然存在由具体到抽象，由现象到本质的推理过程。从大量个案中找寻相似性、规律性直至揭示、解释事物本质。在认知客观世界万事万物之时，多是获取两部分知识：一是"事实"，二是"联系"。事实是一个个点，即现实事物中的具体呈现；而联系则是把个案、点连接起来的线，它们所构成的网络，就是我们的知识结构。"事实"决定了知识广度，"联系"决定了知识深度。

在追求时效、速度的今天，大量碎片化信息充斥着我们的认知系统。碎片化信息具备这样的特征：它们往往是一些事实的集合而非逻辑；它们往往大量简化了推演过程；它们往往将多路径简化为单一路径。简而言之，碎片信息为了达到易于习得的目的，通常会显著降低认知成本，将复杂的事物简单化。碎片信息在空间上将一个个现象点割裂开来，使之成为原子式孤立的存在，丧失其存在的具体空间语境；同时，使之与历史脉络相脱节，无从何而来、将赴何处的时间上的延续性，丧失其存在的具体时间语境。当我们接收碎片信息时，我们实际上是在扩充"事实"，但并没有增加"联系"。长此以往，会使我们的知识结构变成一张浮点图：孤零零的知识点飘浮在各个位置，却缺乏一个将它们有序串联起来的网络。

数字阅读下，大量的碎片化信息成为主要阅读内容：短、平、快式的消息成为读者主要日常信息来源；图像、视频成为信息的主导型表现形式。在图像化、碎片化信息的冲击下，数字阅读者的认知趋向碎片化。

（一）数字阅读媒介破坏了认知的时空稳定性，造成认知的碎片化

在传统阅读之中，文字话语的延续性构建了信息存在的时空语境。在文字媒体时代，读者对上下文的反复翻阅参照，纸质书本的物理载体为读者提供了准确的空间定位，每一个字都被涵容在这个封闭空间内，这个空

间又被生活空间、宇宙空间定位，从而有序地、形象化地储存于记忆中。

而在数字阅读下，经验类似的流动感破坏了封闭时空的稳定性，信息在电子信号的承载下不可控、不可把握，如同手指缝中的流沙，颗粒似的存在是一种松散的流动式存在，无实质感与稳定性。一方面，这种流动感破坏了纸质媒体提供的稳定空间感，从而在实质上区分了两种介质的不同诉求。我们面对数字文本时，除了屏幕的平面，文本自身的空间变得十分模糊。这样我们的记忆很难予以文本空间内准确定位。另一方面，数字阅读无法在时间上一维化，鼠标滚动或手指滑动的结果是使文本内的前后顺序流动，而不是时间的空间化，相反是一种散乱的、破碎的时间，全无结构化秩序，从而让阅读者无法像面对纸质媒体时那样对其中内容予以定位，自然也就无法对文本保存一个完整有序的记忆，知识变得零碎混乱，难以迅速地重新唤起。[①]

（二）数字媒介环境下，任何信息可化为比特、字节无限分割、剪切，割断了文本的连续性，造成认知的碎片化

数字阅读下认知的碎片化产生的根源，从阅读媒介本身属性的角度寻找，可以归结为是由数字阅读媒介的结构意向所规定的。数字化媒介特征以及对数字资源的处理本身导致了新媒介内容的碎片化，影响了人们的现实感观。

从技术角度来说，数字化技术可以将任何数字信号资源分割成比特和字节，并且这种分割可以是无限制的。也就是说，人们可以拥有无限的信息，而由这些数字信号信息所生成的文本可以根据需求被无限分割为独立的主题和段落，以便进一步地扩充或删减。段与段之间可以随意插入，句与句之间可以剪切、粘贴、移动。

---

① 参见朱耀华《论纸质媒体与电子媒体的共存互补》，《编辑学刊》2014 年第 4 期。

此外，因特网的自身特性，尤其是它的超链接结构也破解了内容之间的完整联系。由于这种结构的存在，数字阅读者在阅读中可以随时切入、跳转至其他内容，只要轻击鼠标就能轻易地从网页上的一个词语链接到其他网页或图片，链接、跳跃和联想的集合对传统技术语境下的连续有序的线性信息处理方式构成了极大的挑战。

（三）数字媒介环境下，图像符号的大量使用，造成重"事实"，轻"联系"的认知取向，认知结构遭到破坏

与主要运用线性文字符号的报纸或主要运用声音符号的广播相比，媒介新技术还为人们构筑了一个新的张扬视觉文化的媒介平台，它极大地提高了图像的组合、变异和翻新的可能性。世界通过视觉机器被编码为图像，我们又通过图像来获取有关世界的视觉经验。可以说，图像已经成为社会生活中的一种物质性力量，它不仅在反映着我们所生活的世界，也在创造着这个世界。在这样一个"世界被把握为图像的时代"，图像能否吸引人们的注意力就显得至关重要了。对于那些总是期望受者有足够的自律从而能持续地关注屏幕内容的传者而言，注意力的短暂是当今的大众传播所面临的最大问题。为了阻止注意力的分散，媒介不得不提供越来越强烈的刺激，如触目惊心的插图和分镜头，来吸引那些高度分散和变化的目标人群。在这种注意力市场经济逻辑的直接推动下，媒介内容将变得越来越碎片化。①

在任何影像符号的叙述过程中，它虽可以把现场、实现物用最佳的表现手法、极度贴近真实地予以再现，但却无法将现场的背景信息、现实孕育的思考、睹物而产生的情感等清晰直接地表达出来，而必须通过"看"

① 参见石义彬、熊慧《从几个不同向度看媒介新技术的文化影响》，《湘潭大学学报》（哲学社会科学版）2010年第1期。

影像的人进一步结合实际的社会经验进行思考、提炼、总结，并借助自身语言系统进行转换。比如一张照片，只是对一个具体事物、具体场景的描绘，对其反映的基本信息、观点、思想，以及照片背后的"画外之音""言外之意"，影像本身是无法做到不言自明的。因此，从本质上而言，影像缺乏语言的直接交流功能，不能算是一种完全独立的语言系统。"照片记录的是这些形形色色中的特例，而语言的作用则是使它们变得更加容易理解。"① 这也解释了为什么缺少语言解说，同一影像会给不同观众留下不同的信息印象。

在影像具象化的传播基础上，数字媒体缺乏话语传播语境的抽象思维场景，理性思维被转化为一幅幅具象画面，硬生生地打断了逻辑的内在连贯性。信息的传播除了基本描述性事实之外，还有大量抽象性的概念、观点的表达。而这种由具象到抽象，由具体到一般的过程是人类思想升华的精髓所在。人类社会的发展是在对前人大量事实基础进行思考后，在经验性、规律性、理性表达的经验之上沉积而来。这类抽象性思考的过程只能通过在相同经验积累的基础上进一步提升，是不可能又回归到具象的表达方式，通过画面来展现其深层内涵。抽象的思考被拆散成一幅幅幻灯片式组合，前后之间内在线索的断裂，是无法用生动、逼真的画面来弥补的。

二 阅读的娱乐化：数字阅读媒介的娱乐化倾向

有人认为，图像性、视觉性信息的凸显，必然导致阅读的娱乐化倾向。阅读的娱乐化针对的是阅读需求与内容而言。不论是拿起一本书还是面对电脑屏幕，任何阅读都是有目的的，人们通过阅读，或是希望了解资讯，或为查阅资料，或者为提升自我，或者想放松心情。不论其过

---

① ［美］尼尔·波兹曼：《娱乐至死》，章艳译，广西师范大学出版社 2009 年版，第 66 页。

程是轻松愉悦，还是抽象艰涩，获取信息方式的差异不应该是阅读目的改变的原因。

对数字阅读的娱乐化倾向进行价值判断不能一概而论。早期，以波兹曼的《娱乐至死》为代表，诸多印刷时代业已形成的文化精英高举批判旗帜对电子媒介时代席卷而来的大众文化嗤之以鼻，以娱乐化、草根性驳斥其存在的合理性。其实，反思人类文化发展的历史，在书写文化尚未占领社会主流形态之时，生活中无时无刻不洋溢着日常生活的娱乐方式。这种从日常生活经验直接而来的文化从本质而言与以书写文化为代表的精英文化并无优劣之分，甚至是人类更为广泛的知识经验来源。英国学者约翰·多克（John Dock）也认为："与娱乐有关的作为社会批评的狂欢思想不一定被认为比公共领域概念低劣……正因为有了大众媒体的较新形式，如电影，使古老社会中的集体娱乐方式成为可能，并延续下去。"① 大众文化只是使 19 世纪以前的市井娱乐和街谈巷议转为室内娱乐，比如电脑、网络等。

巴赫金曾经用狂欢理论来解读大众文化，他认为，人们的现实社会生活分为两方面：一种是日常生活，一种是狂欢式生活。其中，由狂欢式生活产生的狂欢精神是一种自由的精神，是对于日常生活的一种有益的补充。狂欢宣扬的是一种快乐哲学，认为心灵与世界之间的对立并非像康德理解的那样不可沟通：世界向"我"呈现为必然性，变成"我"自己安排的世界，转化成"我应当做的事情"。世界在本质上并没有意义，只是在"我"主动给予和世界被动需要的关系中才呈现意义。"我"处在这个世界独一无二的位置上，因而"我"有责任对世界做出应答。"我"通过自己

---

① ［荷］约翰·赫伊津哈：《游戏的人——关于文化的游戏成分的研究》，多人译，中国美术学院出版社 1996 年版，第 49 页。

的活动行为所表现的价值来塑造世界。① 因而狂欢并不低俗，不能从印刷媒体所形成的修道院式生活标准来否定一切世俗的现实生活，而恰恰相反，狂欢应该从人类生存的最高目的，即从理想方面获得认可，成为现实生活中不可或缺的组成部分。② 基于电子媒介的信息传播速度，现代社会中人们所面对的信息量与所要获取的信息量不可与往日相提并论，往时一份报纸从头读到尾的信息匮乏时代已不复存在。人们有限的精力、有限的时间在面对海量信息时不可能面面俱到。同时，在竞争激烈、紧张的生活环境中，人们更需要心灵的抚慰与放松，选择娱乐休闲的内容阅读也无可厚非，阅读的视图化，快速浏览快速抛弃的现象，都由一定的受众心理导致，新媒体的特征又恰恰契合了这种心理需求。③

如果说数字阅读遵循的是快乐原则和轻松原则，那么，这种轻松愉悦哪怕只是对枯燥乏味的现实生活的一种消极的补偿，或者是对生活压力的一种逃避式发泄，只要它不超出道德或法规的限制，它未尝不具备其正当性与合法性。

---

① 参见黄柏青、李作霖《"狂欢化"的意义及其产生的原因》，《大连民族学院学报》2004 年第 9 期。
② 参见沈蔚《当代中国数字阅读的文化狂欢与理性思考》，《中州学刊》2014 年第 8 期。
③ 参见胡凯《新媒体阅读争议辨析》，《出版发行研究》2014 年第 2 期。

第六章　数字阅读的媒介环境影响——
身份认同的建构

人作为理性的存在在满足生存需求的本能后，就不断自问一个原点式的哲学命题："我是谁？""我们是谁？"人借助于外在工具、仪器设备通过观察、检验、实验获取认知客体——自然界层层现象背后的规律与本质。但人对人自身的认知、探索却始终无能为力。作为认知主体，人本身无法跳离于主体身份去直接面对同样作为认知客体的自我，因此对"自我""我们"的确认始终处于一种无法说清的含混状态。而在人（认知主体）—人（认知客体）的直接路径无法进行之时，另辟蹊径地将媒介作为工具手段介入认知主体与认知客体之间，"我"借助媒介的镜面反射式地观照"我"自身，或许是媒介在对"我是谁"的认知中做出的独特贡献。

具有多媒体传播渠道、非线性传播方式、社交性传播功能等诸多特性的数字阅读媒介对人的认知与思维模式产生巨大变革的同时，也在改变人们对内在自我审视的方式。数字阅读媒介环境下，传统的身份认同所建立的信息路径被破解，新的信息渠道、信息来源、信息流向产生。种种变革让身份认同从封闭、静止的纸质书本中挣脱而出：一方面，数字阅读打破了以传统出版与纸质阅读为基础的信息垄断，意义的共享和传承不再以书本为界限而拘泥于点对点的传受双方，各种既有的意义共同体不断被分解和区隔，传统阅读意义共享所形成的认同被解构；另一方面，数字阅读提供了更为广泛的、共通的意义空间，读者在更多的意义空间中以阅读兴趣、内容为中心，以信息的共通、共享为联结点，聚集成"圈子"式的文化部落体，从而建构新的身份认同。

第一节　身份认同的建构性与大众传播媒介的影响

"认同"（identity）这一概念在近几年的学界中成为多个学科研究热点的关键词。社会学、心理学、政治学、传播学、文学等多门学科都以"认同"为原点概念开拓出各自的研究范畴，宏观层面的如国家认同、文化认同、族群认同、性别认同等；中观层面的如职业认同、地方认同、少数群体认同等；微观层面的如自我认同、角色认同等。在诸多学科研究中，对"认同"的研究都逃离不了与"主体同一性"的紧密结合。

身份认同的两大理论，虽然研究对象与研究范畴各有所指，但无论是"认同理论"还是"社会认同理论"都是以"认同"的建构性为起点原则，即将"身份认同"视为非本质主义、非先验主义的存在，"认同"是在社会关系中不断建构而成的。

一　身份认同的建构性理念溯源

在种种认同的概念中，"认同"的起源与脉络溯源，实质发源于两大研究理论：以微观社会学或符号互动论为基础的认同理论（identity theory）

和社会心理学所倡导的社会认同理论（social identity theory）。[①]

（一）理论起源：认同理论与社会认同理论

认同，通常又被译成同一性、统一性或身份认同。"认同"本意即有"身份""同一"这一名词属性，只是在中文表述中"认同"多被突出其动词属性，而"身份"一词又过于含混不清，于是对两者合成完成其对完整意义的确认。综合各种对认同的概念阐述，认同是一个"求同"和"存异"同时发生的过程。社会学家简金斯指出，认同包含两个基本因素，即基于人们同一性和差异性的关系，一方面"认同"寻找"我们"是谁的问题答案；另一方面又不断区分"他们"是谁的差异显现。"认同"在自我归类与他者差异显现中得到确认。[②]

"身份认同"理论起源之一的认同理论（identity theory）更侧重于"自我"层面的认同，在研究中以"自我"与他人之间的互动关系确认个体自我，根据自我和社会之间的交互关系来解释社会行为："认同"以人的自我为核心，是个体依据个人的经历所反思的理解到的自我。从威廉·詹姆士提出了"自我"（self）这一概念，到其后库利的"镜中我"理论，"自我"的形成都被明确为并非一种天性的本质使然，而是一个处于不断变动、永无止境的过程：作为个体而言，对于自我的认知都必须借助于他人，每个他人都是自我的一面镜子，而每种与他人的社会关系都从不同角度、不同方位反映着更加全面的自我。"我"在同他人的交往或互动中产生的，并通过理解对方的姿态、他人对"我"的看法来反观自己，所以一个人的自我意识或自我认同无非是他意识到的他人对自己看法的反应。

"身份认同"理论的另一起源——社会认同理论（social identity theo-

---

① 参见周晓虹《认同理论：社会学与心理学的分析路径》，《社会科学》2008 年第 4 期。
② 参见邓惟佳《能动的"迷"：媒介使用中的身份认同建构》，博士学位论文，复旦大学，2009 年。

ry）与前者认同理论的研究视角大相径庭，更多是将自我确认归于个体所落入的群体之中，根据所在的群体类别，大至民族、国家，小至政治团体、运动团队等，提供给此人描述自身特点的类别，在情感上将自己视为某个群体成员，以及归属于某个群体的认知，而这种认知最终是通过个体的自我认同来完成。在这里，所谓的社会类别指的是持有共同的社会认同或将自己视为相同群体成员的族群。社会认同理论与认同理论最大的不同在于其通过指向一个社会类别的全体成员得出自我描述，因此我们更常称其为群体认同来指向自我归类的自我认同。

（二）身份认同的建构性：从"启蒙主体"到"社会学主体"再到"后现代主体"

对身份认同的研究始终与一个关键概念——"主体性"如影随形。对此问题不同的答案延伸出了从"启蒙主体"到"社会学主体"，再到"后现代主体"的研究变迁。

欧洲启蒙时代，以笛卡尔、洛克等人为代表的现代哲学家给出了"启蒙主体"之说：在二元对立的学说理念下，主体与客体是具有本质固有属性的存在，是一种先天的、硬性的实体，自我（self）是主体的内核。英国文化研究学者霍尔认为，"人被视为处于（世界）绝对中心的、统一的个体，具有理性、意识和行动力……自我的核心就是身份（identity）"。此种主体被称为"启蒙主体"。在人以婴儿的形式呱呱坠地之日，作为个体的人就以固有本质存在于人的精神内心之中。从婴儿长大成人，这种精神内心的"自我"只是被逐渐唤醒，但其实质稳定不变。这种在自主的、先验的、普适的自我的基础上形成的个体身份，是固定的、天赋的，也是非历史的和本质化的。这种对人主体的认识既在"人之初，性本善"的中国传统精神理念中显露无余，也在"人生来有罪"的西方宗教思想中留下深深烙印。从人与自然的关系来看，主客二元论模式确立了人与自然之间的征服与被征服、掠夺与被掠夺的关系，并导致了人类中心主义。在主客二元论模式下，人把自身视为世界的主宰和征服自然的"上帝"，而把自然（客体）当作实现自己目的的手段。它不仅为人们设定了一个确定的客体，而且通过各种方式引导人们去达到对客体的控制与征服。这样，主客二元论"为现代性肆意统治和掠夺自然（包括其他所有种类的生命）的欲望提供了意识形态上的理由。这种统治、征服、控制、支配自然的欲望是现代精神的中心特征之一"①。

其后，随着现代社会学的发展，人对自我的认知也随之发生改变。自19世纪末，社会学者更加倾向于"社会主体"的理念，认为"人"并非一成不变的固定性、先天性的存在，而是深受其后天的社会环境的影响。个体的主体性便是个体在与其所处的社会环境的各种关系的互动中确立的。"社会主体"的理念并非绝对推翻了个体先天性固有本质的存在，它仍坚持"人"具有统一内核的主体的基本观点，但同时也肯定了社会外在环境对主体的后天形塑，肯定了"自我"是作为主体的内在世界与主体的外部环境之间相互影响的结果。在此基础上，身份认同就不再是个体拥有的本质属性的集合，不是类似苹果跟苹果、橘子和橘子的归类，而是个体本身对自我的一种认知模式，是一项在"社会化"和"文化适应"的过程中以他人的观念为参照逐步规划自我的能力、态度和行为方式的过程。因此，在不同的社会情境和文化语境中，由于拥有不同的社会和文化地位、资源及体验，或者说由于参照对象的不同，个体可能形成不同的价值观念、态度取向和相应的自我认知模式，继而形成不同的自我和社会身份认同。当社会环境或参照对象发生变化时，个人的认知模式将随之改变，自我和社会身份认同也可能发生相应的变化。

---

① 参见刘绍学《"破"与"立"——后现代主义对"主体性"的解构与重建》，《上海大学学报》（社会科学版）2004年第11期。

从马克思主义、结构主义和后现代主义思想盛行之日起，学界对主体的认知就发生了革命性的变革。在后现代主义思想的主导下，本质被认为是从未存在过，也将永不存在。客观世界没有本质属性、规律原则，在现象学的视角中只是能直接感知到的经验的集合。而作为"自我"的主观世界则更加是非本质的。主体没有本质，没有统一性，它处于永恒的改变和分化之中。同一主体在不同时期可以形成不同的甚至是相互矛盾的认同。在此基础上，主体和自我被认为是建构的，而且这种建构的过程从人的出生到人的死亡，从未停止；而基于这种建构性的主体认同则是流动的、多重的、永远有待形成和确认的。在后现代主义理论那里，主体的完整性被彻底消解，主体完全、彻底地成为历史的产物。因此在后现代的视野中，即使是"我们"与"他者"之间的关系，也不是绝对和固定的，在一定的条件下，这种二元对立是可以转化或被打破的。后现代主体观和前两种主体观的根本区别在于它完全彻底地结构了主体的统一性的内核，使认同成为一个急剧变化、混乱无序和错综复杂的领域。① 在后现代反本质主义的理论中，不同的自我已无法兼容与统一，主体注定是由无中心的、碎片化的、相互矛盾的自我拼接而成，由此导致自我的迷失感和强烈的内在冲突。

二 大众传播媒介对身份认同的建构

在作为社会个体的"人"认知自我、感知自我的同时，多种影响因素共同作用、影响着"自我"的认同与"身份"的建构，包括自然条件，比如地理位置、气候环境、人文交通等，以及在此环境之下的社会关系、生

① 参见石义彬《文化身份认同的演变历史与现状分析》，《中国媒体发展研究报告》2007 年版，第 182 页。

产方式，以及文化渊源、价值观念传统等。而随着大众传播媒介的不断发展、不断介入普通人日常生活的各个层面，其对身份认同的影响也逐渐增强，开始成为替代身份认同的主要影响因素。① "我们逐渐地将媒介转变为一种资源，用以建构我们的认同，电视、电影、杂志、广播、音乐等都提供给我们无数种不同的角色模型与生活风格的选择。"②

总体看来，大众传播媒介对身份认同的建构主要集中于三个层面：一是媒介的再现信息成为身份认同建构的信息基础，从而影响建构过程本身；二是通过媒介设定标签性群体归置引导从而建构身份认同；三是传播中有限定的反馈机制，对信息的流通进行分类把关，从而控制多重身份信息的交汇。

（一）媒介对信息的再现：身份认同的信息基础

对于现实世界的感知，人或通过自己的感官去获取直接生活经验，或通过中介渠道，比如读书、看报等获得间接经验与知识。伴随着社会发展的脚步，信息量的迅速增加与人难以提升的直接信息感知之间的矛盾剧增，媒介的中介因素日益重要，在人的信息获取影响程度上日益提升。媒介对信息的再现，成为人们获取信息的重要来源。

何谓"再现"？有学者认为，"再现"（representation）是指在信息传播过程中，传播媒介与媒介机构组织将不同的符号有意地置于一起，从而使其产生特定的、复杂的、抽象的含义。③ 也有学者指出，"再现"是媒介

---

① 参见石义彬《文化身份认同的演变历史与现状分析》，《中国媒体发展研究报告》2007 年版，第 188 页。

② Crispin Thurlow，Laura Lengel，Alice Tomic：《电脑中介传播：人际互动与网际网路》，谢光萍译，台湾韦伯文化出版社 2006 年版，第 144 页。

③ ［美］利萨·泰勒、安德鲁·威利斯：《媒介研究文本、机构与受众》，吴靖、黄佩译，北京大学出版社 2005 年版，第 36 页。

对"真实"世界里一些事物的特定解读、映像式的类似物或复制品。① 还有学者将其定义为,"指制造符号来代表符号意义的过程和产物"。总体而言,无论是对"再现"的何种定义,都有无法逃避的一个共同之处,即"再现"不是绝对意义上的客观呈现,更不直接等同于客观现实本身。简单来说,"再现"并非简单的复制,而是一个基于主观传播意图的选择与构建的过程。

因此,我们必须明确,直接感知的生活现实信息,与通过报纸、电视等大众传播媒介报道而知的"再现"内容是截然不同的。暂且不提媒体机构所存在于其中的政治环境、文化氛围与主流价值导向对其施加的层层影响,仅仅从媒介技术本身而言,由于报纸、广播、电视、网络等媒介的物质载体、符号形式的不同,各种媒介对信息内容的传播也会产生规定性的限制,即在很大程度上,信息是否被呈现于媒介之上,并非基于信息本身的重要性,或是受众对信息的需求程度,而是基于此类型的信息是否适合在此媒体上呈现,或者说此类信息在此媒体上呈现的精彩效果如何。尼尔·波兹曼曾在《娱乐至死》之中指出,媒介对"再现"的信息内容具有规定性的影响:原始社会中即使有抽象、理性的信息,也缺少承载、传播此类信息的载体,作为无形之物的思想必须付之于物质性的载体之上才能适用于传播。因此,苏格拉底、柏拉图即使穿越至原始社会,烽火信号、结绳记事的简单、单一的信息传递方式,也难以使其思想外化传播。

在身份认同的构建过程中,人需要获取大量外在的信息,或是作为"镜子"反观自身,作为参照之物,或是根据群体属性的归类将自己对号入座,纳入其中。但无论哪种参照,无论哪种归类,都需要借助于媒介信

---

① 参见〔美〕大卫·麦克奎恩《理解电视节目类型的概念与变迁》,苗棣译,华夏出版社2003年版,第132页。

息的"再现"，极少通过个人的感官直接获取信息。因此，我们可以说，身份认同的基础在于信息的充分获取与准确传达。只有在清晰、明亮的镜子前，我们才能准确地自我观照，在镜中看到"我"的全貌，才能知道自己的高矮胖瘦；只有在真实、全面的信息呈现前，我们才能根据足够的他者意见信息与其他互动信息的反馈对自我进行准确定位；只有在对所有个体准确把握，按统一、客观的标准进行划分、归类，才能犹如将物体放入带有序号的格子中分门别类；只有在对所在社会群体中各个类型的群落全面掌握并对其特征、属性归类，我们才能根据自己的特性与群体的特性相匹配对照，对号入座，从而从整体上定位"我们"。因此，所有的这一切，无论是"自我认同"，还是"群体认同"，都需要借助于呈现在媒介之上真实、客观、准确的信息。而从信息源的一头经过媒介的层层过滤、筛选，所剩下并得到媒体再现的信息与真实客观性存在之间的差距有多大我们不得而知，但可以肯定的是，信息在借助于不同媒介形态呈现之时，必然产生不同程度的变形，或是对某类信息夸张式放大，或是对某类信息蒙蔽式模糊，或是直接对某类信息忽略不计。而基于变形后的再现信息进行身份认同的建构，也自然会随之产生偏移。

（二）媒介对群体认同的"标签"式归置

在媒介再现特定群体之时，根据特定传播意图与主观倾向等，媒介往往将人对客观世界的认知过程加以简化从而建立出一个拟态环境，通过最直接的类型化方式，将具有相同特质的一群人塑造出一定的形象，以类似于"男性"—"强壮""女性"—"柔弱"等贴标签的方式将群体直接定义属性与特征，形成特定群体的"标签式"属性。对照此"标签"，人们将"自我"与"他者"简单地"一刀切"式区隔，根据标签属性来判定个体是否归入此群体之内，并根据群体特性又反向建构个体身份。

媒介对群体的"标签式"归置在信息流通有限的情况下对快速识别、

判定身份特征具有积极作用：它能帮助我们认识群体共有性特征、做出判断，能使我们有效地对待广博而复杂的世界，帮助我们对来自外界的群体进行抽取和归类。这种"标签式"的符号固定搭配一般代表了相关群体的价值观、态度、行为和背景，而且被选择的符号对涉及的群体进行了普遍的预设，通过不断重复再现，直到被接受为事实，最终成为一种"理所当然"的默认事实，并进入"常识"这个意识范畴之中，如果没有进一步了解被再现的群体，那么局限的、有潜在危害的预设会保持不变，并且不受质疑。① 但长此以往，人对客观世界的认知与群体的判定意见被媒介所影响甚至决定，产生高度概括化、统一化的标准与偏向，甚至在某种程度上基于媒体的偏向性标签式归置，而对特定群体形成扭曲、误解的刻板印象，对少数群体产生偏见与歧视。

在身份认同的构建中，群体被媒介呈现后，以群体标签的形式呈现于大众面前，而基于此种"标签式"的群体划分又将对应的人群进行身份归置，从而在主体的建构中二元对立式简单、绝对地区分"他者"与"我们"。比如，在早期媒介对"少数民族"的呈现中，往往多是聚焦于少数民族的独特风情的文化，多表现的是其自然面貌。因此，在媒介标签式符号归置中，往往将"少数民族"与"封闭""偏远"等话语产生固定搭配并形成标签性印记。而普通民众在通过媒介再现信息了解到非全貌的少数民族地区后，也会不自主地将其标签性印记内化、吸收，形成"常识"性认知。在此非真实、不客观的信息基础之上，非少数民族的人群将自己自动归类于"封闭""偏远"的对立面，以优势心理置于大多数人群心中，并内化其意识形态与导向；而作为少数民族的个体在获取"标签式"刻板印象之后，对自身的身份认同也将深受"标签"符号的影响，甚至不自觉

---

① 参见［美］斯坦利·巴伦《大众传播概论媒介认知与文化》，刘鸿英译，中国人民大学出版社 2005 年版，第 504 页。

中将自己归入特殊的群体、他者身份之中。

（三）媒介的互动性：身份认同的立体式雕琢

完整的信息传播过程是一个有传必有达的循环过程。在传统的信息传播中，囿于传者导向的观念，往往更加偏向"传"的一方，重视"传"的内容、"传"的效果；而从受众导向的视角出发，在信息"达"的层面，更应强调信息在到达受众一方之后的逆转，强调受众对传者的反馈过程。在信息的反向的反馈过程中，媒介在其间同样都充当重要角色。甚至在很大程度上我们可以认为，媒介已超越"中介""渠道"的中性工具式存在，而成为信息流通中主动筛选、过滤的重要环节。

在身份认同的信息获取中，无论是"自我认同"的镜面识别，还是"群体认同"中对个体纳入群体的归置，都缺少不了信息的反馈环节："自我"只有在映照之后，产生反馈信息并到达自我主体之后，才能使"自我"获得定位与调整，识别自我的全貌；群体认同中只有对群体类别的属性特征信息全面获取，在个体与群体之间全面互动沟通，才能使"个体"在群体中获得恰如其分的归属之地。进一步而言，正如人在穿衣照镜之时，多面镜、全方位的映照与反射角度的调整，才能不断修正认知视角，减少认知的盲点与误差，获取的反馈形象也才更真实、客观。在媒介传播的过程中，互动功能的加强，通过与传者之间互动性信息的增强，来自受众一方的多方位、多角度、多渠道的反馈，让多元化的信息、意见、观点能更全面地被呈现于媒介之上，身份认同的信息基础也获得开源与多渠道沟通交流，身份认同的构建也将在互动中不断修正、调整，使之贴合于构建主体本身的全貌。这种互动功能与反馈信息的加强，在网络媒体传播时代尤为凸显。在以报纸、广播、电视等传统主流媒体占据了人们信息获取的主要渠道之时，囿于传播体制等因素，主流媒体的信息源较为单一，同时基于其承担着宣传主流价值观的职能，其意见信息多以较为统一的、单一式向受众进行单向传导，而忽视反馈信息与其他多元信息的表达。而在网络媒体盛行之后，媒介的把关功能被大大放权于普通受众个体之中，网络媒体、自媒体时代人人都有麦克风，人人都有话语权。在网络之上，各种观点、各种声音"百花齐放"。虽有不良信息混杂其间，但不可否认的是，网络媒介对互动性、反馈性功能的大大加强，使得在身份认同的互动中，不再只有教条灌输式信息宣导，而是提供多种声音、多重选择。在这种多元化信息源、立体化、全面式观点的呈现信息情境中，个体能够准确定位，并通过与他者的互动、群体的参照不断修正调整对本体的认知，全面映照"自我"。

第二节　传统阅读中身份认同的构建

英国作家塞缪尔·约翰逊曾经这样评价阅读的重要性：人的基础认知必须依靠阅读来奠定。人们对于某个话题的说法，如果仅仅从其他人那儿收集来，那他就只抓到真相的局部，并且每个部分之间差异巨大，难以协调融合，这样会使他永远不能获得全面的观点。而普遍原则必须从书中得到不可，然后再拿到实际生活中检验。①

从我们的先祖在洞穴石壁中开始雕琢简单的符号，记录生死攸关的生活经验开始，人们便以阅读的方式为人类文明的代代传承提供大量的间接生活经验，获取前人的思想成果。人对外在客观世界不断摸索认知的同时，也从未放弃对自身的内省式思考。阅读中，读者与作者，与书中的主

---

① 参见李家同《大量阅读的重要性》，中国人民大学出版社 2012 年版，第 3 页。

角产生强烈共鸣，在纸间开阔的世界里感受在现实生活中无法直接经历的人生，不仅从书中了解世界，体验作者的生活，也重新认识自己。在人与书本静默对话之时，"我是谁""我们是谁"的主体性问题一直萦绕在读者的脑中。

书中的大千世界为读者提供芸芸众生的生活全貌，刻画出"我"所在的周围环境以及"我"与外在环境的互动关系。在跳脱于个体认知的局限去审视作为认知客体的自我，阅读为个体的身份认同提供信息基础，又在多层意见、观点的表达中不断修正自我认知的视角偏差，引导读者对自身主体准确定位。

一　稳定感：身份建构中有限且可控的信息范畴

在信息时代的今天，纸质书本所承载的信息量是有限的。现实生活中大量的经验信息无法借助于纸质阅读媒介被呈现。大量的信息一旦寄生于纸张之上，便受到纸质载体的多方限制：从纸张所仅能呈现静态符号而对其他视觉听觉符号无能为力，到纸张的版面大小、文本的编辑排版，层层物质载体与符号形态对内容信息的筛选，使大量不适合印刷的信息内容被无情地删节，而无法被呈现于读者面前，最终被忽视其在日常生活经验中的重要性。

传统纸质阅读所涵盖的信息范畴是在层层把关者、书本媒介技术的筛选之下而成的，是一种精心设计之后的可控状态，读者在传统阅读的过程中被设定为是被动接受的、听任摆布的。传统纸质阅读的过程中读者的主动性较弱，常常被迫保持一种克制的、静止的、退缩的状态，阅读是保守的、被教导式的，不被鼓励主动的探寻与"进攻式"的检索阅读。从身体与心理双重层面框定主体的自主性：阅读需要阅读主体的身体长时间相对保持静止，与阅读无关的肢体动作会分散注意力；阅读需要心理的相对平静，心绪的起伏会影响阅读的沉浸感与对文本的理解。纸质阅读的默认状态似乎在时时暗示读者：看，就看纸上的这些，不要多想，在给定的现有文本中进行挖掘，不要也不会有超越书本之外自我意见表达的空间。在纸质书本的单色、静态世界里，读者的阅读行为处于一种相对被动的、被限制的状态，读者只能按照书本所预设的线路进行阅读，任何超越文本内容、跨越文本限定的质疑与问询被忽视。

纸质媒介的大量过滤使信息量大幅缩减；被动性阅读的设置将个体的阅读思维限制在文本内容之内。在此两点基础上获取的媒介信息，与现实生活中全面、多元的经验信息之间存在巨大落差，从而导致个体身份认同中信息获取量不充分与质的结构不均衡。犹如井底之蛙一般，人的视野被限定于有限的信息空间内，只有井口般大小的视野可供参考审视，始终无法全面审视周围完整的、真实的现实世界，在这样缩微的信息基础之上形成的身份认同是错位与不平衡的。

二 统一性：身份建构中精英权威主导的视角标准

在传统纸质书本中，基于书写的能力基础与纸张传播的经济需求，著书立说的权利往往掌握在精英权威阶层的手中，而普通大众或是缺少基本的读写能力，或是无法获取传播资源，在书的话语海洋中往往并无一席之地。精英阶层通过种种方式，在书中极力倡导其推崇的主流思想与文化。"书中自有黄金屋，书中自有颜如玉，书中自有千钟粟"，宋真宗在《劝学篇》中极力倡导读书的重要性，并非从个人修养与思想进步的角度而言，而是希望个体在读其指定的"经典"与"学说"之后，坚守精英权威阶层所设定的"正道"，而对其他学说思想则直接贬斥为"歪理邪说"。

在此基础上，与精英权威阶层之间存在利益冲突的其他阶层、少数群体往往被其强行贴上"他者""异类"的标签，在主要的信息媒体——纸质书本中对其单一类型化的呈现：或是对其丑化、歪曲，以此引导读者对其产生误解；或是直接漠视其存在，在书本之中不留丝毫话语空间予以展现，使读者无法接近、认知。比如，在讲究阴阳调和、崇尚生育文化的国度里，同性恋被看作对传统家庭观念和世俗价值取向的颠覆，因此对此群体的媒介呈现往往被有意识地屏蔽和边缘化。特别是纸质传播媒体坚守所谓的"传统""正道""经典"的主流思想，往往将"同性恋"赋予"犯罪""色情""性变态""艾滋病""病态"的群体界定，引导大众对其产生误解与歧视。在此标签式设定的基础上，由书本媒体在"群内"与"群外"之间划出了一条隐性却清晰的"界线"，并赋予"界线"以道德价值的解读意义。被此"界线"划分为少数"群里"的个体，在被主流价值观引导下的纸质媒体"标签"后，备受普通民众的误解，在其群体内部认同与群体个体的自我认同的两个层面也产生偏激、否定的错误判断，在大众的误解中无法正确认知自我与个体所归属的群体，不但否定所属群体的自然性与合理性，同时由此质疑、否定自我个体本身的存在价值与意义。而被"界线"划分为"大多数"的读者在缺少其他认知渠道，专注于被纸质媒体早已预设的"刻板印象"之后，也自然而然地接受主流意识强加于少数群体的单一、狭隘的框定，对此产生歧视、错误的认知。

三　隔离性：身份建构中无反馈的信息流动

一谈起阅读，我们常常自然想起这样的场景：静谧的夜里，橘黄色的台灯下，你左手轻抚着书本，右手随意握着一支笔，目光在纸间流转。读到兴起之处，或是因对书中的主人公的经历感同身受，连连点头赞许；或是对作者的观点意见抱有质疑与反驳，眉头紧锁；或是读至犀利时评时，为逻辑严谨的语言刀刀直戳丑恶现象的命脉拍案叫绝；或是读至感情细腻，刻画内心柔情与痛楚之处潸然泪下。

但无论读者是何种反应，传统纸质书本始终"不语"，它是一个缺乏对话机制的空间。首先，书本不语。苏格拉底对比口语交流，指责书本是一种不对话的样子，它永远保持最庄重的沉默，无论读者问什么，"说话人"的回答永远是千篇一律。在书本的世界中，读者获得信息、对信息进行解读，甚至产生截然相反的观点需要辩驳之处，书本由于其传播基础技术的无反馈功能，只能是维持书本信息的单向传播，而面对读者的追问时静默不语，丝毫不顾及读者为之牵盼的心绪，为之苦恼的困惑不解，为之急需探讨、交流甚至针锋相对的表达欲望。其次，作者不语。传统纸质书本的阅读世界，在书写者的一方全权掌控之下，信息被作为作者、出版者、编辑者等传播者的一方层层把关、筛选，雕塑出一个符合他们的认知期望与诉求的"拟态环境"，并且切断这个单一、静止环境的对话交流机制，引导读者进入其中后，便将其封锁其中。读者一旦被引导进入其中，或是以早已被预设的视角、态度去解读，不带丝毫个人意见与想法去评论，成为一个模具版的成品，或是自我思索与认知中产生质疑、困惑的小火花，但在层层问询得不到回应之后便不再尝试。再者，其他读者不语。作为千千万万的读者，在同享一本经典之时，自身的经验阅读与文本内容碰撞而成的思想各有火花，相互借鉴、相互切磋、相互探讨的二次解读甚至能产生超越文本内容本身的思想。但在纸质书本的世界里，个体读者之间并未借助阅读媒介相互联系，而是如同散落的原子式存在，各自被封锁于密闭的格子空间内，无法寻找到志同道合者并产生思想与情感的共鸣，或是得到他人一针见血式的点醒。

久而久之，隔离中由静默的传统阅读所形塑的身份认同，或是完全根据书本世界的预设，将"我是谁"的自我审视置换为"我被希望是谁"的命题，在不自觉中丧失了主体的个性与独立；或是读者在书本久久不能解除个体阅读中的疑惑，无法全面、客观审视自我之后，最终个体堕入封闭的无人引导、无人互动的纸质书本与文字间自娱自乐，以个体幻想中的"我"取代了真实环境世界中的"我"，如同希腊神话中的美男子那喀索斯一样，迷恋于虚拟中的自我而无法自拔。

第三节　数字阅读中身份认同的建构

在数字传播技术的推动下，人们对自我、社会、世界体系感知和认知发生了深刻的变化，社会生活体验被重塑。以全球通信系统为主导的信息传播技术改变了自然场所和社会环境之间的关系，改变了传统以地域、血脉为联系的意义共享依据。换言之，传统人们对于意义的解读主要基于一定地理空间内的非中介性的交流，比如相似的社会背景和观念，这些是意义共享的前提。然而，在新的信息传播技术应用以后，人们可以在没有直接接触的情况下形成"共享的意义空间"，地理边界被打破和超越，个体和集体的经历和发展开始越来越多地受到他人、他地的观念和价值渗透。意义本身开始从时间、空间和传统中分离出来，这将影响人们对自我和社会的感知和认识，对人们的身份认同产生"多极化的影响"，进而形成一种"缺少确定性和统一性的"多样性的及复合化的认同。

一　数字阅读对身份认同双重层面的裂变

数字阅读在阅读层面的进化，除了呈现符号方式的扩展，最为重要的是其互动性的增强。而这种互动随即带来的，不仅仅是信息源在数量上的大量扩充，更是信息源结构、视角上的颠覆性变革。在数字阅读的媒介基础上，大量被纸质阅读文本所舍弃的经验内容被呈现于"书本"之上，经典的、高雅的"阳春白雪"与草根的、大众的"下里巴人"被平等地呈现于阅读文本之中。普通民众第一次也拥有了自由书写、自由展现、自由发表的权利，读者间的互联互动、读者与作者之间角色的互换加强了读者个体的互动性，从而在信息的共享与对话中产生群体共识。

基于数字阅读媒介的特点，我们将数字阅读中读者的行为与其在阅读中的自我认同、群体认同进行联系，试图寻找一个答案：数字阅读的多媒介信息呈现、按读者需求主动搜索信息以及阅读中"对话机制"的开放，是否对阅读中的身份认同产生影响？如果产生影响，又是何种影响？是对身份认同的自我认同层面还是群体认同层面？简单来说，进行数字阅读越积极、主动的读者是否其身份认同感越强？

依据此问题，本书对 480 名数字阅读者进行了问卷调查，并对其中的一部分被调查者通过 QQ 聊天、网络论坛发帖、直接对话的方式进行访谈。

针对数字阅读的读者阅读行为，本书以阅读中的参与程度，包括主动搜索信息、按个人喜好选择信息、分享与转发行为、与他人互动程度等方面设计了 12 个问题，以 5 级量表的方式进行测量。被调查者将对照自身态度，根据 12 个问题表述在"非常同意""同意""无意见""不同意""非常不同意"五栏中勾选。

a. 数字阅读中，我能准确根据自己喜好主动搜索相关内容。

b. 数字阅读中的推送信息，我只读自己喜欢的，不看不感兴趣的。

c. 数字阅读中，朋友圈推荐、分享的内容我无法拒绝，都会点开看。

d. 我会将自己的一些个人想法通过朋友圈等方式写作，然后进行分享。

e. 通过数字阅读，我认识了很多新朋友，增强了与外界的联系。

f. 阅读中的网络讨论加强了我对外交流交际能力。

g. 通过与阅读中朋友的交流，减轻了我的心理压力。

h. 我会将阅读中的趣事与网友分享。

i. 我会尽可能回答网友提的问题。

j. 我会把我在网上看到的内容与现实中的朋友分享，并希望他们也关注。

k. 数字阅读中，遇到与我观点相投或意见截然相反时，我会主动在网上发言。

l. 通过参与虚拟阅读社区，我享受了娱乐、交友、购物等乐趣，并延伸到线下一些活动。

在后期数据处理中，对所选选项进行赋值：非常同意＝5分、同意＝4分、无意见＝3分、不同意＝2分、非常不同意＝1分。同时，将每个被调查者的12题得分总分，除以题数取平均值，均值得分越高，表明阅读个体在进行数字阅读中其参与程度越高，主动性阅读越强。

在对身份认同的测量中，主要分为自我认同与群体认同这两个二级指标。

在自我认同层面，分别以自我认同中的自我定位、自我调整、自我确认设计了5个问题，以5级量表的方式进行测量。被调查者将对照自身态度，根据12个问题在"非常同意""同意""无意见""不同意""非常不同意"五栏中勾选。

a. 数字阅读引发的网络讨论中，我会因为与其他人意见不一致而对自己的想法重新思考甚至改观。

b. 通过数字阅读，我能更清楚地知道我自己的喜好。

c. 通过阅读后阐发观点，我能更明确自己的态度。

d. 通过与阅读中朋友的交流，减轻了我的心理压力。

e. 通过与网友的互动交流，我有得遇知音的感觉。

在群体认同层面，以群体认同中的自我标签归类、自我群体归属感等方面设计问题，以 5 级量表的方式进行测量。被调查者将对照自身态度，根据 4 个问题在"非常同意""同意""无意见""不同意""非常不同意"五栏中勾选。

a. 通过数字阅读，我很清楚地了解自己是哪类人。

b. 数字阅读中，我很清楚哪些小组标签适合我，哪些阅读内容推荐合适我。

c. 通过网络阅读，我会与兴趣相同的网友聚集并感到有归属感。

d. 在数字阅读讨论中，如果有人在讨论圈中对我们发出嘲讽、批评等声音，我会据理力争。

在后期数据处理中，对所选选项进行赋值：非常同意 =5 分、同意 =4 分、无意见 =3 分、不同意 =2 分、非常不同意 =1 分。同时，将每个被调查者的自我认同题得分总分相加，除以题数取平均值，均值得分越高，表明阅读个体在进行数字阅读中的自我认同度越高；将每个被调查者的群体认同得分总分相加，除以题数取平均值，均值得分越高，表明阅读个体在进行数字阅读中群体认同度越高。

对照数字阅读行为得分、数字阅读中自我认同度得分以及群体认同度得分，统计整理这三组数据后，可以发现以下几点。

（一）读者的数字阅读的行为与自我身份认同的程度之间存在正相关

见表 6 - 1，读者的数字阅读的行为与自我身份认同的程度之间相关系数为 0.360，$p < 0.01$，即读者在数字阅读中参与程度越高、主动性越强，自我身份认同越强。

表 6 – 1   数字阅读的行为与自我身份认同之间的相关性分析

		行为得分	自我得分
数字阅读行为	Pearson 相关性	1	0.360**
	显著性(双侧)	—	0.000
	N	480	480
自我认同	Pearson 相关性	0.360**	1
	显著性(双侧)	0.000	—
	N	480	480

** 在 0.01 水平(双侧)上显著相关

(二) 读者的数字阅读的行为与群体身份认同的程度之间存在正相关

从表 6 – 2 可知,读者的数字阅读的行为与群体身份认同程度之间的相关系数为 0.568,p < 0.01,即读者在数字阅读中参与程度越高、主动性越强,群体身份认同越强。

表 6 – 2   数字阅读的行为与群体身份认同之间的相关性分析

		行为得分	群体得分
数字阅读行为	Pearson 相关性	1	0.568**
	显著性(双侧)	—	0.000
	N	480	480
群体认同	Pearson 相关性	0.568**	1
	显著性(双侧)	0.000	—
	N	480	480

** 在 0.01 水平(双侧)上显著相关

（三）读者在数字阅读中的自我认同度显著高于群体认同度

将数字阅读中个体自我认同度与群体认同度两组数据进行比较，可以发现：数字阅读中，读者个体的自我认同测量均值为 3. 4005，群体认同测量均值为 3. 2375（见表 6 - 3），被调查的 480 名数字阅读者的自我认同度高于其群体认同度。进一步对这两组数据进行单因素方差分析，可以发现，被调查的 480 名数字阅读者的自我认同度显著高于其群体认同度（见表 6 - 4，$F = 18.099$，$p < 0.01$）。

表 6 - 3　　　　　　　自我认同与群体认同得分的均值比较

	N	极小值	极大值	均　值	标准差	方　差
自我认同	480	1. 25	5. 00	3. 4005	0. 61757	0. 381
群体认同	480	1. 25	5. 00	3. 2375	0. 56871	0. 323
有效的 N（列表状态）	480					

表 6 - 4　　　　　　　自我认同与群体认同得分的单因素方差分析

	平方和	df	均　方	F	显著性
组间	6. 378	1	6. 378	18. 099	0. 000
组内	337. 612	958	0. 352	—	—
总数	343. 991	959	—	—	—

由以上数据可以发现，数字阅读对身份认同存在建构功能。但将身份认同的双重层面——自我认同与群体认同剖析开来进行对比，则可发现，数字阅读对两个层面的构建程度并不一致。或者说，本书得出的观点与早期在其他研究设想中认为数字阅读对身份认同的构建与纸质阅读

对身份认同的构建并无区别的观点并不一致，但也不同于直接简单认为数字阅读对身份认同具有同样的、强效的建构作用。在对自我身份认同的建构层面，数字阅读以其多渠道信息来源、自主书写、自主转发、分析等互动功能的增强使得自我认同在信息源多面的映照中更加立体；但对群体身份认同建构中，数字阅读虽是基于内容、兴趣、爱好为连接点达成更为广泛的联系，但这种关系网较为薄弱，缺乏传统现实社会互动关系中的稳定性，在权利与义务之间并无强行的介入，使得读者对这种虚拟社会中产生的更多是一种较为随意的、距离感的，时时避免自己过多"卷入"其中，甚至是随时跳离其中的流动性，由此而产生的群体身份则模糊不清并随时变化。

二 立体化：虚拟空间中自我认同的多面映照

依据认同理论可以总结认为，自我认同的形成是在"自我"与他人之间的互动关系的确认中解释社会行为，是个体依据个人的经历所反思性地理解到的自我。在网络时代，自我认同已超越了基于血缘、地域、宗教等因素为联系的社会关系网络，并在此社会关系网之外以兴趣、爱好、共同关注点为交集展开了一个更加广泛、更加巨大的关系空间。数字阅读的虚拟网络空间赋予了读者多重身份、经验选择的可能性，多元的自我面相可以得到呈现、尝试，为自我认同提供了更多途径与镜子的反观。在此空间之上，主体或是在网络空间中独辟天地，自我书写、自我记录，与自身对话并反思确认主体身份；或是基于社会关系与网络关系、"强关系"与"弱关系"相结合，在与他人的互动、他人的回应中理解自我。

（一）自我的书写：博客记录中的自我确认

"自我科技"是一种个体借助媒体中介以叙述自己、再现自身的工具。

它的作用如同早期的人们通过信件书写或是日记保存来诉说自己的存在一般。① 法国哲学家米歇尔·福柯在《权力的技术》一书中提出"自我科技"的概念，认为主流意识形态透过诸如电视、报纸之类的大众化强势强权媒体并结合"自我科技"等手段来引导意识形态。早期的"自我科技"更多的是形容一种外在于个体头脑的自言自语的叙述。从传播的角度而言，在它的传播过程中，传播者与受众是同一人，或者可以理解为是"主我"与"客我"在头脑之外，借助于传播媒介的一场交流对话。

在后现代以电子媒介为主导的时期，曾经最为坚固的身份认同被解构，主体呈现为"多重的""消散的"和"极度碎片化"的特征。在此基础上，"自我"分裂的多重身份在"自我科技"的前提下得以存在，"我"与"我"的对话将更加矛盾与难以统一。传播学者钱德勒更是认同网络的"自我科技"力量在认同建构可能中的作用，他的理由为"这些'自我科技'让我们不只思索我们的认同，并且转换我们思考自身的方式，也将我们改变为我们意欲成为的人"②。

"自我科技"在网络传播时代以博客、微博的书写、阅读最为凸显。以个人为中心的博客潮流，使人们在互联网世界开始有了知识积累和文化指向。人类由粗放的数字化生存，逐渐过渡到个人化的、精确的目录式生存。

自我书写的个体，在键盘上敲下第一个字母，落下第一行文字的时候，并非以表演、供人围观的心态开始的，而是为了记录自己，与自我对话。

"写博客能记录自己一点一滴的进步，同时会发现自己的不足，看明

① 参见刘燕《媒介认同：媒介主体身份阐释及其网络认同建构》，《新闻记者》2009 年第 3 期。
② Crispin Thurlow：《电脑中介传播：人际互动与网际网络》，谢光萍译，台湾韦伯文化出版社 2006 年版，第 144 页。

白、想清楚、说清楚和写清楚是完全不同的程序。只有在写文章的时候，我才会发现，原以为想清楚的东西，可能写不清楚或者说无法做出深入浅出、易于理解的描述。这个时候，我就会重新整理脑中的东西，也许从一开始，我就是个矛盾体。"（FR，女，20 岁，本科二年级）

在博客中通过将脑中的想法转化为文字，本身就是一个自我对话、梳理的过程，即使自我的各个面相在出发时是相互矛盾的，个体仍然会通过博客的书写与阅读，不断调适自我，试图在文字中寻找出各个矛盾点的解释途径，并将自我梳理成为一个较为统一的整体。

"我是一个喜欢偶尔翻看过去日记的人。拥有私人日记的博客，虽然换了很多个，但是一直都有。每次翻看，都觉得有所成长和收获，不是因为当时的处境，而是时过境迁之后对自己更深刻的反省和思考。日记里，也许会记下那年所熟知的事情，也许对那时的你完全没有用，但后来机缘巧合地找到，却是一种莫大的欣喜。博客里，你也许会看到敢作敢当的青春，看到年少无知的执着，看到一个属于你过去却永远不会存在在你未来的人。我印象最深刻的事情是，我记得去年的元旦，我和一个很好的朋友聊天，他一直在开导我。今年的元旦，当我遇到相同的问题困扰不已的时候，我赫然发现和他谈天的内容，我复制在了去年同一天的博客里，醍醐灌顶。依然如初。当你以为你已经完全遗忘掉的时候，却又出现，提醒你，你所收获的东西一直都存在在自己的生活里，不会因为孤独而遗失，也不会因为快乐而忘却。有时候，通过写博客，写日记，可以知道自己真实的想法，可以凝练出自己的观点，甚至是形成了一套自己叙述的模式。"（WPY，网友）

个体在博客中的身份和认同一直处于游弋和流动之中，但通过博客、微博的书写，人们将所思所想外化的过程中，审视作为主体的"我"存在。在身份的多元化、身份的多重性当中，人们才能得以重新审视自己。

人的存在表现为人的社会生活过程，人的历史就是人的生命活动史，在博客潮流中，人把自己的思想凝聚到博客中，充实和发展着人自身的力量，个体对自我认同的追求也在这个过程中经过多次证明得以实现。①

"记得自己。知道自己什么时候在黑夜大雨中走过，而最后又迎来阳光晨风。有多难过的事，我总觉得，只要写在了博客上，敲完最后一个字之后，一切就都会好起来了。不是有那么句话嘛，认真地记下走过的路，不是为了知道怎么去，而是为了记住去了哪里！"（Eyee Cheung，女，30 岁）

"我博客上的各类文章，从分类上来讲基本上各个方面都有涉及，说明这一年多来我针对自身缺点边反思边总结，个个突破了很多问题，树立了一些小小的里程碑。时间看得见：再过半年、一年、五年之后再回来看这个节点，也许会觉得自己很可笑，然而正是因为前期的一点点小努力，才会帮助以后的自己站得更高，看得更远，不是吗？"（YCN，男，32 岁）

在网络书写时代，"自我科技"的发展影响着新的自我认同的形成。正如网络的虚拟性和网上所特有的人际互动模式彻底扭转了传统意义上的本质认同观或自然认同观，强调个体的认同可以是变化的、多元的，是一种社会性的弹性建构。

（二）角色的定位："分享"与"转发"中的自我扮演

在数字阅读下，阅读已与社交紧密联系，甚至在数字阅读的网络空间中一度有"无社交，不阅读"之说。

"阅读"和"社交"原本是两种完全不可兼容的行为。在传统的阅读中，纸质媒体天生就对"交流"抱有一种抵触的姿态：读者与作者不可交流，读者与读者不可交流。更进一步来讲，传统的阅读本身就更加推崇个体封闭式的"无语"与"独处"。读者的阅读过程中思想的内化过程与外

---

① 李海涛：《博客文化中的自我认同与价值审视》，《内蒙古农业大学学报》2009 年第 6 期。

化的表达都是黄卷枯灯下的个体行为，只有绞尽脑汁、千回百转，"为伊消得人憔悴，衣带渐宽终不悔"，在近似一种自我折磨的状态下，自我与自我在文本之上的一场思维较量之后，才会有雨过天晴、醍醐灌顶的领悟与理解。在阅读中并未告一段落而进行语言交流、与他人的谈论被视为浮躁、不深入的过度之举。

每个人都生活在一些小圈子里面，他扮演一个分工，他身上有一些标签，尤其是对于那些他在乎的人来说，他需要成为一个他想成为的人，这就是他的标签。比如说："我"是某某粉丝，"我"喜欢某某明星。大多数人都不是真正的脑残粉，而是通过我喜欢谁这个标签来展现我有什么特质。"我喜欢摇滚"，绝大多数摇滚迷都是伪摇滚，只是想通过摇滚来说"我很rock"，"我"通过说"我"喜欢"文艺电影"来展现"我很文艺"，"我"通过转发最新的段子来证明"我很新颖""我很好玩"。当然不否认你确实存在喜欢的部分，但也不可否认的是你通过展现你喜欢的部分来产生你的优越感。社交媒体特别适合去展示你的标签，放大、反复你的标签，隐藏你不想要的标签。它特别容易地把你展现成一个你想展现的人，而在现实生活中这一点很难。

分享认同的文章、内容、资讯，其实代表了自己的声音。写个文章得花多大劲？没办法表述得很好怎么办呢？会不会被朋友吐槽？转发个别人的观点，同时附上自己的几句话多方便！凭什么别人可以秀旅游照片，秀食物，秀酒店签到，秀在看的书来装情调，"我"就不能秀下"我"看的文章？"我"的几个创业的朋友天天在朋友圈转文章，让投资人看到自己的学习热情。（Michi，女，25岁）

与传统媒体传者受者壁垒分明的情况恰恰相反的是，数字阅读中的阅读者和作者传受双方经常易位。举个例子就是微博的转发。当一个用户看到另外一个用户的微博时，他是后者的阅读者，然后他发现这条微博很有意思，于是按下了"转发"这个按钮，在按下那个时刻，他瞬间成为新的传者。如果他在转发的时候，还写上了几句话，显然他又成为内容贡献者。这里的转化，可能就是几秒钟的事情。所以，阅读这种信息的接受行为，与传播这种信息的发送行为，非常密切地融合了一起，几乎不能分割出来讨论。这也就造成了数字媒体时代的阅读有如下的强烈特征：阅读就是在社交。每个人都能覆盖的一个传播范围，其实就是他的社会化弱关系＋强关系的范围。每个人也都在读，他能读到的信息范围，其实就是他的社会化弱关系＋强关系能推送出来的范围。

　　而社交媒体鼓励在人际交往中以"我"为中心的自我表达、自我展现，在表达与展现中与他者的阅读紧密结合，通过微博的"弱关系"连接，微信、朋友圈社会"强关系"延伸，最终在社交媒介的平台上发布状态、分享信息、转发文章。不管哪种行为，其实都是在有意无意地塑造自己的形象：小心翼翼地斟酌140字，期待朋友圈的每一次点赞，删除掉那些反响不好的评论，这些都是社交媒体对自我形象管理的一部分。

　　为什么要转发？转发在"我"看来是种"二次创作"。我们在转发什么？我们在转发自己的态度、自己的三观、自己的形象，无非想让别人知道"我是什么样的人"。很多时候，我们都不方便或没能力去直接表达自己，转发则是很方便又很低成本的选择。（Jeffrey Shieh，网友）

　　转发文章也是社交行为的一种啊，很多人是用转发这个动作来塑造自己在朋友圈的image。跟自己发文晒图比起来，很多时候这更像是一种低调的炫耀。我在朋友圈里转发的时候，大多会考虑到，哦，这个东西"我"的朋友会怎么看？他们看见这个东西后又会怎么看"我"？"我"觉得"我"是一个很酷的人，所以什么心灵鸡汤啊，成功学啊都跟"我"不太搭，要是"我"转发这些，朋友们肯定会以为"我"被盗号了。（Tingting Jin，网友）

在 2015 年 4 月发布的《国民阅读报告》中有这么一个数据颇受关注：微信阅读被首次纳入调查。结果显示，我国成年人手机阅读群体的微信阅读使用频率为每天两次，人均每天微信阅读时长超过 40 分钟。[①]

拥有 4.68 亿月活跃用户的微信，早已成为国内媒体和自媒体信息传播的重点社交渠道之一。与此同时，用户每天在微信平台上平均阅读 5.86 篇文章。其中，23% 的用户平均每天只阅读 1 篇文章，但也有 20% 的用户每天阅读 6 篇。进一步分析可以发现，多数用户的阅读主要来自朋友圈，"20% 的用户到订阅号里面去挑选内容，然后 80% 的用户到朋友圈里去阅读这些内容"。微信用户看到了想要转发的文章，61% 转发到了朋友圈，39% 的文章转发给好友。有目标性地分享可以被看成微信用户分享文章的特点，虽然转发到朋友圈可以让更多朋友看到，但依旧有接近 40% 的内容转发给好友。[②] 在看文章的时候，心有所想，但对其评论、表达，甚至撰写一段话去陈述、分析，是一件耗时耗力的高成本付出，人们在习惯他人为己代言的时候，轻轻点击一下"分享""转发"的按键，在"朋友圈"中晒出，不费吹灰之力就可以告诉朋友们，"看，这就是我要说的!"

"我"转发的时候，可不一定（甚至一般不会）想转给谁。就是想要朋友看到，至于哪个朋友，想细了就不想转了。有句话怎么说来着？"我"不想告诉你，但就是想让你知道。"我"在朋友圈看，也不一定是为内容，就想看看朋友的世界，了解朋友!（XR，男，28 岁）

数字时代，基于社交的阅读已经越来越不像个人的行为。如果说收藏这件事还属于内省的话，分享就全然不同。分享是很"集体"的，也是充满作秀成分的：看，"我"看的东西都是这类的。很多分享者其实压根没

---

① 参见中国出版网《第十二次全国国民阅读调查数据在京发布》，http：//cips. chinapublish. com. cn/yjsdt/201504/t20150420_ 165698. html。

② 参见腾讯科技《微信官方数据披露：什么样的文章更受欢迎》，http：//tech. qq. com/a/20141230/007569. htm。

心思阅读他所分享的那篇长长的文章。值得注意的是，他们不是在分享阅后心得，而是分享阅读物本身。

三 流动性：网络阅读社区中群体认同的"非卷入"

在数字阅读中，读者个体通过"自我书写"的方式进行自我梳理、本我与超我的对话，通过"分享与转发"的方式进行角色扮演，塑造出一个希望他人眼中的"我"。而在网络空间中，网络媒体以一根根无形无相的"线"连接着网络上的每一个人。只要主体愿意，并能在须臾之间，在茫茫人海之中找到与自己志同道合的"我们"。

（一）"我们"与"你们"的划分：网络阅读社区中群体认同的建构

网络阅读社区、文学社区将以往热爱文学、热爱写作的作者与读者、读者与读者相连接，跨越了中间编辑把关、出版商等层层延滞，将"群体"构成的概念超越于"书本"之外。

"个人感觉，阅读社区的定位是一个兴趣聚合器，把有相同志趣的人引到了一起。豆瓣读书应该就是这方面最好的例证，通过书评实现了大家对于书的讨论，给大家提供了一个交流的空间，把大伙儿从单独的阅读、思考空间里解放出来，实现互通有无，甚至是想法和思想上的沟通。"（姚××，豆瓣网友）

与传统由血缘、地理、民族等为区隔形成的认同相类似，网络阅读中形成的群体认同同样存在对"我们"的坚守与对"他们"的剥离。同样是阅读社群，只是在社群的分级与设定上存在主体差异与风格的不同，其阅读者便会以"我们"与"你们"的天壤之别拉开彼此之间的距离，从而在差距的沟壑中确立自身的基准点。并且，这种差距被描述得越明显，越能凸显"我们"和"你们"是截然不同的。

比如，"知乎"和"豆瓣"均为备受关注的网络论坛。"知乎"号称

"一个真实的网络问答社区，与世界分享你的知识、经验与见解"。在"知乎"论坛中，大量针对现实的发问能得到网友们各抒己见，有的甚至是见解独到的回答。而"豆瓣"论坛中的"豆瓣读书"板块，以"阅读"为主打，记录用户个体读过的、想读和正在读的书。读者能打分，添加标签及个人附注，写评论。另外，根据读者的阅读浏览记录，豆瓣会推荐个性化的书单。就两大网络阅读社区本质而言并不存在对抗性竞争，但网友一篇《玩过这么多社区，还是豆瓣好——末日之际写给豆瓣一句情话》帖子在放入"豆瓣读书"论坛与"知乎论坛"后，两个论坛的群体发出了截然不同的对立之声。

在原帖《玩过这么多社区，还是豆瓣好——末日之际写给豆瓣一句情话》的陈述中，大量使用"你们是……"而"我们是……"的句型，而"你们"与"我们"的差异描述直接体现了两个群体认同中标志、特征的划分。与此同时，在描述中，作为群体内部的个体往往将本群体竭力美化，多以"平等""自由""家"等词汇描述，而相对应地则把"他者"多以贬义的方式形容。

"知乎尽管也是个分享社区，但它是少见的非中立社区，即社区管理团队和社区规则会强烈地歧视使用某种方式参与的用户……这个社区的管理者拥有非常高的权力，我认为他们表现得不像服务者，而是统治者。……豆瓣在使用方式上折腾过用户，但是'平等、多极、低权威'原则却一直没有根本性的改变。用过许多社区，也包括'雪球'这样同样拥有良好原则和专业性的社区，那里像一个很不错的可以供职的公司，而豆瓣是整个网络上我最愿意'在此安家'的地方。"（门柱，豆瓣网友）

而在两个论坛下的跟帖中，不同的论坛网友也根据各自所归属的群体，表达出强烈的群体荣誉感与群体认同感。在"豆瓣读书"的板块中，一片赞同、支持之声强化了群体之间的差异，即使有极少数反对意见，也会被迅速湮没、打压下去。比如："我完全不能理解知乎，那上面的人都太爱 judge 了，大部分回答都包含很强的自负情结，看了就想吵架。"（多多多多，豆瓣网友）

"知乎本来就是几个挨踢×丝的'朋友圈'，凭什么跟大豆瓣比！"（傅尸水，豆瓣网友）

而在"知乎"论坛中相关于此帖的讨论，则首先否认原帖中对"知乎"群体的种种指责，其次针锋相对地指出"豆瓣读书"中的不足，以凸显本群体的优势与地位。比如："相比其他社区，知乎的氛围是相对严肃一些的。调侃什么的当然可以，大家都喜欢在回答中调侃、吐槽，但都是建立在有干货的基础上的。我也很讨厌三表等人答非所问的'抖机灵'，对这答案的折叠应该更坚决。而有价值的答案，自然应该，也会得到赞同。"（贺××，知乎网友）

"知乎团队绝大多数的行为都是'为了发现和传播优质内容'。'既当运动员，又当裁判员'的类比是有问题的，因为，这并不是一场比赛。如果有人问，'如果这不是一场比赛，那会是什么呢?'我想，更像是我们大家，在一起建造一座宏伟的建筑吧。"（采铜，知乎网友）

在两个社区的网友发言中，均使用了"我们""大家""家""他们""在此安家的地方"等词语，在对自我特点、优势的陈述，对对方、他者的贬低、回应中极力强化内部凝聚力与群体的同一性，同时，拉大两个群体之间的差距，甚至在某种程度上夸大差距以表达对"他者"的排斥。

（二）数字阅读中群体认同的"非卷入"

虽然网络阅读论坛提供给广大读者巨大的"对话"空间与讨论平台，但这种空间、平台上所形成的基于阅读兴趣点为节点的网络阅读群体是难以脱离网络媒介本身而存在的，更进一步而言，其存活空间也只能停留于网络空间之内，无法延伸至现实世界之中。

首先，数字阅读中形成的群体认同黏性低，较难形成长久的、稳定的、紧密性认同与归属。网络阅读论坛中多以虚拟身份注册进入，而"虚拟身份"脱离了现实世界的重重束缚，化解了生活中种种无法割舍的社会关系后，以"我想是谁"的起点开始了"第二人生"。"虚拟身份"承载着个体对现实生活中无法实现的多元梦想，该梦想不仅包含重建个体身份的强烈期许，亦包含重建群属身份的热切愿望。数字技术和网络"互联互通"文化融合成为一种重筑社群的力量，促使人们能够跨越时空界限聚合在一起，形成若干新型社群，并在此过程中重新框定自己的群属身份。[①]在此技术基础与网络文化寄望的双重结合下，数字阅读主体在阅读虚拟社区中拥有充分的自主权，以超越"现实的规则"来重新规划自我的群属身份，或是坚守现实世界中的阵营并发出平日未被重视的声音，或是倒戈相向，以与现实截然相反的立场立于"他者"之地，声张现实生活中不可言说的心中所思。

然而，网络社区中虚拟身份的设定在给予个体自由的身份权利的同时，也使得主体失去了与权力相对应的约束。在现实生活中，群体的形成与加入都对试图加入群体的个体设置了层层关卡：或是提高加入群体的门槛，包括经济收入、文化层次水平等；或是需要申请加入的个体通过层层考验测试，以使其珍惜得之不易的机会；或是在已成为群体成员后划分级别，按对群体的贡献度晋升，以此加强群体的凝聚感。但在网络阅读社区中，加入是在注册、填写基本资料后便可完成群体对个体的接纳。在群体内部，即使与群体的观念、同一性存在背离，也不会被剔除或接受任何惩罚。而在个体退出群体的过程中，也不用做出任何惩罚措施以增加其离群的成本。

---

① 参见刘丹凌《新传播革命与主体焦虑研究》，《新闻与传播研究》2015 年第 6 期。

"我在网络阅读社区中是'千年潜水'的。在社区中注册加入，要么只是为了下载一个资源，拿到资源就不管；要么仅仅就是作为'ID 收割者'，有个 ID 就好了，其他都不重要。"（LML，男，34 岁）

"其实，不是不感谢，不反驳，只是没有表达出来吧，主要应该是性格原因吧，平时就不大喜欢说话，论坛上又都是陌生人。而且不知道怎么融入那种氛围，也不是很想融入。"（ZXL，男，30 岁）

个体在阅读社区中，往往可以任意选择群属身份、变更群属身份、中止群属身份，甚至转让、售卖群属身份，更不必提穿梭于各种群属身份之间。其后果是：主体在几乎零成本的群属身份获得之下，流连于不连续、不稳定，甚至分裂的群属身份，很难找到真正的群属认同感。

其次，网络中的群体缺乏身份相应的权利与义务，其松散性组织全方位投入的自反性距离，非卷入式群体生活。用斯拉沃热·齐泽克的话来说，虚拟社群生活的特征更多表现为一种阻止全方位投入的自反性距离。[①]网络阅读群落的缔结与分化是建立在主体的阅读兴趣偏好与意愿选择基础之上的，而阅读个体在网络阅读社区中的位置与角色主要取决于自我书写与自我标签的界定。以兴趣偏好为基础的虚拟社区瓦解了国家、种族、阶级、家庭、职业、宗教等现实群属身份结构的基本维度，同时也削弱了群属身份所获得的权利相对应的义务关系。阅读主体可以在进入网络阅读社区之后，获得阅读资源，参与阅读讨论，但也可在毫无缘由的情况下退缩抑或撤离，逃避阅读群体的资料上传、共享的义务。即是说，与网络阅读社区的松散性结构相契合的是一种"非卷入式"群体生活，主体的群既容易取得，也容易破碎，难以形成稳定、坚实、有向心力的群体归属感。

"我在天涯'豆瓣'知乎以前还有糗百什么的都潜水了好多年，经常

---

① 参见［美］斯拉沃热·齐泽克《因为他们并不知道他们所做的——政治因素的享乐》，郭英剑等译，江苏人民出版社 2007 年版，第 6 页。

遇到各种与自己观点不符的奇葩言论，但是很少试过反驳或是回复。因为一是对方未必看得见，看见了未必理你，有时候满腔怒火打一堆字没人理是很悲催的。二是理你了你就要理他，然后你俩就要互掐，互掐到最后就是两败俱伤，浪费时间，然后谁也没说服谁，最后该咋样还咋样。三是网上说话是不用负责的，谁都可以满嘴跑火车，谁都可以是键盘侠，对于不负责任的言论没必要那么认真对待。四是真的很浪费时间，打字也很麻烦。五是潜水看一堆人互掐隐隐有一丝快感。"（JM，男，26 岁）

或许可以用雪莉·特克尔概括为网络阅读论坛中的读者群体身份："我们因网络连接而同在，但是我们对彼此的期待却削弱了，这让我们感到彻底的孤独。可能存在的风险是：我们开始把其他人视为实用性的客体而去接近，并且只愿意接近对方那些实用、舒适和有趣的部分。"① 在网络化生活中，真实的群体交往和群属身份更多呈现为一种象征性存在，它难以作为结构性力量，帮助面对和解决现实问题。

第四节 对数字阅读中身份认同研究争论的思考

随着媒介技术的发展，媒体给受众带来的变化不仅仅局限于其承载的内容，更多是由新旧媒体各自产生的信息场景所形成的融合。旧媒体与新媒体以信息流通模式的不同，分别形成不同的场景，而当新旧媒体形成的两个场景正面相交之时，我们不能简单地认为两个场景是简单叠加，而应认识到这是一个新系统、新场景的诞生，其间伴随着新的社会模式与行为

---

① ［美］雪莉·特克尔：《群体性孤独》，周逵、李菁荆译，浙江人民出版社 2014 年版，第24 页。

规则的产生。一方面，新媒体的广泛运用促成一系列旧有情境界限的打破，致使一些旧有的不同情境合并，进而形成新的传播情境；另一方面，新媒体使不同情境之间的一些旧有的连接机会消失，导致新的分离。① 而今，新媒体以其更加便捷快速获取信息的方式，改变了电子媒介传播时期信息流通的传统模式，最终促成原先信息情境形式的变化。以数字媒体为代表的新媒体同样改变了原有传统电子媒介的传播情境，出现了新旧信息场景的融合，从而导致社会原有的传统行为模式的变化。

我们可以从约书亚·梅罗维茨在《消失的地域——电子媒介对社会行为的影响》一书中得到数字阅读对身份认同构建的启示：数字阅读媒介的影响，是在其物质载体、符号信息的基础上，改变纸质文本媒介业已形成的信息传播系统及相对应的传播情境，一方面促成了一系列旧有情境边界的破解，产生新的信息连接空间与传播情境，个体在自我审视的过程中能借助更多的反馈渠道以反观，以更多的虚拟身份去尝试、探索、挖掘自身存在的其他面相；另一方面，数字阅读媒介将传统群体认同中连接淡化甚至消失，并产生新的连接，但这种新生之物如此脆弱并且不具有权利、义务相对等的关系与进入、退出群体的成本付出，致使群体不稳定，个体对群体的归属感不强。

但对照先前关于数字阅读媒介对身份认同影响的种种观点，杜绝拍脑袋、想当然的做法，以种种实际调查与访谈得出以下反驳。

（1）数字阅读中，读者并不会普遍产生脱离实际的虚拟感

在速途研究院公布的《2015 年第一季度中国网络文学报告》中指出：在玄幻/奇幻类、仙侠/武侠类、都市/校园类、科幻/灵异类、历史/军事类、游戏类、穿越类七大类别中分别选取了排名前八的作品并对其推荐度

---

① 参见田中初《电子媒介如何影响社会行为——梅罗维茨传播理论述评》，《浙江师范大学学报》（人文社会科学版）2006 年第 1 期。

进行统计排名，结果显示，目前最受欢迎的网络小说类型当属玄幻/奇幻类，广为人知的作品有《完美世界》《斗罗大陆》等；仙侠/武侠类紧随其后，《凡人修仙传》《莽荒纪》均在此列。[1] 基于此类调查，大量指责网络阅读的研究认为，数字阅读者中以年轻读者居多，而数字阅读中的题材分布以玄幻/奇幻、仙侠/武侠等类型最受关注。年轻人在缺乏现实生活经验的基础上，沉溺于数字阅读营造的虚幻世界，会对他们的自我认同和与他人的社会交往产生障碍。

但根据 480 名数字阅读者的数字阅读沉溺现象进行问卷调查，以"数字阅读中时空感的沉迷"与"数字阅读的虚幻世界使读者产生不现实感"两个问题进行态度测量，根据所选选项赋值得分，对所陈述的题干表示非常同意 = 5 分、同意 = 4 分、无意见 = 3 分、不同意 = 2 分、非常不同意 = 1 分。

从表 6 - 5 可知，阅读者并未因数字阅读媒介的强大媒体功能影响其对现实社会的感知和与他人的交流。在"是否会沉溺于数字阅读的虚幻空间之中，产生不现实感"一题的态度测试中，被调查者的总体得分均值为 2.5625，众数为 2.00；在"数字阅读的内容常常使我沉迷其中，忘记时间"一题的测试中，被调查者的总体得分均值为 2.1542，众数为 2.00。因此，可以得出结论：多数数字阅读者并不认为数字阅读能将他们带入虚幻世界，并不会因为数字阅读而影响其对现实世界的感知。

表 6 - 5　　　　　　　数字阅读中读者是否会沉溺其中

	均　值	标准差	方　差	众　数
1. 数字阅读是虚幻空间,时间长了我容易沉溺其中,产生不现实感	2.5625	1.00658	1.013	2.00

[1]　参见李国琦《速途研究院：2015 年 Q1 中国网络文学报告》，http：//www.sootoo.com/content/651132.shtml。

	均　值	标准差	方　差	众　数
2. 数字阅读的内容常常使我沉迷其中，忘记时间	2.1542	1.12533	1.266	2.00

（2）数字阅读的线上行为并不会延伸至线下

在对 480 名数字阅读者的"数字阅读社群行为是否会延伸到线下，从而影响现实生活"一题的调查数据为，分别有 5.21% 的阅读者和 23.75% 的阅读者表示"非常同意"和"同意"将网络虚拟社区上的活动延伸至线下并参与其中，但有 33.33% 的阅读者和 8.33% 的阅读者表示"非常不同意"和"不同意"将线上与线下的生活混合，在其阅读中也不会参与网络社区的线下活动。因此，可以得出结论：数字阅读者阅读行为在现实生活中并不凸显，数字阅读中的线上社群行为并不会延伸至线下从而影响读者的现实生活。

基于此两点，我们可以认为，数字阅读对阅读主体的身份认同的形塑既不是由于数字阅读媒介对阅读者营造的网络虚拟空间，使其沉溺于拟态环境之下而产生虚幻之想；也不是因为将数字阅读社群认同行为延伸至线下，从而解构真实世界中的群体认同。

相反，数字阅读对阅读主体的身份认同的构建主要集中于以下两个相辅相成的方面。

一方面，数字阅读者在网络媒介的支持下，建立了自我多重面相之间的沟通渠道，并且能在虚拟空间之下匿名模拟其他未曾在真实世界中出现的"我"来书写与对话。在统一自我、多重自我之间，读者最终会想象出一个弹性的自我，实现多重身份认同—协商之下的结果。换言之，虚拟身份可以帮助人们重新审视自我是完整个体的传统观念，进而促成新的多元而整合的身份认同的形成。

　　另一方面，由于在现实生活中的真实身份被网络媒介所隐匿，数字阅读空间成为一个不论经济地位、社会属性，只关注阅读文本的空间。因此，数字阅读者个体差异的淡化反而更有利于建构阅读文本基础之上的共同的意义体系，形成相应的文化认同。虚拟社群带来了一种新的集体文化体验，使人们得以超越传统和地域所设置的界限，建构起新的人际关系，重新理解人们所在的外部世界。

　　但也是因为网络媒介的虚拟性，数字阅读个体的虚拟身份具有很强的暂时性和流动性，在缺少群体进入与退出的成本付出，缺乏群体内部奖励机制、惩罚机制对群体凝聚力的巩固，数字阅读媒介所建构的群体身份认同往往较为短暂和不确定。①

---

① 参见石义彬、熊慧《从几个不同向度看媒介新技术的文化影响》，《湘潭大学学报》（哲学社会科学版）2010 年第 1 期。

第七章 数字阅读的媒介环境影响——权威的解构与重塑

韦伯根据权威的来源划分出三种权威类型：传统型权威、超凡魅力型权威和法理型权威。对于传统型权威，个体更可能将其视为一种强制性权威，因此会因惧怕该权威而产生顺从行为、顺从感受；对于超凡魅力型权威，个体更可能因对其产生尊敬、信任和喜爱之情，而产生顺从行为和顺从感受；而对于法理型权威，个体更可能因为对其合法性或对社会秩序的尊崇而顺从。①

从广义上讲，权威也可指涉等级关系中的高低之别。在《消失的地域——电子媒介对社会行为的影响》中，梅罗维茨所指的"神秘化"的权威实际上是指一种"等级关系"，一种用来指参与者具有不平等的等级或地位的关系，实际上是从属于等级制度当中。在探讨电子媒介对社会行为的影响中，梅罗维茨将社会变化划分为三个维度："社会化""群体感"以及"权威性"，他重点指出：媒介的变革与社会权威的变迁有密切联系。②

---

① 参见张娥、訾非《大学生权威顺从感的测量及其与心理社会适应的关系》，《中国临床心理学杂志》2010 年第 5 期。
② 参见［美］约书亚·梅罗维茨《消失的地域——电子媒介对社会行为的影响》，田志军译，清华大学出版社 2002 年版，第 296 页。

本书中所指的权威含义偏向于不平等的等级、地位的社会关系，具体到数字阅读中的权威，则既包括文本解读中各层意义之间的等级关系，也包括作者与读者之间的不对等关系，还包括借助于媒介传播特性所形成的信息垄断而塑造的齐一化文化的指定地位。

第一节　传播媒介与权威的产生

20 世纪 70 年代末至今活跃在传播学领域的美国学者约书亚·梅罗维茨，继承了英尼斯和麦克卢汉两位前辈的基本思想，结合社会学家埃尔温·戈夫曼的场景理论，在《消失的地域——电子媒介对社会行为的影响》一书中探寻影响人的社会交往行为的本质因素，提出"媒介情境论"，将媒介和社会行为连接起来。[①]

一　理论基础：媒介情境论中的媒介因素

20 世纪初期，学者开始借助"场景"这一概念审视人类的社会行为。场景，指的是人的社会活动所在的具体环境。借助"场景"，研究者从宏观的、系统的、全方位的角度去审视人看似独立、实则相互联系的各种行为。每一个社会场景的定义为不同的参与者规定和排除了不同的角色，也可以认为，人们在构建的场景的基础上，为场景中的基本行为设定了框架。埃尔温·戈夫曼在《框架分析》（*Frame Analysis*）一书中指出，场景

---

① 参见邵培仁、廖卫民《思想·理论·趋势：对北美媒介生态学研究的一种历史考察》，《浙江大学学报》（人文社会科学版）2008 年第 3 期。

定义的变化可能非常复杂，一个场景可能有一个"基本框架"，但却有各种"调整"方式。① 在"场景"的"基本框架"之下，人的行为已被大体设定好，并在具体的社会文化规范中表现出来，个体可发挥的行为空间仅仅是一种细微的调试。

在肯定了社会行为产生的"场景"影响因素后，研究者又继续追问这种"基本框架"是如何形成的。早期的研究认为，影响人们信息交往行为的"基本框架"——场景的决定因素是"物理界限"。"地域界限和面对面交往仍是获得彼此行为景象和声音的唯一的'直接'方法。以墙、篱笆为标志的有形障碍和界限，同门和走廊组成的通道一样确定了人们流动的方向，并且在很大程度上决定了面对面交往的数量、类型和规模。"② 而其后，进一步的探究又将"物理界限"提升到"感觉屏障"层面。行为与物理地点所形成的场景之间其实不存在直接联系，而是与物理地点中特定"感觉"发生关系。"场景"通常是以"谁在那"来定义的，它隐含的现实问题是其他人可以仔细观察到的行为的类型。例如，婚礼可以在教堂中进行，也可以在乡间的打谷场、大排档中举办，但在婚礼场景中每个人的基本行为规则不会因其物理地点是教堂还是打谷场、大排档发生本质的变化，而是根据在这些物理地点中"感觉"产生相应的场景信息，形成对"婚礼"中人交往行为的基本准则，从而做出适合此场景的适当行为。

对此两种观点，梅罗维茨给出了不同的理解，他提出了影响人们信息交往的关键因素是"信息屏障"。"对人们交往的性质起决定作用的并不是物质场地本身，而是信息流动的模式。实际上，场景定义的讨论可

---

① Goffman, Erving, *Frame Analysis*: *An Essay on the Organization of Experience*, New York: Haper&Row, 1974.

② ［美］约书亚·梅罗维茨:《消失的地域——电子媒介对社会行为的影响》，田志军译，清华大学出版社 2002 年版，第 32 页。

以由直接物质现实问题完全转向只关注信息渠道。"① 场景，由信息的区隔决定，媒介通过塑造不同的信息系统，形成一种隐性的隔离，通过限制信息的流动，使一些人接触某一特定社会环境中的信息，而一些人被排斥在此社会信息环境之外。被囊括其中的人凝结成一个信息共同体，以"我们"的方式区别于被排斥在特定信息环境之外的"他们"，而同一物理环境下不同"群体"的划分最终必然在群体行为方式上得到凸显。而这一切的根源，不是物理界限，不是感觉屏障，而是媒体产生的信息区隔。

在肯定了社会行为由社会场景所框架，而社会场景的形成又与信息隔离这一因素紧密相关后，梅罗维茨进一步阐述电子媒介如何影响社会场景的形成，并随之影响在此特定场景中的人的社会行为。电子媒介依据其编码符号简单、传播速度快、受众群体广泛等传播特性促成信息情境的变化，改变了传统书写媒介通过符号的加密、信息传播的阶段化控制等来实现对信息的隔离，打破了印刷媒介所造成的不同阶层受众群之间的界限，从而诞生出一系列新的社会行为。梅罗维茨以男性气质与女性气质的融合、成年与童年的模糊、政治英雄降为普通百姓三个个案，分析了三种社会行为角色类型：隶属或者"作为"（群体身份）的角色，转变或者"成为"（社会化）的角色，以及权力（等级）的角色。这三种角色既相互独立，结合在一起时又可相互包容，并且人的基本社会行为均可被统置于这三种角色之下。与此同时，群体身份、社会化进程阶段，以及等级制度中的三者的重新组合又将改变社会生活的整体结构。

---

① ［美］约书亚·梅罗维茨：《消失的地域——电子媒介对社会行为的影响》，田志军译，清华大学出版社 2002 年版，第 33 页。

二 权威产生的基点：信息资源的垄断与"神秘感"的营造

梅罗维茨认为，"电子媒介以两种方式影响社会等级制度：电子媒介改变了权威和高低位个体所需的技能（因此它们常常改变那些能担当这种角色的人，而且它们改变了领导和追随者之间整体的权力平衡），因为现在要求的技能具有较小的排除性和较少的神秘性"①。

权威地位的形成往往是以一个人获得其他人的信任并且愿意遵从其意愿为体现。对权威地位的成功获取依赖于两个因素，其一是对信息资源的垄断。等级关系中，权威性高的身份的展示和维持是要通过对知识、技能以及与角色相关的经验的控制来完成。"权威性"必然通过其在所属领域的专业素养来体现，而在具体的场景中，常常以场景的性质确定各种不同类型社会信息和知识的重要性，并由此来确定在场的人的相对地位。比如一个医学专家与一位美食专家在餐厅相遇，其所属场景恰巧是美食专家更为擅长的，具有更多信息资源的领域，因此我们可以认为，在此场景中美食专家的权威地位会更高。一旦场景发生变化，这种权威位置也可能会随之更替。

权威地位成功获取的另一因素是对"后台"行为的隐藏。塑造权威性，就需要"神秘感"，使之与众不同。广阔的"后台"个体行为是"非权威"无法触及的。为了使"非权威"的眼中保持敬畏，权威必须隐藏自己的古怪行为和弱点、早期的训练和错误、自己身体的功能和障碍，使之在"前区"所展现的一切行为似乎是与生俱来，不存在社会理想性行为认定的缺陷。因此，权威的塑造依赖于隐私，依赖于对"后台"的否定。

---

① ［美］约书亚·梅罗维茨：《消失的地域——电子媒介对社会行为的影响》，田志军译，清华大学出版社 2002 年版，第 172 页。

第二节　传统阅读对权威的建构

在信息传播的过程中，从人际口头交流中话语权的掌控，到群体传播中群体级别所对应的信息传播模式与流向的倾向性，再到大众传播中大众传播媒介对主流价值文化与少数群体文化宣扬力度的不一，以等级划分而形成的传播"不对等"现象无处不在。

在传统纸质阅读下，文本解读层面存在作者主导性解读与读者多元次级解读之间的不对等；在传受双方层面，存在作者与读者、作者与编辑、出版商、读者与读者等各种关系之间存在信息传受流向的不对等；在社会文化层面，存在主流文化与小群体文化之间的传播资源与媒体倾向的不对等。此种种不对等关系，分别形成了传统阅读中的文本权威、作者权威以及文化权威。

一　文本权威的建构：文本解读的封闭性

对于阅读文本的解读，学界多从效果研究层面展开。早期对于受众与媒介文本之间关系的研究多是强调传播者的强大传播效力，忽视甚至否定受众的主动性，认为受众如同"枪弹论"中"被射中的靶子"一样，在接收到信息的一瞬间变化产生强大的传播效果，"应声倒下"，接收的即刻即接受。而其后，研究又由于层层社会原因陷入困境，对媒介及其传播文本的效力产生怀疑，"固执的受众"一说由此产生，认为受众并不会被媒介及其传播文本所轻而易举地影响，受众个体所处的个人背景、群体关系对其影响更为突出与直接。随着广播、电视媒介的产生，"强效果论"与

"弱效果论"均逐渐退出历史舞台，随之而来的"适度效果论"在肯定媒介与传播文本的影响因素的同时，也承认受众主体对文本的解读差异带有各自的主动性，使文本在创作之初与在解读之时产生截然不同的含义。而这种文本解读出的含义，或是被强行收编于主流解读话语之内，或是被受众巧妙挪移，开创出主流解读话语之外的意义空间。

乌贝托·艾柯将文本区分为"封闭性的文本"和"开放性的文本"两种。封闭性文本通常被限定为仅存在一种解读，旨在通过叙述结构与叙述风格的倾向引导读者达到预设中的文本价值思想指向，从而理解文本中的人物设定、主题旨趣等。在此基础上，文本获得了作者在创作之初所预定的单一阐释。而开放性文本则与之截然不同，它在被创作之初就给予解读者巨大的意义空间，容许读者依据自身的经验与背景释放出多种联系和意义补充，极力把读者推向不同的意义空间。罗兰·巴特提出了"可读文本"和"可写文本"与艾柯的"封闭性文本""开放性文本"极为相似。罗兰·巴特认为，"可读文本"是读者在已设定的固定实体的基础之上，被动地接受信息；而"可写文本"则是鼓励读者参与文本建构的过程，在读者解读文本之前并不预设静态实体的文本，读者在解读文本的同时也是在生产无数的新的文本。①

不可否认的是，多级文本解读的意义所构成的不同的新的文本之间，存在媒介指向的差异性倾向，即一个文本虽向若干潜在的解读开放，但通常"倾向于"某种解读，或者说试图将读者更多地"推"向某种解读。②由于开放的文本总是需要较高的文化素养和知识储备，而闭合的文本总是倾向于生产同一水平线上的大众性内容，所以大众媒介多倾向于生产闭合

① 参见［美］丹尼·卡瓦拉罗《文化理论关键词》，张卫东等译，江苏人民出版社 2006 年版，第 60 页。
② 参见［美］约翰·菲斯克《关键概念传播与文化研究词典》，李彬译，新华出版社 2004 年版，第 178 页。

性文本，倾向于某种特定的解读。

在纸质阅读时代，文本寄托于纸质书本之上。一旦油墨与纸张相结合，既是静态的、不可变更的撰写，也是对其文本合理性、合法性的社会确认。从某种意义而言，人们自古就对纸质阅读的封闭文本具有一定依赖心理，甚至希望从可把控的、变动性弱的文本之中按图索骥地追寻文本优先性阐释的引导，削弱作为社会个体的人与生而来的不确定感。换句话说，在信息极度匮乏的时代，纸质阅读文本传播的有限但确定的文本能给读者极强的暗示——仿佛无时无刻不在说，"看，就是这个意思"，"看，书上这么说的"。种种以书本文字的方式确认其文本的正确性与不可置疑。

这种对纸质阅读文本权威的崇拜甚至在一定程度上上升至官方层面对文本权威性的肯定。比如在中国古代科举考试中，自元代至明、清，考试内容就被严苛地限定于根据儒家的四书五经为题，以著名宋代学者朱熹为代表的理学程朱家派所修订的《四书章句集注》文本，科举考试内容诠释必须以这些程朱理学家的注释为准。作为文本的读者与研修者，本应在字里行间依据个人阅历与思考深度，读出多重意义空间，却无奈只能被封闭于官方所指向的、经注所推崇引导的权威性文本解读之中，不得自由发挥。这种对文本权威的推崇，一方面固然是因为封建统治阶级在思想文化方面的禁锢，希望通过统一思想观念、灌输有利于其压迫性统治的迂腐教条。另一方面，则是基于纸质阅读媒介本身的传播特性所使然。纸质文本与封闭式文本、可读性文本具有一种与生俱来的默契：不允许读者参与书写、参与修改，文本一旦付之于纸张之上，纸质文本的只读模式便是权威文本，指导着当前社会的信条标准与统一规则。而其他试图颠覆其文本权威的少数群体思想，在口口相传的方式之下始终不能被纳入正统，或是销声匿迹，或是被官方贴上"异教邪说"的标签加以铲除。而其唯一可能被接受、吸纳甚至发展壮大、完全颠覆已有文本权威的机会便是在符合政治统治需求的前提下，将自身内容与意义空间也付之于纸质文本之上，并在完成的那一刻也封闭其文本空间，在传播中赋予其合理与合法性。

二　作者权威的建构：“神秘感”的营造

在社会信息的流通过程中，个体所处的社会角色不同、社会地位有高低之分，影响其对信息渠道的接触和控制。而从另一个方向反向推导，我们也可以认为，正是因为媒介的流通特性造成信息流通的不对等，从而进一步塑造了社会精英、作者权威地位的产生。在本书中，“作者权威”中的“作者”，并非特指文本的“书写者”与“编撰者”，或者直接从事文本创作的人，而是将其概念泛化，将所有代表社会精英、专家群体等具有较强话语权与丰富传播资源的人涵盖其中，统一由“作者权威”所概括。

在约书亚·梅罗维茨的“媒介情境论”中，他认为：高地位角色通常依赖于对当时主要信息媒介方式的接触和控制。口语社会中传播与领导的内在关系，其结果造成了当时的领导人通常是“那些有着超长的听力和节律才能的人，这在史诗六音步的诗行中可以得到证实”①。同样，哈罗德·英尼斯指出，在文字文化中文字抄写者由于获取了文字符号信息的垄断地位，虽其往往处于服务王室的地位，但仍然受到王室般的待遇。传播能力的新观念以及控制信息新的先决条件趋于改变不同的人以及人口中不同群体的相对政治和社会权力。

如若将信息的获取作为一种社会资源，我们也可以认为，社会个体对

---

① ［美］约书亚·梅罗维茨：《消失的地域——电子媒介对社会行为的影响》，田志军译，清华大学出版社 2002 年版，第 140 页。

媒介传播特征、信息传播系统的掌控与信息资源获取的优势是形成社会精英、作者权威地位的重要基础。这一点，完全可以通过在信息资源相对匮乏的阶段，社会成员对媒介使用权的掌控看出。在书籍还处于手抄传播阶段时，社会中获取书本的人基本属于具有一定经济地位与社会地位的上层人士。一方面，手抄书本的昂贵从物质载体资源的获取层面就已排除了一大批不具有经济实力的普通大众；另一方面，在当时社会识字率并不高的情况下，能识读文字并理解其内涵的人需要经过前期大量的专业训练与学习，才能在日常的生活实践中将阅读作为一项基本技能熟练掌握，这也从根本上剥夺了大量不具备文字识读技能获取渠道的普通民众媒介接触的可能性。而在印刷书本时代，此两种情况大大好转。印刷书本的廉价物质载体与印刷成本使得其价格在普通读者看来不再望尘莫及；再加之现代社会工业发展的需求，大量熟练工人在获得职业技能的同时也开始接触文字语言符号，获得基本的读写技能，这也使得他们对于书本不再心生畏惧。书本在他们眼中不再是遥不可及的一叠装订好的印刷纸张，更是知识与信息，甚至是获取社会地位的重要晋升途径。

从本质上看，纸质印刷媒介相对廉价与易获取性，在一定程度上向普通民众开启了阅读之门，但并未从根本上破解书本阅读中书写的权利仍由社会精英所把控的局面，作者权威地位并未受到任何冲击与变动。在传统纸质阅读的媒介环境下，社会精英权威往往是在能识文读字的人中产生，而在此群体中的金字塔顶端的是极少数具有经济实力与社会地位的著书立说者。在纸质书本传播的环境下，信息仍是一种较为匮乏的稀缺资源。无论是从信息的量上而言，还是从信息覆盖面、信息结构等层面而言，信息富余者与信息匮乏者的不对等状态始终存在。

纸质阅读依据以信息在不同群体之间的不对等传播和对特定群体的"神秘感"营造而形成和巩固了以作者群体为代表的社会精英的权威地位。

首先，在纸质阅读媒介基础上，信息呈现不对等的传播流向。一方面，纸质媒介的有限信息量传播、物质载体的制作、生产、印刷、运输的高额费用等造就了纸质阅读媒介的不易接近与不易获得性。种种限制条件下，媒介的偏向逐渐倾向于信息富余者依据对信息资源的垄断，对纸质文本阅读资源的占有，这是其独具的文化资本。在信息的再生产与再传播过程中始终占据先机与主导地位，潮流为其所动，社会风尚为其所主导。另一方面，纸质阅读媒介在信息书写的同时，大大弱化了信息反馈的渠道。读者在阅读纸质文本之时，所思所想虽被权威文本的优先解读空间所限定，但不免仍有溢出、超越范畴之外的思想火花。而纸质阅读媒介完全不设有提供读者反馈、交流的渠道。读者与作者之间无沟通，即使是作者文本错误之时也无法被指出并修订；读者与读者之间无沟通，任何远程交流的信息渠道都被定格于已有的纸质书写媒体之上，而读者又无法获得书写并广泛传播的权利。这种信息的不对等流通造成在普通民众的眼中，作者权威被纸质文字媒体赋予了独特而又神秘的光环，既高高在上、不可置疑、不予侵犯，又难以捉摸并充满了迷雾缠绕的神秘色彩。

其次，作者权威地位的维持需要隐藏其"后台"的行为。"后台"行为的隐藏，需要控制自己形象与行为，并且应自然得如同"本来如此"一样。在普通民众面前的"前台"状态，精英权威往往自持纸质文本权威而声称代表真实的、真理的、道德的、符合良好的社会行为规范行为特质，在纸质书本的书写中，也会绝对剥离其虚假、谬误的一面。此外，作者权威本身依据其信息资源优势，自我群体内部又再生成更不易流通、不易为圈外人士解读的专业术语、行话等。即使在物理空间上精英权威与普通民众同时在场，但基于纸质文字媒体的行话与专业术语在口语人际传播交流中，仍然将普通民众排除在信息系统之外，是一种"他们圈内"的"隐秘性"信息交流。当信息系统处于孤立状态，权威以其信息的优势获得了地位上的巩固，但也加剧了精英权威与普通民众之间难以平衡的信息沟壑。

因此，在纸质阅读媒介的支持下，精英作者权威隐藏起其天性中的错误与黑暗面，而始终书写、呈现其美好的形象。在信息资源被垄断、信息交流不对等的情况下，"神秘而美好"的光环始终萦绕于精英权威的头顶之上。

三　文化权威的建构：对齐一化的推崇与主流化的设定

纸质阅读媒介的静态、非互动性、以作者为主导的传播特征衍生而来的是齐一化、标准化的文化诉求。而在此诉求之下，切合社会需求与政治需求的文化被构建为文化权威。

在不同的社会历史背景之下，某种文化诉求往往被挖掘出来以迎合其社会统治阶级的需求或符合社会主流意识形态的价值引导。在纸质书本的静态冻结之下，该文化以优于与其并列的"他者"文化的形象塑造，被更多地施予媒介资源与传播渠道，在官方意义上给予其名正言顺的"主流文化"之名的合法性，在民间给予其"精英文化"的高等级与权威性。这种社会形态下文化权威的塑造极其依赖于纸质媒体资源的大量补给与分配。

在纸质印刷媒体封闭的、静态的、有限的信息系统与信息供给之下，原本与精英、权威阶级的理念与设想存在些许差异的文化被收编、改造后确立为文化权威。而被斥以他者、异类的"小群体"文化则被设定为不支持、不给予传播资源、控制传播渠道。除了传播资源不对等分配之外，纸质阅读媒介本身的物质载体与符号形态本身也不鼓励被树立的"权威文化"与"少数群体文化"之间产生互动。纸质书本之上多是一家之言，如果不设专场讨论区，很难形成你问我答、各抒己见的言论平台。少数群体的文化传播既不可得到广泛宣扬，也缺乏与精英阶层所推崇的、设定的主流文化进行批判、争论的互动平台，"百花齐放、百家争鸣"的竞技场在媒介传播资源分配不均、媒介传播反馈性、互动性缺乏的劣势环境之下，成为"整齐划一"的主流思想的"独家演唱"。

最明显的例子体现于"文革"时期单一思想的宣扬与引导之时。大量符合当时社会环境与政治需求的文本被标注为"红色文化"予以支持与传播，一时之间以"两报一刊"为政治风向标的文学作品兴盛繁荣，以京剧《红灯记》《沙家浜》《智取威虎山》《奇袭白虎团》《海港》，现代舞剧《红色娘子军》《白毛女》，交响音乐《沙家浜》为代表的革命样板戏成为权威文化——红色文化的代表文本。而出现在纸质阅读媒介之上的也都是以"红色文化"为引导倾向的齐一化之声，而没有供"他者"观点、意见交流的平台与渠道。传统纸质阅读媒介为了使既定的统治阶级秩序和权力意识普适化、合法化，往往会在媒介内容的产制过程中侧重于制作闭合性的文本，使民众产生持久而印象深刻的共识。对具有倾向性文本所做的另类解读，一般出自作者与读者或读者与读者之间社会地位或文化经验的差异。而这种差异往往被控制在作者的预定之内，甚至在某种程度上作者以种种方式缩小预设空间，给定特点解读意义，缩小差异性。即使仍存在作者意想之外的解读，因读者本身不具备传播力，大面积、广泛传播的"纸与笔"均被控制在"作者权威"的手中，对文化权威造成冲击的可能性也是微乎其微。

总结而言，在传统纸质阅读媒介所限定的静态的、单向非互动的、作者权威主导下的传播，往往衍生出适宜于社会精英、权威所需求的齐一化、标准化的文化，并在社会文化的引导中竭力凸显其权威性。

第三节　数字阅读对权威的解构与重塑

数字时代开启的"后纸张"时代撇开了传统的"文房四宝",以敲打键盘代替"爬格子""码字儿",实现了以机换笔的工具革命;数字文本的发表仅仅是按动鼠标即可把自己的作品送上电子公告牌,使其在蛛网覆盖的网络中实现无远弗届的传递与沟通,这是对传统话语权所实施的文学资质认证的蔑视与挑战;网络文学的阅读只需打开一台带有调制解调器的联网计算机,至于读屏背后的文字解码和链接交换等全部细节已经由电子技术解决,由此形成了文学流通和消费方式的根本改变。阅读文本的存在方式被交付给了电子技术的硬件和软件。福楼拜曾预言的"艺术愈来愈科学化,科学愈来愈艺术化:两者在山麓分手,有朝一日会在山顶重逢"① 似乎在数字时代已经变成了现实。

从传播媒介的角度来看,权威的产生,无论是文本权威、作者权威,还是基于两者基础之上合力生成的文化权威,都不可缺少传播媒介在信息传播过程中对信息资源分配的偏向。这种偏向,一部分原因是社会阶级对社会资源的不平等分配,另一部分原因也是由于传播媒介本身所具有的传播特性造成的,具体到纸质传播媒介则是其静态的、凝固的、缺乏即时互动的传播功能。在数字阅读时代,传播资源也不再稀缺甚至不可获取,信息以多视听符号的形式实现了即时交流、互动交流,线性的阅读模式被以读者为中心的"意识流"式网状扩散式阅读所取代,甚至为读者提供了

---

① 欧阳友权:《新媒体的技术审美与视觉消费》,《中州学刊》2013 年第 2 期。

"书写"的平台，成为网络上的写作者。在此基础上，先前由纸质阅读媒介业已形塑的文本权威、作者权威与文化权威被逐一解构，并在数字阅读媒介的传播环境下，产生新的权威形态。

一 权威解构与重塑基础：数字媒介技术与后现代主义文化的契合

在数字媒介技术与后现代主义文化的双重合力之下，传统阅读中的文本权威、作者权威以及文化权威被一一解构并产生新的格局。

（一）技术层面：文字处理技术、超文本技术与交互功能

在文字处理技术问世之前，纸质文本的生产过程是困难而痛苦的。传统书写技术下，文本物质载体的生产费时费力：从文字创作开始，到编辑、排版、校对、印刷、运输、发行与销售，纸质文本在到达读者手中之前要经历多个环节。除此之外，纸质文本书写本身也是一项艰苦卓绝的工作。一方面，思想感情的外化过程本身是充满痛苦的；另一方面，表达持久的过程会立即使表达固定，使之成为一成不变的东西。无论人创造的文本是什么，书写的结果总是立即成为一个令人望而生畏的客体，总是拥有它自己的生命。结果起初的创造过程并不那么难，后来的人书写时需要调整和适应，这反而是非常难的。因此，在书写落笔后的那一刻，对已表达的内容进行修订极不方便，或是费尽力气擦写掉，但仍不免存留书写的痕迹与破损，或是直接重新誊写，但在强大的体力活动之前往往不得不与先前文本展开艰苦的"谈判"："这样的修改值不值得我把整页纸文稿重新抄写一遍呢？""或许原先的文本更好，而誊写只是白费功夫"，在重新誊写的做功与文本修订的优化中努力寻找性价比最高的选择。

文字处理技术下的数字书写文本是弹性、可塑的低成本生产。文字处理技术使这个艰苦的"谈判"不复存在，它能使业已外化的文本并不是一个坚硬的不易更改变形的物体，而是软性的，像面团一样容易揉捏的可塑

之物。文本和它表达的思想意义之间可随着作者创作的需求，或是根据读者的反馈进行再创作而弹性地修订、完善。

文字处理技术将书写由一项艰苦卓绝，动笔之前需要绞尽脑汁、初有定论的工程转变为可一边书写，一边揣摩，将头脑中文字加工处理外化至电子屏幕之上的过程，同时给读者传达了强烈的暗示：书写并非不可更改，它们是思想的表达而已，是可以调整的，是可以做适当修改的。屏幕上的文字不是石头上、纸张上的文字，它剥夺了笼罩在文字上的"烙印"的光环，文字也可以是由普通的读者所参与书写发表的。文字处理技术允许其他人的头脑思想结晶也能迅速而完全地成为这个文本的一部分，将普通读者也纳入写作者的行列中打下了基础，而同时又能展现创作这个文本的人的所有的持续贡献。①

与此同时，"超文本"技术的引入也对传统纸质印刷媒体的读写方式产生了巨大影响。在传统纸质印刷媒介中，人们的阅读是线性，目录中章、节、点的设置按照逻辑层次从前到后依次递进展开。读者受制于媒介所设定的顺序安排，自主选择性很低。即使在文本中天头地脚、页边空白做批注、脚注，详细的目录和索引，以使线性的印刷文本具有与人脑的多层次、发散思维保持同步，但可扩散的空间仍然极其有限。纸质文本作为独立个体往往被封闭于个体纸质文本之内，文本与文本间无法有效连接，文本中的内容之间也没有依据共同点而搭建的"桥梁"。信息的自由流动在传统媒介时代是不可能存在的。数字文本容许文本中思想完成快速而富有幻想的联系，就像思想本身的活跃程度一样。"超文本"技术实现了文本之间联系的桥梁的搭建。超文本是一种全局性的信息结构和文本模式，它用超链接的方法将不同的文本通过关键词建立连接，使文本可以交互式

---

① 参见［美］保罗·莱文森《莱文森精粹》，何道宽译，中国人民大学出版社2007年版，第231页。

搜索。节点、链接、网络是超文本结构的三要素,通过关键词导航的节点都是一个独立的文本,由文字、声音、图像、动画等媒体组成的超媒体。超文本由节点和链接构成的网络类似于人脑的联想记忆结构,采用一种非线性的网状结构来组织文本。超文本普遍以电子文档方式存在,其中的文字包含可以连接到其他位置或者文档的链接,允许从当前阅读位置直接切换到超文本链接所指向的位置。超文本的存在使得数字媒介同传统的媒介手段明显区分开。"要表达一个构想或一连串想法,可以通过一组多维指针,来进一步引申或辨明。阅读者可以选择激活某一构想的引申部分,也可以完全不予理睬。"另外,传统大众媒介表达形式单一,印刷媒体以文字为主,广播以声音表达为主,电视在视听方面较为立体化,但并不适合大量的文字阅读。而新媒介凭借超文本的链接方式,可以引导读者从传统单一的纵观式阅读到对复合文本的综合信息获取,大大提高了受众对不同信息的综合把握能力。这种"超文本"链接注释功能,能够为文学艺术、历史文化提供丰富的表现空间,让网络新闻和艺术作品突破传统传媒工具的局限性,散发出更巨大的吸引力。超文本的出现,大大拓展了传统传媒工具的覆盖范围,同时,因其具有开放、包容和海量的特点,能够统合不同的社会维度和层面,向立体空间辐射,为受众提供了广阔的参与信息传播的空间和机会。

超文本技术赋予了数字文本前所未有的扩展性,但在文本的链接与设定中,读者仍然还是按照作者先前设定好的既定链接路线,只是在多重路线之中获取了一定选择权。这离苏格拉底批判纸质文本为"沉默不语"并未有实质性的改观。而网络交互技术的介入,则从根本上实现了"读者"与"作者"的即时交流,甚至是角色互换的功能。

在网络交互技术的支持下,数字文本实现了作者和读者可以在地球上任何地方通过互联网交流的愿望。作者将个人文本上传至网络空间之上,供每一个网络使用者阅读。读者在阅读的过程中可随时将个人评论意见、问题书写于文本的讨论区，既可跟作者本人切磋，也可跟其他读者探讨交流。此时，作者、读者的严格区分就会模糊，取而代之的是一个新的群体，这是一个活跃的、作者读者身份模糊的混合体，从广义上看，世界范围的网络知识社群由此建立。

在文字处理技术、超文本技术与网络交互技术的共同作用下，文字进入了新的视野：纸质文本面对一切问题时永远只能做出千篇一律回答的日子一去不返；读者阅读时即使疑惑重重、充满畅所欲言的激情，但又不得不忍受纸质文本的封闭空间的时代已经过去。从约翰·杜威到皮亚杰，20世纪理论家对优秀教育做出了这样的界定：不应该被动接受前人消化的智慧，不应该把知识注入空荡荡的头脑，而是应该让积极的、强有力的大脑主动去面对、拷问、探寻和转化可能的知识。① 数字媒介环境下的文本，能够立即从全球各地获取，无限链接，无限分享，可以修订，鼓励互动。这样的文本是活跃的头脑表达和发展思想的理想载体。

（二）思想层面：后现代主义中的反权威性

后现代主义是流行于西方世界的一种理论范式和社会思潮，它颠覆了西方传统的价值观秩序和话语方式，走向了一个新的理论思维和文化世界。后现代主义并没有一种明确的理论纲领，但我们可以从其多样、混杂的思想观点中，理出相对共有的理论特征。

首先，后现代主义理念否定传统"普遍基础"思维观念：反映世界本质的普遍真理并不存在，任何理论和价值都是"主体间性"或"互文"（context）的意义。在此基础上，人们对世界的认知不是绝对真理，是相

① Henry Perkinson, *Education and Learning from Our Mistakes*, Atlantic Highlands, N. J.：1982, p. 126.

对认知。世界的意义建构是普遍主体的价值共识，因此相对的普遍价值或共同价值观是存在的。在后现代思想家看来，真理是从对话中产生的。一些我们认为确定的东西会变成不确定的，一些不确定的东西会变成确定的。真理的发展与变化是随着对话深入而进行的，又不把自己的观点强加于他人，更不像演讲和独白那样控制整个会场。①

其次，后现代主义强调世界的多样性和碎片性，否定"中心"、权威等传统理性的产物。后现代理论范式中，永恒性问题或普遍基础的"第一原理"哲学已经终结。罗蒂由此强调要摒弃以往将万事万物归为某种普遍本质的观念，走向后现代哲学境地。福尔柯在《后现代精神》中提出拒绝无条件接受传统外在权威的集权性规范。后现代主义放弃了对中心权威、同一性、确定性的强调，追求多元性、差异性和不确定性。主张自然、宽容地看待各种价值标准和理论争论，任何价值标准都不可能具有中心地位。这种理论否定绝对理念、先验设定、终极价值，强调走向具体历史，张扬个性和主体思考，这在解放思想，强调人人平等方面都有积极意义。后现代哲学的奠基人怀特海的分析，"划一的福音"是"危险的"。后现代挑战我们不向"齐一化"的霸权屈服。对于后现代思想家来说，一个人能够获得的观察事物的视角越多，他的解释就将越丰富越深刻。一个人越是向他者开放，其人生就越丰富。所谓"海纳百川，有容乃大"就是这个道理。②

二　数字阅读对文本权威的解构与重塑：文本的开放性与协商性解读

传统纸质阅读中，基于纸质媒体的静态、非互动的、文字传播为主的

---

① 参见王治河《作为一种生活方式的后现代主义》，《北京大学学报》（哲学社会科学版）2006 年第 3 期。

② 参见葛晨虹《后现代主义思潮及对社会价值观的影响》，《教学与研究》2013 年第 5 期。

传播特性，文本多被设定为封闭性文本，即按照作者的写作构思、意图主旨为"标准答案"的解读意义，赋予"文本"优先级别从而获取文本的权威性。但在数字阅读空间下，协商性解读下的文本具有广泛的意义空间，以"作者文本"为"权威文本"的优先解读等级被多义性文本消解、颠覆与解构。

（一）多义性文本对文本权威的解构

超链接、超文本技术的载入，使传统纸质阅读中的封闭的、稳定的文本被开放的、一直处于变动中的文本所取代。数字阅读文本多倾向于一种反主导性解读的非线性的、破碎的阅读。在文本书写的过程中，创作者极力铺陈多层次、并行的、去主干式的情节与人物设定，在假定读者跳跃式选择超文本链接进行阅读后，仍能完成文本的完整性，并获得开放性解读意义，力图在还原读者最大文本选择主动权。在此过程中，时时刻刻都在闪烁的电子屏幕仿佛在无声地告知他的读者："看吧，这是现在的文本，它只是现在的。"紧随其后的读者评论、增添甚至是改写，都在宣称：文本一直在变动中，没有终点。

数字阅读媒介环境下，处于流变中的文本在书写叙事中为保证其开放性的意义空间，通常采用"元叙述"或"元虚构"，文体内部的情节、语言因素互相颠覆，互相拆解，没有终极意义和深度结构，叙述的过程为发散分布。① 这种叙述方式强有力地破解了传统纸质阅读文本中读者所期待的稳定感与可把控感：不给出标准解读文本，不预设权威文本作为优先解读，多义的、多层级文本之间不存在等级优先的区别，拒不提供一个秩序井然、整齐划一的标准化意义空间。

---

① 参见刘燕《后现代语境下的认同建构——大众传媒的作用及其影响分析》，博士学位论文，浙江大学，2007年。

从叙事立场这一层面来看，数字书写所遵循的后现代主义特征更多是对元叙事的一种"不信任态度"，提倡向"小叙事"转变，这使得各层文本之间的差异合法化，并使在此之前由于不可获得优先解读空间、无法挑战权威文本的"不可呈现之物"获得解读空间，并受到重视，摆脱产生于进步的元叙述那样难敌的工具性逻辑。

2005 年出版的余世言所编的《非常道》就是这方面的典型代表，并刻意用了《非常道》这个书名。吴志翔对该书的评价是：除了前门庄严的地毯，哲学还有一道晦暗的"后楼梯"；除了人来人往的议事客厅，政治还有一个鲜为人知的"后花园"；除了那能派上正经用场的石料，历史还有很多被有意无意丢弃的"边角料"。那砖石铺成的是车马大道，人人都从那儿经过，是一种"常道"，由"边角料"凑起来的当然只能是"羊肠小道"，或者叫作"非常道"了。从阅读的角度来看，这本书完全打破了传统读物从前至后的内在连缀的线性阅读规则，而呈全方位开放的立体阅读方式，正如该书在网上宣传时的广告词："风吹哪页读哪页！"你可以从任何一页任何一则读起而并不影响单位阅读的完整性，真正达到了随心阅读的可能性。这是对传统阅读方式以及现代阅读方式的颠覆、解构、破坏和毁灭。①

（二）协商性解读下文本权威的解构

数字阅读文本的开放性与多义性在解构文本权威的同时，赋予读者协商性解读最大的空间，在某种意义看来，真正实现了"一千个人眼中有一千个哈姆雷特"。

协商性文本解读是英国文化研究学者霍尔在《编码/解码》一文中对受众文本解读所总结得出的三种模式之一。根据霍尔的文本解读研究，任

① 参见周蔚华《后现代阅读方式的兴起与出版转型》，《中国人民大学学报》2007 年第21 期。

何文本都不止一个单一的意义，多数文本都能被不同的读者以不同的方式解读，并且"编码与译码之间没有必然的一致性"。人们的社会处境同他们从文本内容中得出的意义之间存有必然的相关性，从而衍生出三种假想的解读立场，即"支配—霸权立场""协商代码或协商立场"和"对抗代码或对抗立场"。与此对应的三种解读方式分别为"支配式解读""协商式解读"和"对抗式解读"。"支配式解读"假定受众在解读文本之时，其根据业已形成的经验与知识产生的"解码"立场跟文本的传者的"编码"立场完全一致，读者能熟练理解并掌握"编码"的运作过程，并能"运作于支配代码之内"，认同并接受传播者的主导性意识形态。与之相反，"对抗式解读"则是受众以其所处的社会环境所产生的解读置于支配性意识形态的直接对立面，受众能正确解码出文化的主导话语编码，也能理解话语赋予的字面意义和隐含意义，但对此置之不理，而以自己的诠释方式解读，使得解码的结果与编码者所欲传达的意义完全背道而驰。而"协商式解读"则是受众立于"支配式解读"与"对抗式解读"的中间地带，在正确、完整解码的基础上，既不完全同意主导性话语，但又不完全否定。一方面既对支配—霸权的编码所"给"的意义保持相当程度的认同，另一方面也强调自身的社会立场，使文本信息中蕴含的意义适合于"局部条件"（自身的特定情况），适合于他（她）本身所属团体的地位，根据所属的社会角色、群体归属等通过部分接受、部分否认、部分借用、部分改读等方式对文本的主导性话语进行协商与沟通，从而"创造性"解读文本。①

　　数字阅读媒介环境下，文本的多义性空间被开拓挖掘出来，多层级文本之间以并行不悖的状态同时存在。与此同时，数字阅读媒介也为读者对

---

① Stuart Hall, *Encoding and Decoding in the Television Discourse*, University Birmingham Centre for Contemp. Cult. Studs, 1973.

支配性意识形态下进行改写、挪移等协商性解读方式提供可能，并为"协商性解读"后的文本在小群体范围内传播提供平台与渠道。在数字阅读提供的互联互通，强社会关系与弱网络连接相结合的方式，将个人所属的群体诉求予以承认，以往"单极""一元"式的文本在多元的群体诉求之下被颠覆与改写，从而呈现出不同文本在不同群体空间内的新的文本权威，并且多极文本权威之间并非水火不容的"排他性"关系，而是在后现代主义下的相容并包，在宣称己方文本主导性文本解读的同时，也承认他者文本权威的合理性。

比如：红学热，是由刘心武大话《红楼梦》引起的一场围绕《红楼梦》的收视热、出版热和网评热。一些专家认为，刘心武一系列解读"违背学术规范"，认为他有许多地方牵强附会，是在搞"六经注我"。确实，如果按传统观点评价，刘心武的《红楼梦》解读确实有点"强解"或阐释过度的味道；他对《红楼梦》人物的理解，在许多地方，有拿现代人的思维往古人头上硬套的嫌疑。但如果从其所产生的解读话语环境来看，则会发现，刘心武的解读也并非一种毫无依据的牵强附会，而是作为后现代性阅读的现实案例，是以阅读者为中心的多元文本权威的重新生成与传统文本权威之间产生碰撞的显现。按照伽达默尔的阐释方法论，从个性化意义说，所有文本都是未完成的，只有当文本的"语形"与某一具体阅读者的"语境"产生对话关系，形成一个意义的循环时，整个过程方才完成。从后现代的意义上说，有多少阅读者和阐释者，就有多少种《红楼梦》。

数字时代的阅读，是多元化阅读，意义是在文本与读者的对话中生成的。每个数字阅读者都有"六经注我"的权利；每个人，都不能剥夺别人多元化价值表现的权利。相反，数字阅读正从生产者一言堂独白，向消费者多元化对话的方向演进。红学如此，其他阅读文本与阅读群体之间不同话语在协商性解读后的意义生产与新文本权威的重塑过程也不例外。

三 数字阅读对作者权威的解构与重塑：书写权的交替与协作性书写

传统纸质阅读时代，作者权威的树立是基于以作者为代表的社会文化精英对传播资源的控制、传播信息的把控以及对自身"神秘感"的营造为基础的。而在数字媒体时代，信息传播资源的大量丰富，信息已从"稀缺资源"转变为"富余资源"，甚至在某种意义上来说是一种充满"冗余"的资源。在此情况下，无论是对传播资源进行独家占有，还是对传播信息本身进行把关控制，或是以前两者为条件营造因缺乏沟通、了解渠道而产生的"作者神秘感"的营造都几乎再无可能。

（一）读者即作者：网络文学与微内容中书写权的交替

"技术正在打破那些以少对多的交流观念。有些交流者总是比其他人更有权力，但是网络故事背后隐藏着这样一个重要的观念，即人们首次能够实现多人对多人的交谈。对于那些能买得起电脑设备并付得起电话账单的人来说，他们都能既做自己的制作人和经纪人，又能做自己的剪辑和受众。他们的故事变得越来越特异、互动而个体化，在不同场所按不同的方式讲述给不同的受众。"[①]

进入网络传播时代，阅读终于改变了传统的一对多的传播模式——少数写作者掌控书写权利与传播资源对大多数进行纸质文本信息传播，彻底转变为一对一甚至是多对一的信息传输模式。数字阅读媒介改变了信息书写与信息阅读模式，绕过了传统写作、发行、出版等渠道和把关人，有机会在网络平台上实现书写与表达的权利。书写的权利在数字媒介与网络技术的平台上，被赋予普通大众的手中。从网络文学的爱好者、业余作家、

---

① ［美］保罗·莱文森：《莱文森精粹》，何道宽译，中国人民大学出版社2007年版，第233页。

写手，到普通个人日记的自言自语，微博、微信中的只言片语，甚至只是在他人的评论下的寥寥一语、一个点赞，都是在赋予普通大众最大书写的自由，从此"读者"即是"作者"。

在传统文学写作中，基于旧的话语体系，文学创作中以社会主流意识形态为基调。与此同时，作家的声名、所获奖项与所承担的社会专业机构职务等身份表征与责任感，以及创作后读者的反响、市场销售业绩等几乎构成了创作者进行文学书写的全部目的。作者在创作时无时无刻不在种种顾虑中瞻前顾后、反复斟酌，在社会效益与经济效益之间权衡利弊，反而遗漏了真正意义上的文学创作对自由精神的追求和践履。因此，文学界存在一个怪象：独立的创作者因其初出茅庐、无人引荐，还未声名鹊起，殚精竭虑创作的文本无人问津；编辑、出版商基于市场销售考虑不敢贸然推出未知名的创作；读者基于购买风险、性价比等重重顾虑，在甄选购买时也常常参考名家榜、名作家的头衔。如此，创作者、中间商、广大读者三者之间均处于盲从的状态，无法寻找对方，也无法得到任何有效的反馈，只是个体在黑暗中摸索前行。打破这一荒谬恶循环的往往也是一种荒谬的动因：奖项——以评奖带动名人效应，最后才回归到文学创作的本质：让读者阅读到好的文学作品。2008 年，莫言尚未获得茅盾文学奖之时，他在广州购书中心的签售活动所签售的数量可以用"惨淡"来形容，而诺贝尔文学奖公布后，莫言的作品一时洛阳纸贵：莫言获奖后作品的月均销量是获奖前的 199 倍，花城出版社加印的《红高粱》供不应求，购书中心在巨大的需求压力下，直接将卡车开进印刷厂"抢书"。①

网络平台之上，书写成为每个人都能拥有的平等的符号权利。在网络中，文学传播载体的日益廉价和便捷所诱发的文化民主，把文学的主导权

---

① 吴波：《获奖成为作品销售良药 莫言成 15 年最受关注作家》，《广州日报》2015 年 10 月 20 日第六版。

交到了民众手中，昔日发不出文学声音的文化弱势人群开始浮出文学地平线，"人人都能当作家"已不再是一个遥不可及的梦想；这些"网络写手"和"网络游民"不是职业作家，但往往比职业作家更加活跃。这是对原有的精英化文学和文化体制的巨大冲击。正如较早出道的著名网络写手李寻欢所说的："在过去的文化体制里，文学是属于专业作家、编辑、评论家们的事情。他们创作、发表评论，津津有味，却不知不觉间离'普通人'越来越远。……现在我们有了这个网络，于是不必重复深更半夜爬格子、寄编辑、等回音、修改等复杂的工艺了。想到什么，打开电脑、输入、发送就 OK 了。"[1] 李寻欢认为网络文学的精神内涵是"自由"（"不仅是写作的自由，而且是自由的写作"）、"平等"（"网络不相信权威，也没有权威。每个人都有平等表达自己的权利；非功利，写作的目的纯粹是表达而没有经济或名利的目的"）和"真实"（没有特定目的的自由写作会更接近生活和情感的真实）。榕树下文学网站的主编朱威廉也说："互联网的无限延伸创造了肥沃的土壤，大众化的自由创作空间使天地更为广阔。没有了印刷、纸张的烦琐，跳过了出版社、书商的层层限制，无数人执起了笔，一篇源自平凡人的文章可以瞬间走入千家万户。"[2] 由于媒介手段的普及，文学的大门几乎向所有人开放，作家不再是什么神秘的、具有特殊才能的精英群体。"作家"这个名称的神秘光环消失了，写作非职业化了，痞子蔡、今何在、林长治等炙手可热的网络写手均非所谓的职业作家。

除此之外，数字阅读媒介下的创作活动非神秘化了，创作心理和创作过程都不再神秘了。人们再也不谈论什么文艺心理学、精神分析、无意识、灵感、非功利性、自主性。古人所谓"语不惊人死不休""两句三年得，一吟双泪流""吟安一个字，拈断数茎须"的佳话恐怕成为历

---

① 陶东风：《去精英化时代的大众娱乐文化》，《学术月刊》2009 年第 5 期。
② 陶东风：《网络与文学活动的大众化》，《光明日报》2008 年 12 月 23 日第八版。

史，创作过程的神秘性不复存在。书写的范围得到扩展。不仅仅是文学创作，以个人日记记录、微信、微博的百字内微内容的书写更成为数字时代普通大众的书写常态。喻国明教授在《中国传媒业：30 年发展逻辑与现实走势》中给予了详尽阐述："在互联网时代之前，微内容就存在，但那时只是作为私内容而存在。让我们来设想一下：没有维基百科（Wikipedia），人们对于百科全书的修改，只能作为私人藏书中文字批注；没有博客网（Blog），人们每天记下的文字、图片或者音视频内容，只是个人的日记、相册或磁带、光碟，只是尘封于密室中的记忆。让这些私内容真正进入公共话语空间，是互联网所具有的互联互通、海量存储和相关链接等，再加上 Google、百度等有效的搜索聚合工具，一下子把这种原本微不足道的离散的价值聚拢起来，形成一种强大的话语力量和丰富的价值表达。我们可以看到，类似于 Google 这样的搜索聚合工具是将这些'微内容'化腐朽为神奇的技术关键。试想如果没有 Google 的聚合作用，互联网中海量的微内容将显得多么的渺小、琐碎和个人化。而当一种工具出现以后（如它的第一代产品的代表 Google），微内容便羽化为蝶，登上社会发展的大舞台，成为创造历史的主角。"网络媒体时代，个人的日记、只言片语、随时随地的所闻所感，都能被及时记录下来，传播出去，成为普通大众日常生活中的一个基本生活习惯。退却了对书写与阅读深度意义的刻意追求，肯定了日常生活中的现实含义，在点点滴滴中寻找朴实无华的意义。数字阅读的微内容阅读中琐碎的点点让普通人也有勇气接近书写，乐于文字表达。

数字媒介平台上，书写权的交替，写作与发表不再具有垄断性，而是普通人也可以参与的大众化活动。以专家为代表的"作者权威"正在失去在印刷社会中支持其传统地位的控制元素。

（二）处处是中心，无处是边缘：协作性书写下的作者权威

如果说博客、微博、微信还只是普通大众个体基于网络媒体平台下的自我书写与社交维系，那么以维基百科、百度百科为代表的协作性书写模式正在以分散的个体聚合成以信息点为维系的小群体，在群体自发维系与组织上进行"知识"的书写，在花费很小成本的情况下，通过互联网和相关的技术把大批的网络用户或参与者以自愿的方式聚集在一起进行合作生产。

在维基百科中，任何人都可以成为内容的参与者和贡献者。网络技术为人们提供了一条达到自由与共享价值理想彼岸的技术通道或现实平台。网络用户进入维基百科没有任何门槛限制，世界上任何一位网络用户都可能成为它的潜在使用者和编辑者，它忽略了编辑者的性别、年龄、社会等级、职业等因素，只要是注册用户就有权撰写、修改和编辑词条。个体在发挥主动性、积极性的同时，贡献自己在特定领域的知识和见解，在书写与编辑、后期讨论中获得他人的肯定，在协作性书写中获得满足感与自豪感。

"把一条一条别人只是写成'小作品'的条目扩充，或者大幅扩充其他人创建的条目（比如说，最夸张的时候单次扩充了85950个位元，一个汉字三位元），再或者是自己创建一条条目的时候。尤其是这些资料都是自己找来并且自己整理的时候。那种开荒的感觉，爽爆了。"（一名努力找空写维基的维基人：雾岛圣）

"维基百科靠网友自发地贡献各个领域的知识并将之百科全书化，是有极大可能在拜年后能够存在下去的。因此，作为一个参与者，自己留下关于知识的树立有可能在百年后仍留有痕迹，这是一件令人兴奋的事情。"（SXJ，知乎网友）

维基百科不设专职的编辑队伍，更没有任何编辑方面的审核限制，人

人都是作者，个个都是编辑，"by the People，for the People"，这使得维基百科的作者队伍在理论上可以无限扩展，来自全球的作者群对某一主题领域的内容进行开放性互动式的讨论和研究，提出各种不同甚至相反的见解，有利于主题内容的研究。①

"为什么这么多人（包括本人）会'无偿'参与扩充与维护维基百科呢？其实还是'有偿'的。人除了是一种基因生物，还是一种文化生物，都想把自己的思想'遗传'下去，维基百科这样天生符合文化基因 Meme（道金斯：《自私的基因》）是很能够满足我们这些有意无意想在人类文化 Meme 库中留下一点痕迹的人的欲望的，这种欲望实现得快感，更甚于基因生命的食欲和性欲被满足。是的，我也是维基百科编辑，我也是维基百科捐献者，我从中得益，我知道我从中得益。"（吕××，网友）

与此同时，由于参与者拥有不同的意识形态与背景，来自世界不同的角落，维基百科试图使它的文章客观、公正。这并不是说要以一种客观的观点来表述，而是公平地呈现一个议题所有的观点，所有的条目都应该以中立的观点（NPOV：Neutral Point of View）进行设立和写作，公正而没有偏见地陈述所有的观点。②

在书写维基百科时，"我"能明显感觉到自己的思维方式发生了改变。考虑到维基百科的编辑方针——"中立""客观"以及"重视版权"，"我"在参与编写维基百科的词条时，会有针对性地训练自己多了解了解关于某个事物的不同立场的见解，从而保持思维开放。而维基对版权的重视，使得很多时候你必须自己去树立自己的知识和见解，而不能直接生搬硬套别人的东西，正是因为维基百科的中立性，很多敏感性条目你可以了

---

① 参见白崇远《维基百科的特性及影响》，《辞书研究》2009 年第 2 期。
② 参见武锋《网络"微内容"传播研究：以微博客 Twitter 为例》，博士学位论文，上海交通大学，2010 年。

解不同人或组织有不同的见解。看待事物也就可以趋于平和。在政治、历史话题上，维基百科的编写者并不刻意"亲华"和"反华"，而是将不同的人的见解都作为客观事实予以描述。（CR，维基百科网友）

除此之外，互联网即时更新的特性使维基百科的书写永无终止，文本、词条从创建到更新始终处于动态的追踪状态，只要词条不消失就不会终止对其进行新的改动，就像创始人威尔士所指出的那样，"维基百科永远不会完成"。

作为协作性书写的典范，维基百科在网络技术平台之上赋予了普通个体最大的参与权与书写权，并将个体的零碎、微内容的书写、整合、加工，在保留每一个人编辑记录的同时，也是对每个人书写贡献的肯定。达恩顿在《阅读的未来》满怀激情地写道：新媒介时代的大众文化主导，以"电子启蒙运动"数据库与"古腾堡电子书"数据库项目为代表的电子书的传播与古腾堡"500多年前释放出来的力量相融合的可能"，他确信，"互联网将改变知识的世界，我们的任务是驾驭它"。他甚至提出了在不远的未来，可以通过互联网建成一个知识共享的"文人王国"的浪漫构想。①

传统以信息的垄断、资源的霸占以及不对称信息流通所产生的特定书写人群"神秘感"的营造被彻底瓦解。取而代之的是数字时代平民书写、大众书写、协作式集体创作的兴盛：人人都可以获得方便快捷的媒介渠道，在电子屏幕与键盘之前，梳理信息点、书写事实与表达观点；与此同时，信息的获取也异常便利，在超文本链接技术、搜索引擎的技术支持下，知识点以网状的结构铺展开来，提供无数条扩展途径供信息搜索者自主选择；信息的富裕者与匮乏者之间的沟壑在网络媒介技术的缝补中被缩

---

① 参见杨瑞明《数字阅读的文化价值与人文精神的张扬》，《出版发行研究》2015年第2期。

小，传统精英权威以知识的习得、占有、记忆所获得的不对等地位被消解。在数字阅读时代，人人都是参与者，人人都是数字文本书写的一分子。在书写与阅读中，金字塔式的层级关系被碾压为平面的网状连接关系，而在网状连接之中，不存在连接点与点之间的信息距离差异，"处处是中心，无处是边缘"。

四　数字阅读对文化权威的解构与重塑：多元主义文化的逆袭

马克·波斯特较早敏锐地注意到网络数字传播技术将单向传播重构为双向和多向传播。他将大众传播媒介分为"第一媒介"和"第二媒介"：播放型传播模式即"第一媒介"，包括无线电广播、电视和电影等，而网络媒介因具有突出双向传播的互动性、开放性和对话性，信息的流动更加多变与多向，赋予普通民众参与传播的程度较高，因此被他划分至"第二媒介"的行列之中。① 在他看来，"第二媒介"的开放与互动性，不仅打破了信息传播的等级流向模式，而且也打破了以作者、知识分子和理论家为代表的精英阶层几百年来在文化上的垄断地位。② 随着文本权威的消解、作者权威的改写，建立于二者基础上的文化权威，在破除了信息传播壁垒与双向流通障碍之后，也从齐一化、主流化的文化权威推崇，开始向多元兼容的文化格局发展。

数字阅读媒介中社交功能的增强，将个体阅读与群体社交紧密结合，新型的知识传播模式与文化创造共同体正在形成。社交网络平台并非是以传统纸质媒体所极力彰显的主流文化的平台，相反，它是以小群体为个体连接的节点单位，以个性化、多样化的亚文化为群体传播宗旨的放大空

---

① 参见 ［美］马克·波斯特《第二媒介时代》，范静哗译，南京大学出版社 2001 年版，第147 页。

② 参见沈蔚《当代中国数字阅读的文化狂欢与理性思考》，《中州学刊》2014 年第 8 期。

间。在此之上，以往不被重视、不被显现的甚至是在一定程度上与主流文化相冲突的，有损于传统价值体系的小群体文化得到表达与释放的空间，在不用对自身做出根本性改写、修正的情况下，在虚拟的网络空间中得到"他者"文化的表达机会。在此基础上，社会化网络媒体平台中的书写往往潜藏着消解中心的文化力量，更倾向于反传统、反权威、反主流文化的多元性草根文化的崛起与弱者狂欢的局面。在网络的虚拟空间中，小群体的诉求在不能放置于传统话语场之时，在此空间中以匿名、群体成员的方式存在，从而产生了大量不稳定的、多重的和分散的主体。它一方面呈现出传播自由、分散和开放的状态，消解了现实社会的层级关系与等级界限，消解了权威媒体对社会话语的主导权；另一方面导致传播环境出现浓厚的个人主义色彩，社会整体认知的角度亦发生偏向，人们的思维方式由"向中心"转为"向我"。[①] 网上广为流传的小说《悟空传》中玄奘的那几句名言也许能代表个体在网络空间中自由书写的畅快，在睥睨天地、傲视群伦、反叛传统的数字书写中表达整齐划一的权威文化缺乏对"他者"文化包容与肯定的反抗心态："我要这天，再遮不住我眼，要这地，再埋不了我心，要这众生，都明白我意，要那诸佛，都烟消云散！"对于网络作家来说，这烟消云散的"诸佛"，是有传统的价值观念、人文传统、道德范式和主流的意识形态，还有自身的文化身份和体现意义深度的历史记忆。

数字平台之下，信息的开放获取与知识的协同生产已经融为一体，对信息的独占而生成的权威与垄断正被瓦解与消除。数字阅读正在参与数字时代文化的重塑与转型，以数字人文——自由、多元、开放、平等与共享的精神并重新聚合信息、书写知识。

[①] 参见荣荣、孙卫华《社会化媒体环境对用户认知能力的影响》，《当代传播》2014 年第 1 期。

第四节　对数字阅读中权威式微的思考

传统纸质阅读媒介的静止、封闭、稳定、无反馈的传播特性形塑了封闭性的文本，文本在信息流通中极力推崇倾向性解读，并将其推至权威文本的高位；在信息资源的垄断性获取与信息流向不对称的基础之下建构了作者权威，并将作者权威推至对纸质文本阅读占有书写垄断权、定义权的专家、精英阶层，"神秘而美好"的光环被加冕其上；在作者权威与文本权威的合谋之下，基于其意识形态的需要，对所谓的"他者""小群体"的文化传播进行封闭与排挤，甚至将其中的某些内容有意"误读"进"主流"文化之中，以此实现对文化权威的设定。而在数字阅读时代，这一切被数字媒介的自由的信息流通、开放的话语平台、平等的信息资源获取，以及共享信息知识等传播特性——破除，承认文本的开放性，赋予协商性解读的文本空间；承接出"书写之笔"，让书写与说话一样可获取、可被听，普通民众也能成为"神秘光环"之下的创作者；网络社交平台的连接让原本处于分子状的独立个体寻找到与己相似的其他个体，黑暗中的摸索终于有了结伴同行的力量，分散而微弱的小群体话语有了壮大与呐喊的平台，在此平台之上与其他文化形态平等、公平地交流与碰撞。

对于数字阅读时代中权威的解构与变迁，诸多专家、精英无不扼腕叹息，似乎网络是一个滋生妖魔的空间，在此之上，传统的价值观与道德标准备受攻击，反而无立足之地。网络书写从昔日的文化精英手中夺回了公共话语空间，化解了精英作家的笔下文学价值观和作品意义度；嬉笑怒骂皆成文章，以类似巴赫金的"狂欢化"方式规避正统观念，鄙视主流文化，清除本质主义，直至嘲讽或颠覆传统的价值观念和道德准则，而采用非正统的、前卫的、后现代的价值观看待世界、社会、生命和生活。

对此种种质疑，我们大可坦然面对：数字阅读媒介对传统权威的冲击与瓦解是对自由、平等、公平的信息交流的践行。权威的陨落并非真理的丧失、理性的沦陷，真理与理性也无须"权威"去加冕以证明其合法。毕竟现今我们所推崇、遵循的真理也好，理性也罢，都是我们在传统纸质媒体时代经过千年的沉积与大浪淘沙似考验获取而来的，其本身也必然烙有时代的印记与历史的局限性。数字阅读媒介只是将我们视为珍宝的"权威"置于自由的信息流通下，置于平等的对话与交流中，置于兼容"他者""小群体"文化的质疑与论辩间，让其经受层层洗礼——如若真金，必然在数字媒体的传播之下依旧璀璨；如若蒙尘，被质疑甚至被掩藏，就需对其重新淬炼、提取，以适应时代之需。

结语 "异质互补" 构建数字阅读良性生态

1945 年尼瓦尔·布什在《大西洋月刊》上发表了他对"麦麦克斯"（Memex）设备的设计构想，希望能有一种设备，供个人存储所有书、记录和通信信息，同时具有快速运转和灵活性等机械性能；1971 年 4 月迈克尔·哈特启动了古腾堡工程，将《独立宣言》文稿作为古腾堡工程中的第一个二进制编码文件；1987 年 10 月，世界上第一本电子书《下午》在 ACM 会议上公之于众并通过 5 寸的软盘发行；2007 年 11 月，全球最大网络书城亚马逊（Amazon）推出 6 英寸屏幕的电子书阅读器 Kindle；2011 年，亚马逊在其网站发表声明，Kindle 电子书的销量开始首次全面超过纸质书销量（包括精装书和平装书），而这一天距离亚马逊推出 Kindle 电子书阅读器还不到 4 年。

数字时代，日常生活中衣食住行的方方面面都在被数字信号、数字格式、数字规范重新书写之时，阅读这一历经千年的人类特有的文化传承行为也在不断被变革与重塑。人类终于可摆脱纸张的束缚，以电子信号将思想文化的精髓快速传递至世界的各个角落。

第一节 阅读媒介与阅读主体：数字阅读生态的双向建构

在人类阅读史的进化发展中，阅读媒介承担着极其重要的作用，阅读媒介与阅读主体之间双向互动，两者互为张力、相互建构。

在媒介技术与阅读主体的关系中，从技术对人的影响层面来看，我们以媒介视角作为出发点，可以看出媒介对阅读主体——人的构建过程，即基于媒介技术所与生俱来的结构性意向的基础之上所产生的阅读媒介环境的结构性偏向。这种结构性偏向的渗透对文本的创作者、阅读文本、阅读主体均具有规定性的、潜移默化的影响，从而又延伸出更为深层的社会变革。媒介并非仅是中性的介质、信息传播的渠道，媒介的物质载体与符号形态等固有属性也从根源上对书写者、阅读文本以及阅读者具有规定性的影响，构成了数字阅读独特的媒介环境。随着数字媒介自然属性产生种种延伸性偏向，媒介环境也随之产生了感知偏向、时空偏向、政治偏向与社会偏向。

数字媒介在阅读层面的变革必然引发社会层面的重重变革，是作为社会变革动因的触发点。

首先，数字阅读正改变着长久以来由传统阅读形成的信息认知方式与认知习惯。数字阅读提供了更多的符号呈现，知识、信息可以以任何形式，从人类个体的头脑中"外化"并"编码"成符号，然后"物化"为载体形式，跨越时空，通过"阅读"过程传递到读者的大脑。数字阅读中，阅读主体的认知层面发生结构性的变化：一方面，在数字阅读中阅读主体的注意、感知、记忆、思维与问题解决能力、语言与想象能力得到明显提升；另一方面，在数字阅读中阅读主体的记忆能力并未有显著提高，相反大量浅层、碎片式信息的堆积，破坏了认知的稳定感与文本的连贯性，最终难以形成完整、系统的认知结构并发展出深层思考框架。

其次，数字阅读正改变着传统阅读中意义共享的途径，进而改变着文化身份认同。一方面，数字阅读的虚拟网络空间赋予了自我认同以多重身份、经验选择的可能性，多元的自我面相可以得到呈现、尝试，为自我认同提供了更多途径与镜子的反观；另一方面，虽然网络阅读论坛提供给广大读者巨大的"对话"空间与讨论平台，但这种空间、平台上所形成的基于阅读兴趣点为节点的网络阅读群体是难以脱离网络媒介本身而存在的，更进一步而言，其存活空间也只能停留于网络空间之内，无法延伸至现实世界之中。与网络阅读社区的松散性结构相契合的是一种"非卷入式"群体生活，主体的群既容易取得，也容易破碎，难以形成稳定、坚实，有向心力的群体归属感。

最后，数字阅读正改变着传统阅读中传受双方的角色设定，进而改变着阅读中的权威等级关系。一方面，在数字阅读时代，传播资源已不再稀缺或不可获取，信息以多视听符号的形式实现了即时交流、互动交流，线性的阅读模式被以读者为中心的"意识流"式网状扩散式阅读所取代，甚至为读者提供了"书写"的平台，成为网络上的写作者。在此基础上，先前由纸质阅读媒介业已形塑的文本权威、作者权威与文化权威被逐一解构，并在数字阅读媒介的传播环境下，产生新的权威形态；另一方面，新阅读文化的繁荣使得阅读在丧失了文字的神秘感与权威性时，越来越倾向于一种浅层的、娱乐性的消费主义文化。

在技术与人的关系的另一层面，即人对技术的引导层面来看，阅读媒介发展至数字媒介这一新兴阅读阶段，其本身就是在人的主导之下，遵循人性化需求的发展趋势，在不断超越时空的局限性与不断模拟、仿真原始信息状态的双重驱动之下进化而来。阅读媒介发展的总体趋势与导向是在阅读主体的掌控之下，是在人性化需求的趋势之下前行的。以媒介进化论为理论支撑，从阅读史的相关文献中探析阅读媒介进化发展的历程，数字阅读媒介萌芽与发展脉络足以论证其在媒介发展路径中符合媒介进化规律从而必然产生的合理性，即在很大程度上实现了信息仿真、信息保存、即时互动对话三个层面的进化，满足了信息传播中人性化发展的需求。

第二节　纸质阅读与数字阅读：媒介生态位的异质互补

　　数字阅读带给人们的不仅是一种全新的生活方式，更是丰富的内心体验。它迎合了在一个快节奏、高竞争性与互动性的社会环境中人们认识自我、建构自我的需求，表达情感与宣泄压力的需求。"阅读正在实施一个'被剥离'的过程，剥离附加在其身上的各种它不该承担的政治、经济、文化重负，成为我们数字化生存的一部分。表面看来，阅读正在从显性的文化中消隐，但实质上，它将从隐秘的精神世界中获得新生。阅读本来就是一件极其私人化的文化活动，现在它正在回归它本身。"[①]

　　在现今对数字阅读的质疑中，争论的焦点往往集中于将数字阅读与纸质阅读相对立比较，从优劣得失中分析数字阅读的利弊。而基于传统纸质

---

　　①　李东来：《书香社会》，北京图书馆出版社 2008 年版，第 163 页。

阅读环境之下业已形成的思维习惯，我们往往对新生事物，特别是以新技术为依托，引发社会行为、文化等深层变革触发点的事物，抱有一种怀疑，甚至是畏惧的心态，特别是当其触碰到我们引以为豪的精神领域之时，我们极度紧张，总是担心稍有不慎，传承久远的文化精髓便会在不知不觉中被腐蚀、堕落。人文主义极度谨慎的视角让我们对与"娱乐"具有联系的一切事物保持审慎与排斥，在波兹曼对电视媒体的批判中，那振聋发聩的警告"娱乐至死"至今回响在耳边。然而，"怀疑"不意味着"拒绝""排斥"，不意味着"裹足不前"。现今，如若一味地扼腕叹息纸质阅读终将灭亡则过于短视，而认为数字媒介以新技术之优势就必然独享阅读生态空间也是不切实际的自大之举。

技术是把双刃剑，在看待由技术引发的人与社会的变革之时，以绝对的客观、中立、跳脱于人与技术关系的态度来审视是不现实的、不可操作的。在对数字阅读媒介的静态特征分析中，以媒介的客观现有属性出发，以其所发展的整体朝向出发，对新生数字阅读媒介应抱有积极、乐观的心态。从阅读的角度出发，不轻易判断数字阅读深浅、阅读内容偏向等，不轻易否认数字阅读可能产生的种种影响，毕竟在数字阅读媒介产生之前，种种阅读危机已然存在，将现有的阅读危机全权归责于数字阅读是一种掩耳盗铃的行为，解决不了任何问题。在新兴的技术面前，不妨以较为宽容、乐观的心态去审视，至少，它的产生具有带来某种变革的可能，而这种"可能"为现今的不足进行改观提供了选择。一成不变之下，世界不会有发展，人类也不会有进步；而新生事物的诞生，充满可能性的选择才会给人们提供试错的机会，才会有进步与发展的可能。数字阅读为阅读提供一种新的选择，为人类传统阅读行为提供一种新的选择方式。有选择才会有变化的可能，才会有破除现今纸质阅读与大众生活渐行渐远尴尬局面的可能。而至于说读什么、怎么读是下一步关注的问题。毕竟，数字阅读至少让大量的读者又开始了阅读。人类发展至今的历史经验告诉我们，"进步"是在新生的机遇与选择中谨慎挑选、试错、改进、再试错的螺旋上升中产生的。因此，对从一诞生之日起，就以"新生儿""挑战者"的姿态位于传统纸质阅读对立面的数字阅读，一味地大唱赞歌，希冀其以技术革命者的动力一扫历经千年、日趋衰落的传统阅读之颓势，固然不现实与不可取，但在新生之物还未完全展露其优势，对其还未扬长避短加以利用便视其为洪水猛兽，更是因噎废食之举。正视现实中的"阅读危机"，直面数字时代阅读的必然变革，并顺应技术变革之大势，引领传统阅读走向大众化、数字阅读是可行也是必然之道。

保罗·莱文森就曾在《莱文森精粹》一书中乐观地指出两种阅读媒介的生存发展之道：纸质书本作为"书籍之书"终将永远留存，而数字媒介将作为书籍的进化与发展，符合信息时代之需而被发扬光大。"书籍之书"的预言固然过于遥远，但作为技术与人在数字时代的具体呈现，数字阅读只是阅读这一传统文化行为发展至数字时代的一种新的阶段、新的历史层面，我们必须承认其确确实实在现今阶段，在"阅读危机"的今天，是复兴阅读、点燃阅读火花的出路所在。而作为阅读媒介新旧交叉过渡之代表，数字阅读与纸质阅读之间也并非水火不容的对立关系，两者在媒介进化的生态空间中虽有交叉重叠之处，但数字媒介与纸质媒介本身就各自具有独特物质载体与符号形态，其自然属性在媒介生态空间中都能各展所长、各有其独特的"生态位"，从而保证不被他者吞噬与取代。因此，两者在媒介生态位的重叠相交之处，是作为新旧媒体——数字媒介与纸质媒介一较高低的竞争场地而非重叠之处，是各自今后进一步发展、开拓的新天地。从出版者、创作者的角度来看，新旧媒体的共荣共生，数字媒介与纸质媒介之间的"异质互补"为创作提供了新的空间与视角，而从阅读者的视角出发，不必过分拘泥于阅读形式的变化，无所谓"深阅读""浅阅读"的刻意划分，在媒介环境学的视角之下看清不同阅读媒介所产生的不可规避的媒介环境偏向及其延伸性的影响，以生态位互补的关系对待数字阅读媒介与纸质阅读媒介，在各自所特有的生态位中扬长避短，或许能更切合实际地引导数字时代阅读的新趋势。

参考文献

一　中文著作类

[加拿大] 阿尔维托·曼古埃尔：《阅读史》，吴昌杰译，商务印书馆
2002 年版。

[加拿大] 埃里克·麦克卢汉：《麦克卢汉精粹》，何道宽译，南京大
学出版社 2000 年版。

[美] 保罗·莱文森：《软利器：信息革命的自然历史与未来》，何道
宽译，复旦大学出版社 2011 年版。

[美] 保罗·莱文森：《思想无羁——技术时代的认识论》，何道宽译，
南京大学出版社 2004 年版。

[美] 保罗·莱文森：《莱文森精粹》，何道宽译，中国人民大学出版
社 2007 年版。

[美] 保罗·莱文森：《手机，挡不住的呼唤》，何道宽译，中国人民
大学出版社 2004 年版。

[美] 保罗·莱文森：《新新媒介》，何道宽译，复旦大学出版社 2011
年版。

[美] 丹尼·卡瓦拉罗：《文化理论关键词》，张卫东等译，江苏人民
出版社 2006 年版。

［美］大卫·麦克奎恩：《理解电视节目类型的概念与变迁》，苗棣译，华夏出版社 2003 年版。

［加拿大］哈罗德·英尼斯：《传播的偏向》，何道宽译，中国人民大学出版社 2003 年版。

［加拿大］哈罗德·英尼斯：《帝国与传播》，何道宽译，中国人民大学出版社 2003 年版。

［德］海德格尔：《存在与时间》，陈嘉映译，生活·读书·新知三联书店 1999 年版。

［德］海德格尔：《演讲与论文集》，孙周兴译，上海三联书店 2005 年版。

胡翼青：《传播学：学科危机与范式革命》，首都师范大学出版社 2004 年版。

［美］凯文·凯利：《科技想要什么》，熊祥译，中信出版社 2011 年版。

［美］凯文·凯利：《技术元素》，张行舟译，电子工业出版社 2012 年版。

［美］克里斯托弗：《电脑中介传播：人际互动与网际网路》，谢光萍译，台湾韦伯文化出版社 2006 年版。

李明伟：《知媒者生存——媒介环境学纵论》，北京大学出版社 2010 年版。

李家同：《大量阅读的重要性》，中国人民大学出版社 2012 年版。

李东来：《书香社会》，北京图书馆出版社 2008 年版。

［美］林文刚：《媒介环境学：思想沿革与多元视野》，何道宽译，北京大学出版社 2007 年版。

林崇德、杨志良、黄希庭：《心理学大辞典》，上海教育出版社 2003 年版。

［美］罗杰·菲德勒：《媒介形态变化：认识新媒介》，明安香译，华夏出版社 2000 年版。

［美］利萨·泰勒、安德鲁·威利斯：《媒介研究文本、机构与受众》，吴靖、黄佩译，北京大学出版社 2005 年版。

［美］路易斯·芒福德：《技术与文明》，陈允明译，中国建筑工业出版社 2014 年版。

［美］罗伯特·达恩顿：《阅读的未来》，熊祥译，中信出版社 2011 年版。

［加拿大］马歇尔·麦克卢汉：《古登堡星汉璀璨》，杨晨光译，北京理工大学出版社 2014 年版。

［加拿大］马歇尔·麦克卢汉：《麦克卢汉如是说》，何道宽译，中国人民大学出版社 2006 年版。

［加拿大］马歇尔·麦克卢汉：《理解媒介——论人的延伸》，何道宽译，商务印书馆 2000 年版。

［美］马克·波斯特：《第二媒介时代》，范静哗译，南京大学出版社 2001 年版。

［美］玛丽安娜·沃尔夫：《普鲁斯特与乌贼——阅读如何改变我们的思维》，王惟芬译，中国人民大学出版社 2012 年版。

［美］尼尔·波兹曼：《娱乐至死》，章艳译，广西师范大学出版社 2009 年版。

彭聃龄：《普通心理学》，北京师范大学出版社 2012 年版。

邱戈：《媒介身份论：中国媒体的身份危机和重建》，中国传媒大学出版社 2008 年版。

［美］斯拉沃热·齐泽克：《因为他们并不知道他们所做的——政治因素的享乐》，郭英剑等译，江苏人民出版社 2007 年版。

［美］斯坦利·巴伦：《大众传播概论媒介认知与文化》，刘鸿亮译，中国人民大学出版社 2005 年版。

［美］斯通普夫、菲泽：《西方哲学史》，丁三东译，世界图书出版公司 2009 年版。

［新西兰］史蒂文·罗杰·费希尔：《阅读的历史》，李瑞林译，商务印书馆 2008 年版。

石义彬、熊慧、彭彪：《文化身份认同演变的历史与现状分析》，《中国媒体发展研究报告》（2007 年卷），武汉大学出版社 2007 年版。

［美］沃尔特·翁：《口语文化与书面文化：语词的技术化》，何道宽编译，北京大学出版社 2008 年版。

吴国盛：《技术哲学讲演录》，中国人民大学出版社 2009 年版。

王余光、徐雁：《中国读书大辞典》，南京大学出版社 1999 年版。

［美］雪莉·特克尔：《群体性孤独》，周逵、李菁荆译，浙江人民出版社 2014 年版。

姚本先：《心理学》，高等教育出版社 2009 年版。

［美］伊丽莎白·爱森斯坦：《作为变革动因的印刷机：早期近代欧洲的传播与文化变革》，何道宽译，北京大学出版社 2010 年版。

［美］约翰·菲斯克等：《关键概念传播与文化研究词典》，李彬译，新华出版社 2004 年版。

［荷］约翰·赫伊津哈：《游戏的人———关于文化的游戏成分的研究》，何道宽译，花城出版社 2007 年版。

［美］约书亚·梅罗维茨：《消失的地域：电子媒介对社会行为的影响》，肖志军译，清华大学出版社 2002 年版。

易前良：《美国"电视研究"的学术源流》，中国传媒大学出版社 2010 年版。

张咏华：《媒介分析：传播技术神话的解读》，复旦大学出版社 2000 年版。

张春兴：《张氏心理学辞典》，上海辞书出版社 1992 年版。

曾祥芹、韩雪屏：《阅读学原理》，大象出版社 1992 年版。

二　中文论文类

陈力丹、毛湛文：《媒介环境学在中国接受的过程和社会语境》，《现代传播》2013 年第 10 期。

陈功：《保罗·莱文森的媒介进化理论对媒介环境学的超越》，《当代传播》2013 年第 2 期。

陈洁、刘琦：《数字出版视角下文学阅读的变迁》，《出版广角》2013 年第 1 期。

陈伟军：《手机阅读的文化取向与感知形塑》，《学术论坛》2013 年第 1 期。

陈伟军：《媒介融合语境中的阅读文化转型》，《国际新闻界》2012 年第 4 期。

谌晓明：《“化身”阅读：后现代主义小说的读者体验》，《北方论丛》2010 年第 3 期。

崔林：《媒介进化：沉默的双螺旋》，《新闻与传播研究》2009 年第 3 期。

戴和忠、王秀昕：《数字阅读网站社交化互动体系比较研究》，《中国出版》2013 年第 18 期。

高立：《近年来我国数字阅读发展研究》，《图书馆学研究》2014 年第 22 期。

全国国民阅读调查课题组、郝振省、魏玉山等：《传统与数字融合中的国民阅读走势分析——基于"第九次全国国民阅读调查"数据解读》，《出版参考》2012 年第 13 期。

何道宽：《媒介环境学：从边缘到庙堂》，《新闻与传播研究》2015 年第 3 期。

何明星：《将阅读变为享乐——平面媒介如何应对即将来临的阅读革命》，《传媒》2005 年第 5 期。

侯欣洁：《手机阅读"三低"现象表征与原因透析》，《编辑之友》2013 年第 2 期。

胡翼青、吴越：《凯瑞的"仪式观"：美国文化研究本土化的困局》，《新闻与传播研究》2014 年第 6 期。

胡翼青、戎青：《历史的想象力：处于因果陷阱中的作为变革动因的印刷机》，《国际新闻界》2014 年第 4 期。

胡翌霖：《海德格尔是技术悲观论者吗?》，《自然辩证法研究》2014 年第 1 期。

胡翌霖：《学校与电视——对波斯曼媒介思想的批评》，《国际新闻界》2015 年第 5 期。

胡翌霖：《麦克卢汉媒介存在论初探》，《国际新闻界》2014 年第 2 期。

胡翌霖：《技术的"自然选择"——莱文森媒介进化论批评》，《国际新闻界》2013 年第 2 期。

胡凯：《媒介形态变迁视野下阅读行为嬗变——以印刷媒介和数字媒介为例》，《中国出版》2014 年第 14 期。

胡凯：《新媒体阅读争议辨析》，《出版发行研究》2014 年第 2 期。

黄昱凯、范帷翔：《以科技接受模型分析数字阅读行为》，《出版科学》2014 年第 4 期。

黄丹俞：《阅读的未来：西方的阅读新理念》，《图书与情报》2010 年第 2 期。

姜洪伟：《数字阅读概念辨析及其类型特征》，《图书馆理论与实践》2013 年第 9 期。

缪宏才、雷鸣、李鲆：《数字阅读带来国民阅读行为的变化》，《编辑之友》2014 年第 5 期。

金元浦：《视觉图像文化及其当代问题域》，《学术月刊》2007 年第 5 期。

孔庆梅：《电子书的新产品形态：社交型电子书》，《出版参考》2011 年第 33 期。

李国武、李玲玲：《互联网时代大学生的纸质阅读与电子阅读——基于对某高校抽样调查的研究》，《中国青年政治学院学报》2012 年第 2 期。

梁颐：《媒介是人性主导的技术——媒介环境学者芒福德、莱文森理论解析》，《宁波广播电视大学学报》2014 年第 1 期。

赖文华、王佑镁、李伟：《未成年人不同阅读介质的眼动行为比较》，《现代远程教育研究》2014 年第 5 期。

梁颐：《苏珊朗格符号思想与媒介环境学理论构建——思想基石和研究旨趣方面贡献探赜》，《东南传播》2014 年第 6 期。

梁颐：《媒介环境学者与"技术决定论"关系辨析》，《新闻界》2013 年第 19 期。

梁涛：《青少年网络阅读的负效应及对策》，《中国青年研究》2007 年第 6 期。

刘丹凌：《新传播革命与主体焦虑研究》，《新闻与传播研究》2015 年第 6 期。

刘丹凌、赵娟娟：《对媒介化社会的批判与反思——基于媒介环境学的视角》,《学术论坛》2014 年第 4 期。

刘日升、杨振力:《国外用户电子阅读需求与行为研究综述》,《情报资料工作》2012 年第 1 期。

刘炜:《阅读的祛魅》,《公共图书馆》2012 年第 3 期。

刘建明:《媒介环境学理论范式:局限与突破》,《武汉大学学报》(人文科学版) 2009 年第 3 期。

刘燕:《媒介认同:媒介主体身份阐释及其网络认同建构》,《新闻记者》2009 年第 3 期。

李冰、谷俊明:《美国电子阅读发展现状研究》,《中国出版》2014 年第 20 期。

李欣人、段婷婷:《权威的消解与受众的转化:数字出版时代传播关系的重构》,《出版发行研究》2009 年第 10 期。

李国武、李玲玲:《互联网时代大学生的纸质阅读与电子阅读——基于对某高校抽样调查的研究》,《中国青年政治学院学报》2012 年第 2 期。

李海涛:《博客文化中的自我认同与价值审视》,《内蒙古农业大学学报》(社会科学版) 2009 年第 6 期。

练小川:《数字时代的阅读》,《出版科学》2009 年第 2 期。

琳达·瓦理查:《让孩子阅读适合自己的图书——欧美儿童分级阅读研究管窥》,《出版发行研究》2009 年第 9 期。

茆意宏:《论手机移动阅读》,《大学图书馆学报》2010 年第 6 期。

闵惠泉、陈洁:《阅读的嬗变:对象、未来及其缺憾——塑造阅读未来的两种力量》,《现代传播》2010 年第 11 期。

南长森、毛瑞芳:《阅读方式嬗变对公共信息生产的影响——以新媒体阅读对受众思维影响为视角》,《出版发行研究》2012 年第 12 期。

南长森:《阅读识别身份:数字时代阅读方式变革与文化身份认同研

究》，《新闻与传播研究》2010 年第 2 期。

南长森：《跨媒体传播与国民阅读方式变革对文化消费的启示》，《出版科学》2010 年第 6 期。

聂莺：《媒介环境学视野下的社交媒体依赖现象》，《东岳论丛》2015 年第 2 期。

潘忠党：《"玩转我的 iPhone，搞掂我的世界！"——探讨新传媒技术应用中的"中介化"和"驯化"》，《苏州大学学报》（哲学社会科学版）2014 年第 4 期。

秦州：《媒介环境学家对专门化专家问题的警觉性认知》，《国际新闻界》2009 年第 8 期。

荣荣、孙卫华：《社会化媒体环境对用户认知能力的影响》，《当代传播》2014 年第 1 期。

邵培仁、黄庆：《媒介时间论——针对媒介时间观念的研究》，《当代传播》2009 年第 3 期。

邵培仁、廖卫民：《思想·理论·趋势：对北美媒介生态学研究的一种历史考察》，《浙江大学学报》（人文社会科学版）2008 年第 3 期。

单波、王冰：《西方媒介生态理论的发展及其理论价值与问题》，《新闻与传播研究》2006 年第 3 期。

沈蔚：《当代中国数字阅读的文化狂欢与理性思考》，《中州学刊》2014 年第 8 期。

沈继睿：《论国外媒介研究中的技术哲学思想》，《湖北社会科学》2014 年第 9 期。

孙卫华：《民主乌托邦：博客传播的逆向思考》，《天津师范大学学报》（社会科学版）2007 年第 2 期。

商娜红、刘婷：《北美媒介环境学派：范式、理论及反思》，《新闻大学》2013 年第 1 期。

陶东风：《去精英化时代的大众娱乐文化》，《学术月刊》2009 年第 5 期。

檀美玲：《从"一个"和"知乎"看数字阅读的新发展》，《出版广角》2015 年第 2 期。

田中初：《电子媒介如何影响社会行为——梅罗维茨传播理论述评》，《浙江师范大学学报》2006 年第 1 期。

提文静：《电子阅读器接受和使用影响因素实证研究》，《出版发行研究》2010 年第 11 期。

瓦尔特·翁、张海洋：《基于口传的思维和表述特点》，《民族文学研究》2000 年第 1 期。

王勇：《媒介新技术、新媒介环境与青少年社会化》，《湘潭大学学报》（哲学社会科学版）2010 年第 1 期。

王健、陈琳：《补偿性媒介理论视角下的网络阅读》，《图书馆理论与实践》2009 年第 11 期。

王佑镁：《跨媒体阅读：整合 O2O 与 MOOCs 的泛在阅读新趋势》，《中国电化教育》2015 年第 1 期。

王佑镁：《电子课本不同版面要素的眼动行为分析》，《编辑之友》2014 年第 5 期。

王海燕：《我国社会化阅读研究综述》，《图书馆理论与实践》2015 年第 3 期。

王佑镁：《数字化阅读的概念纷争与统整：一个分类学框架及其研究线索》，《远程教育杂志》2014 年第 1 期。

王佑镁：《数字化阅读对未成年人社会性发展的影响研究》，《中国电化教育》2014 年第 11 期。

王佑镁：《未成年人数字化阅读行为特征分析》，《中国出版》2014 年第 18 期。

王治河：《作为一种生活方式的后现代主义》，《北京大学学报》（哲学社会科学版）2006 年第 3 期。

王洁、李晓萌：《电子阅读器的 SWOT 分析及商业模式》，《中国出版》2010 年第 17 期。

王飞：《从浅阅读到瞥阅读——新媒体语境下阅读方式嬗变及解读》，《编辑之友》2014 年第 1 期。

王平：《社交媒体的流行对居民电子阅读的影响》，《科技与出版》2014 年第 8 期。

吴世文、石义彬：《我国受众的媒介接触与其中国文化认同——以武汉市为例的经验研究》，《新闻与传播研究》2014 年第 1 期。

吴燕：《大众"悦读"与出版的后现代转型》，《南京政治学院学报》2008 年第 2 期。

吴燕、张彩霞：《浅阅读的时代表征及文化阐释》，《南京大学学报》（哲学·人文科学·社会科学）2008 年第 5 期。

王振铎：《阅读、出版与教育——数字阅读、文本阅读与编辑出版教育之变革》，《河南大学学报》（社会科学版）2008 年第 6 期。

韦英平：《个性化出版：未来的主流出版形态》，《出版发行研究》2014 年第 1 期。

魏玉山：《不要轻易否定微阅读、浅阅读、碎片化阅读》，《出版参考》2013 年第 34 期。

夏德元：《中国出版数字化转型中的文化冲突》，《学术月刊》2010 年第 4 期。

肖叶飞：《电子书客户端：数字阅读终端的红海竞争》，《出版发行研究》2015 年第 4 期。

肖洋、张志强：《从亚马逊模式看国内电子阅读器的现状与发展趋势》，《出版发行研究》2011 年第 5 期。

孔庆梅：《电子书的新产品形态：社交型电子书》，《出版参考》2011 年第 33 期。

肖倩、韩婷、张聪：《社会化媒体环境中的数字阅读物推荐及其用户体验研究——以豆瓣阅读为例》，《科技与出版》2014 年第 11 期。

肖俊敏：《关于数字阅读的文化思考》，《出版科学》2013 年第 6 期。

谢湖伟、霍昀昊、聂娟：《移动数字阅读发展趋势研究（一）——从 APP 新闻阅读看移动数字阅读用户体验构建》，《出版科学》2013 年第 6 期。

谢湖伟、徐贝、龚曙光：《移动数字阅读发展趋势研究（二）——从南都 Daily 与 Zaker 比较看移动数字阅读社会化》，《出版科学》2014 年第 1 期。

谢湖伟、迟迅、黄倩：《移动数字阅读发展趋势研究（三）——从"魔码"与点读笔看纸质出版物增强现实应用》，《出版科学》2014 年第 2 期。

谢桥：《电子阅读的内力》，《出版广角》2013 年第 7 期。

许莹：《数字环境下的阅读教育新模式——学前儿童电子书应用带来的启示》，《中国电化教育》2014 年第 10 期。

徐雁、童翠萍：《中国当代阅读史（1949—2009）》，《图书馆杂志》2009 年第 9 期。

杨瑞明：《数字阅读的文化价值与人文精神的张扬》，《出版发行研究》2015 年第 2 期。

余波、李伶思、赵兴：《国内数字阅读研究领域的计量分析》，《浙江传媒学院学报》2014 年第 4 期。

张大伟：《数字出版即全媒体出版论——对"数字出版"概念生成语境的一种分析》，《新闻大学》2010 年第 1 期。

张浩、钱冬明、祝智庭：《电子阅读方式分类研究》，《中国电化教育》2011 年第 9 期。

张晗：《微信的"文摘现象"与"微信文摘"探析》，《出版发行研究》2015 年第 2 期。

赵璐：《"我"与"我们"：网络交往中的身份认同建构——以豆瓣网为案例的研究》，《东南传播》2014 年第 2 期。

赵维森：《视觉文化时代人类阅读行为之嬗变》，《学术论坛》2003 年第 3 期。

赵霞：《新媒体对青少年阅读的影响研究》，《中国青年研究》2014 年第 2 期。

朱耀华：《论纸质媒体与电子媒体的共存互补》，《编辑学刊》2014 年第 5 期。

朱咫渝、史雯：《新媒体时代数字化阅读的审视》，《现代情报》2011 年第 2 期。

周晓虹：《认同理论：社会学与心理学的分析路径》，《社会科学》2008 年第 4 期。

周蔚华：《后现代阅读方式的兴起与出版转型》，《中国人民大学学报》2007 年第 2 期。

周海英：《从媒介环境学看新媒体对社会的影响》，《兰州学刊》2009 年第 6 期。

周斌：《数字阅读的消极影响及其原因探究》，《编辑之友》2014 年第 5 期。

郑满宁、李彪：《移动互联时代社会化阅读的行为模式研究》，《传媒》

2014 年第 9 期。

郑燕、陈静：《中国媒介环境学现状研究》，《东岳论丛》2014 年第 4 期。

三　学位论文类

戴轶飞：《网络公共领域的构筑及身份认同的建构》，博士学位论文，苏州大学，2010 年。

邓惟佳：《能动的"谜"：媒介使用中的身份认同建构》，博士学位论文，复旦大学，2009 年。

胡翌霖：《媒介史强纲领》，博士学位论文，北京大学，2014 年。

黄东亮：《手机传播现象初探———一个媒介环境学的视角》，博士学位论文，复旦大学，2008 年。

景义新：《媒介进化论视野下的 IPAD 人性化研究》，博士学位论文，华中科技大学，2013 年。

李东：《作为变革诱因的新媒介》，博士学位论文，武汉大学，2014 年。

李新祥：《数字时代我国国民阅读行为嬗变及对策研究》，博士学位论文，武汉大学，2013 年。

刘燕：《后现代语境下的认同建构——大众传媒的作用及其影响分析》，博士学位论文，浙江大学，2007 年。

卢锋：《阅读的价值、危机与出路》，博士学位论文，苏州大学，2013 年。

沈蔚：《数字阅读研究：从文化消费到意义生产》，博士学位论文，武汉大学，2013 年。

陶冠红：《华文虚拟社区对传统书籍阅读关系的重构探析》，博士学位论文，北京印刷学院，2014 年。

武锋：《网络"微内容"传播研究：以微博客 Twitter 为例》，博士学位论文，上海交通大学，2010 年。

徐婷：《数字化阅读及其对传统出版物的影响》，博士学位论文，中国科学技术大学，2009 年。

杨兵兵：《读者数字阅读中的身份认同研究》，硕士学位论文，北京印刷学院，2014 年。

袁琳：《中国数字图书消费市场研究》，硕士学位论文，上海大学，2012 年。

朱珠：《网络空间中网民的身份认同研究》，硕士学位论文，苏州大学，2013 年。

张冠文：《互联网交往形态的演化》，硕士学位论文，山东大学，2013 年。

张晓旭：《关于新媒体发展对国民阅读行为影响的调研分析》，硕士学位论文，浙江大学，2014 年。

张桂芳：《当代传媒影响下的趣味群体研究》，硕士学位论文，山东大学，2010 年。

郑燕：《人是媒介的尺度》，博士学位论文，山东大学，2014 年。

邹山丹：《试论技术与人的自由》，博士学位论文，黑龙江大学，2011 年。

四　英文文献类

E. Havelock，*Preface to Plato*，Cambridge：Harvard University Press，1963.

Stuart Hall，*Encoding and Decoding in the Television Discourse*，University

Birmingham Centre for Contemp, Cult. Studs, 1973.

Don Ihde, *Technology and the Lifeworld: From Garden to Earth*, Indiana University Press, 1990.

Larson L. C., "Digital Readers: The Next Chapter in E – Book Reading and Response", *The Reading Teacher*, No. 1, 2010.

Lum C., "Introduction: The intellectual roots of media ecology", *New Jersey Journal of Communication*, No. 1, 2000.

National Endowment for the Arts, *Reading at Risk: A Survey of Literary Reading in America*, 2004.

Eli Pariser, *Beware Online "Filter Bubbles"*, http://www. ted. com/ speakers/eli_ pariser.

Gary Price, Pew Internet Releases New Report: "E – Reading Rises as Device OwnershipJumps" [EB/OL], http://www. infodocket. com/2014/01/ 16/pew – internet – releases – new – report – e – reading – rises – as – device – ownership – jumps/.

J. W. Carey, "Harold Adams Innis and Marshall Mcluhan", *The Antioch Review*, Vol. 27, No. 1. 1967.

Ong Walter, *The Orality and Literacy*, New Haven: Yale University Press, 1982.

Bruce Bimber, "Three Faces of Technological Determinism", Smith, Merritt Roe (ed.), *Does Technology Drive History?: The Dilemma of Technological Determinism*, MIT Press, 1994.

Henry Perkinson, *Education and Learning from Our Mistakes*, Atlantic Highlands, N. J.: 1982.

John Dewey, *Experience and Natur*, Chicago: Open Court, 2009.

Erving Goffman, *Frame Analysis: An Essay on the Organization of Experience*, New York: Haper&Row, 1974.

Dinesh Bhugra, et al., "Cultural identity and its measurement: a questionnaire for Asians", *International Review of Psychiatry*, Vol. 1, No. 2, 1999.

National Endowment for the Arts, *Reading on the Rise: A New Chapter in American Literacy*, 2009.